Aletha J. Solter

Wüten, toben, traurig sein

Aletha J. Solter

Wüten, toben, traurig sein

Starke Gefühle bei Kindern

Übersetzung aus dem Amerikanischen
von Heidi Pauwen, Berlin

Kösel

Die Originalausgabe erschien unter dem Titel »Helping Young Children Flourish« bei Shining Star Press, Goleta, Kalifornien.

»Wenn wir auf Erden wirklich Frieden erlangen wollen, müssen wir bei den Kindern anfangen.«

Gandhi

ISBN 3-466-30375-3

Druck und Bindung: Kösel, Kempten
Umschlag: Elisabeth Petersen, Glonn
Umschlagphoto: Anselm Spring, Landsberg/Lech

3 4 5 6 · 99 98 97 96 95

Gedruckt auf umweltfreundlich hergestelltem Werkdruckpapier (säurefrei und chlorfrei gebleicht)

Inhalt

3 Leben und Lernen

4 Spielen und Nachahmen

5 Konflikte und Herausforderungen

6 Freunde und Feinde

Dank

Hiermit möchte ich meine Dankbarkeit all den Menschen ausdrücken, die mir bei diesem Buch geholfen haben. Zuallererst fühle ich mich all den Freunden und Bekannten verpflichtet, die mich angeregt haben, dieses Buch zu schreiben und mich hierbei auch weiterhin unterstützt haben. Einige haben das Manuskript überarbeitet und mir konstruktive Rückmeldungen zukommen lassen. Besonders erwähnen möchte ich Gloria Berman, Pam Bury, Pamela Clark, Kathi Evans, Tonia Jauch, Pat Johnson, Hagar Kadima, Betty Pazich, Ken Solter und Rebecca Wave. Ebenfalls möchte ich allen Eltern danken, die ich interviewen konnte. (Ihre wirklichen Namen und die ihrer Kinder wurden verändert.) Die Auszüge über meine Kinder, Nicky und Sarah, wurden mit ihrer Erlaubnis gedruckt, wofür ich ihnen danken möchte. So möchte ich auch Phil Pazich danken, auf dessen Drucker der erste Auszug des Manuskriptes gedruckt werden konnte. Sam Solter und Nancy Solter Amodeo halfen mir bei der Gestaltung des Originaleinbandes, wofür ich ihnen Dank aussprechen möchte. Und schließlich hätte dieses Buch nicht ohne die finanzielle und emotionale Hilfe meines Mannes und meiner Mutter geschrieben werden können.

Einleitung

Seit der Veröffentlichung des Buches *Warum Babys weinen* gab es eine große Nachfrage nach einer Fortsetzung. *Wüten, toben, traurig sein* ist nun die Fortführung des gleichen Erziehungsansatzes, der die Entwicklungsperiode zwischen dem zweiten und achten Lebensjahr abdeckt. Der vorliegende Band ist allein verständlich, ohne vorheriges Lesen des ersten Buches. Wollen Sie jedoch ein tieferes Verständnis für die emotionalen Bedürfnisse von Babys erlangen, so erhalten Sie in *Warum Babys weinen* weitere Einsichten und Informationen.

Wir brauchen einen neuen Erziehungsansatz, wenn wir den Herausforderungen unserer vielfältigen und sich ständig verändernden Welt begegnen wollen. Es kann niemand wirklich ernsthaft behaupten, daß die Welt so ist, wie sie sein sollte, mit ihren Problemen wie Hunger, Umweltverschmutzung, Unterdrückung und der Bedrohung durch eine nukleare Katastrophe. Die Herausforderung für Eltern besteht nicht darin, Kinder heranwachsen zu sehen, die den Status quo akzeptieren und die Fehler der vorangegangenen Generationen weiterführen, sondern eine neue Generation verantwortungsbewußter und zupackender Menschen zu unterstützen, die die Motivation, Entschiedenheit, den Mut und die Fähigkeit haben, aus dieser Welt eine bessere zu machen. Es ist wirklich an der Zeit, viele der gegenwärtig akzeptierten Standards für den Umgang mit Kindern in Frage zu stellen und etwas Neues an ihren Platz zu setzen.

Dieses Buch stellt einen neuen Erziehungsansatz vor, der auf jüngsten Forschungen und neuen Einsichten über die Entwicklung von Kindern beruht. Es unterscheidet sich von vielen anderen Büchern, die für Eltern geschrieben wurden, und ist doch die logische Fortführung der gegenwärtigen Tendenz, die mehr Gewicht legt auf die innere Realität und die Gefühle als auf äußeres Verhalten und Ereignisse. Sie können mit der Anwendung dieser neuen Ideen zu jedem Zeitpunkt der Entwicklung Ihres Kindes beginnen, und Ihr Kind wird davon profitieren.

Die meisten Eltern wünschen sich eine tiefe, bedeutungsvolle Beziehung zu ihren Kindern und bemühen sich um die bestmöglichen Bedingungen. Leider unterstützt unsere Gesellschaft die Arbeit der Eltern so unzureichend, daß diese Ziele oft nur sehr schwer zu verwirklichen sind. Die Arbeit der Eltern wird einfach nicht genug geschätzt, obwohl das Wohlergehen der zukünftigen Generationen davon abhängt. Die Elternschaft ist eine außerordentlich fordernde Aufgabe, und viele Eltern kämpfen mit wirtschaftlichen Problemen, leiden unter ihrer Isolation oder sind körperlich überfordert. Alle Eltern sehnen sich danach, ihren Kindern das Beste zu geben, aber angemessene Unterstützung, Konzepte und Anerkennung fehlen. Sie werden als erste für die Fehler ihrer Kinder verantwortlich gemacht und erhalten keinerlei Wertschätzung, wenn ihre Kinder ihr Leben eigenständig und selbstverantwortlich in die Hand nehmen.

Die Hilfe anderer Menschen kann die Aufgabe der Eltern sehr erleichtern. Sie müssen nicht alles allein schaffen. Wenn Sie nicht genügend Geld zur Verfügung haben, um jemanden zu bezahlen, können Sie sich die Arbeit vielleicht mit anderen Eltern teilen. Sind Sie müde oder krank, bitten Sie einen Freund oder die Nachbarin um Hilfe. Warten Sie nicht, bis Sie völlig erschöpft sind. Sie sind es sich und auch Ihren Kindern schuldig, gut für sich selbst zu sorgen.

Um die emotionale Beanspruchung der Eltern zu erleichtern, ist es ratsam, sich eine Situation zu schaffen, in der man seine Gefühle ausdrücken kann. Im Zusammenleben mit Ihrem Kind werden Sie viele Gefühle verspüren; einige davon sind angenehm, andere schmerzvoll. Wahrscheinlich werden Sie erkennen, daß einige Probleme, die Sie heute mit Ihrem Kind haben, aus Ihren eigenen Erfahrungen als junger Mensch resultieren. Es ist vollkommen verständlich und normal, daß Sie sich durch das Verhalten Ihres Kindes häufig irritiert, ärgerlich und besorgt fühlen. Aber diese Gefühle brauchen einen entsprechenden Raum, so daß sie nicht mit den Bedürfnissen Ihres Kindes konkurrieren und Sie zu einem Verhalten veranlassen, das Sie später bedauern. Das Allerwichtigste, was Sie für sich und Ihre Kinder tun können, ist einen Menschen zu finden, mit dem Sie über Ihre Gefühle und Sorgen als Mutter oder Vater sprechen können. Wenn Sie auch noch das Glück haben, daß er Ihren Ärger und Ihre Tränen versteht, ist das um so besser. Durch den Ausdruck der Gefühle gewinnen Sie an Vertrauen, sind entspannter und auch freier in Ihrer Beziehung zu Ihrem Kind, so daß Sie leichter seine Bedürfnisse erfüllen können. Nehmen Sie sich die Zeit und sprechen Sie über die alltäglichen Aufregungen, die Sie als Eltern erleben: der Dreck auf dem Teppich, das nächtliche Aufwachen und das Weinen im Supermarkt. Die Summe all dieser Ereignisse macht das Zusammenleben oft schwierig.

Manchmal gibt es auch tiefere, sogar überwältigende Gefühle, mit denen wir als Eltern umgehen müssen und die Ausdruck finden wollen. Bin ich eine gute Mutter? Ein guter Vater? Kommt mein Kind in der Schule zurecht? Wie soll ich jemals das Geld für seine Ausbildung zusammenbekommen? Wie wird die Welt mit meinem Kind umgehen, das eine andere Hautfarbe hat, einen anderen Glauben oder ein Mädchen ist? Wie kann ich sexuellen Mißbrauch oder Entführung verhindern? Kann ich überhaupt jemals alle Bedürfnisse meines Kindes erfüllen, dabei auch noch genügend Geld verdienen, das Haus in Ordnung halten, die Wäsche waschen, kochen, Zeit mit meinem Partner verbringen und in einer Gruppe gegen den Atomkrieg mitarbeiten? Und was ist überhaupt mit meinen eigenen Bedürfnissen?

Am Ende eines jeden Kapitels finden Sie drei Arten von Übungen. Der erste Block bezieht sich auf die Entdeckung Ihrer eigenen Kindheit; die darin gestellten Fragen können Ihnen helfen, sich sowohl über die schönen als auch über die schmerzvollen Erinnerungen an Ihre Vergangenheit mehr Klarheit zu verschaffen. Der zweite Teil soll Sie unterstützen, Ihre gegenwärtigen Gefühle in bezug auf Ihre Kinder auszudrücken. Diese beiden ersten Übungsarten sind in Frageform gehalten, die Sie mit einem aufmerksamen Gegenüber beantworten können. Der dritte Übungsteil soll Sie anregen, für Ihr eigenes Wohlbefinden zu sorgen.

Bis zu dem Zeitpunkt, an dem unsere Gesellschaft sowohl emotionale als auch finanzielle Unterstützung zur Verfügung stellt, wird es schwierig sein, die Ansprüche, die wir an uns als Eltern stellen, zu erfüllen; aber es ist nicht besonders sinnvoll, auf unsere Unzulänglichkeiten zu beharren. Nehmen Sie sich die Zeit, all die guten Dinge, die Sie für Ihre Kinder tun, wahrzunehmen, all die Stunden, die Sie mit Ihnen verbringen, und auch Ihr Nachdenken über deren Bedürfnisse, trotz der Schwierigkeiten, mit denen Sie konfrontiert sind. Wahrscheinlich geben Sie Ihrem Kind schon bedeutend mehr, als Sie sich selbst als Verdienst anrechnen.

Zur Beachtung

Dieses Buch legt seinen Schwerpunkt auf die emotionalen Bedürfnisse von Kindern und ist nicht als Ersatz für medizinische Behandlung und Ratschläge gedacht. Viele angesprochene Verhaltensweisen und Symptome können ein Anzeichen für geistige oder körperliche Erkrankungen sein wie zum Beispiel Weinen, Wutanfälle, Ängste, Lachen, Schlafstörungen, Eßstörungen, Bettnässen, Überaktivität und vieles mehr. Zeigt das Kind ein auffallendes Verhalten, emotionale Probleme, Schmerz oder Krankheitssymptome, so ist ein kompetenter Arzt hinzuzuziehen. Ebenso sind die in diesem Buch vorgeschlagenen Methoden nicht in jedem Fall und für jedes Kind anwendbar, zum Beispiel dann, wenn Kinder unter bestimmten körperlichen oder emotionalen Problemen leiden. Weder Autorin noch Verlag übernehmen Haftung und Verantwortung für Schäden, die durch die direkte oder indirekte Befolgung der in diesem Buch vorgestellten Informationen verursacht werden.

1 Tränen und Zorn

Diese Kapitel ist dem Thema »Weinen« gewidmet: Warum weinen Kinder? Was ist Bedeutung und Zweck des Weinens? Außerdem werden Forschungsergebnisse zum Thema vorgestellt und die Rolle der Eltern beim Weinen des Kindes untersucht. Ebenso werden Wutanfälle diskutiert. Die meisten Autoren betrachten Weinen und Wutanfälle als »Fehlverhalten« und weigern sich die positive Kraft der Tränen im Leben eines Kindes wahrzunehmen. Dieses Kapitel bietet nun eine neue Sichtweise über das Weinen an, die auf aktuellen Forschungen und Einsichten beruht.

Warum weinen Kinder noch, wenn sie schon sprechen können?

Viele Eltern sind erstaunt, wenn ihr Kind immer noch lange Weinschübe hat, obwohl es doch seine Wünsche und Bedürfnisse schon durch die Sprache ausdrücken kann. Beim Säugling wurde das Weinen noch akzeptiert, weil man weiß, daß das Weinen für ein Baby die einzige Art der Kommunikation darstellt.

Für den Säugling ist das Weinen tatsächlich eine Form der Kommunikation, und es ist auch *ein* Grund, warum er weint. Aber es gibt noch einen zweiten Grund, und der findet normalerweise kaum Beachtung. Dieses Weinen setzt ein, auch wenn alle Bedürfnisse des Kindes erfüllt sind – meistens am späten Nachmittag oder abends, und es kann sich über Stunden hinziehen. Dieses Weinen versetzt Eltern oft in Sorge, weil es nichts zu geben scheint, was sie dagegen unternehmen können. Es gibt keine Möglichkeit, das Baby in solchen Situationen »glücklich« zu machen.

So überraschend es auch klingen mag, dieses Weinen ist eine natürliche und gesunde Verhaltensweise des Säuglings, sich selbst von den Auswirkungen vergangener schmerzhafter Erfahrungen zu heilen. Auch mit den besten Eltern sammeln sich bei Babys viele schmerzliche

Gefühle an, die aus traumatischen Geburtserfahrungen, aus unvermeidlichen Enttäuschungen resultieren oder aus Verwirrungen, die durch die begrenzten Informationen und das mangelnde Verständnis zustande kommen können. Bei diesem Weinen handelt es sich also um einen spannungslösenden Mechanismus, der die schmerzlichen Gefühle auflöst. (Für eine detailliertere Beschreibung dieser Art des Weinens in der Kindheit verweise ich auf mein Buch *Warum Babys weinen*.)

Das Weinen, das dem Säugling zur Kommunikation dient, wird nach und nach durch den Gebrauch der Sprache ersetzt. Das Krabbelkind lernt nach Nahrung zu fragen, anstatt zu weinen, wenn es hungrig ist. Es sagt: »Zu kalt«, wenn das Badewasser zu kalt ist. Die Notwendigkeit, aus solchen Gründen zu weinen, besteht also nicht länger. Aber das Weinen, bei dem es sich um die Verarbeitung von Verletzungen handelt, kann nicht durch Sprechen ersetzt werden. Kinder weinen, um mit den täglichen Enttäuschungen und Ärgernissen fertig zu werden. Sie mögen es lernen, ihre Gefühle zu verbalisieren, indem sie sich äußern: »Ich bin enttäuscht, weil Papa nicht zu meinem Geburtstag da ist.« Aber das Sprechen über seine Gefühle gibt dem Kind nur teilweise die Möglichkeit, sich davon zu lösen. Es muß seinen schmerzhaften Gefühlen durch Weinen und Wüten Ausdruck verleihen können, um sie zu verarbeiten und sich so von den Auswirkungen der verletzenden Erfahrungen zu heilen.

Die Bedeutung und der Sinn des Weinens wird allgemein mißverstanden. Es gibt ein ungeschriebenes Gesetz, das Weinen und Verletzen gleichsetzt, und Eltern sind veranlaßt, zu glauben, daß es ihrem Kind bessergeht, sobald es aufhört zu weinen. Tatsächlich ist genau das Gegenteil richtig: Weinen ist der Prozeß der Heilung, und Kinder fühlen sich erst dann besser, wenn sie ihren Tränen freien Lauf lassen können. In den meisten Elternratgebern wird Weinen und Wüten in den Kapiteln zum Thema »Gehorsam« besprochen, neben anderen »Problemen« wie Schlagen, Beißen, Fluchen, Lügen und Stehlen. Diese Haltung gegenüber dem Weinen und Wüten ist höchst bedenklich, da es sich bei diesen Gefühlsäußerungen um die wirkungsvollste Ausdrucksmöglichkeit für ein Kind handelt, mit Belastungen umzugehen und stark und gesund zu bleiben. Es ist sogar häufig so, daß das Weinen und Wüten dem tatsächlichen »Fehlverhalten« vorbeugen oder es überflüssig werden lassen kann. (Siehe dazu Kapitel 5.)

Welche Beweise gibt es, daß das Weinen heilsam ist?

Der Biochemiker Dr. William Frey untersuchte menschliche Tränen auf ihre chemische Zusammensetzung und fand chemische Unterschiede bei Tränen, die aus emotionalen Gründen vergossen werden, und Tränen, die durch eine Reizung der Augen entstehen wie zum Beispiel beim Zwiebelschneiden. Das bedeutet, daß etwas Einmaliges passiert, wenn wir weinen. Der Zweck des emotionalen Weinens könnte darin bestehen, so vermutet er, den Körper von Abfallprodukten oder toxischen Substanzen durch die Tränen zu reinigen, vergleichbar mit dem Urinieren und dem Stuhlgang. Die Substanzen, die durch Tränen ausgeschieden werden, haben sich durch Streß im Körper angesammelt. Einige von ihnen konnten in menschlichen Tränen eindeutig identifiziert werden, insbesondere das Hormon ACTH und die Katecholamine. Auch Magnesium konnte gefunden werden, ein Stoff, der toxische Effekte auf das Nervensystem haben kann, wenn zuviel davon im Körper ist. Freys Schlußfolgerung: »Wenn wir unsere Tränen unterdrücken, machen wir uns für eine Vielzahl psychischer und physischer Probleme anfällig.« In seinen Untersuchungen über das Weinverhalten von Erwachsenen konnte er feststellen, daß die Befragten sich in den meisten Fällen nach heftigem Weinen besser fühlten.
Weinen reinigt den Körper nicht nur von Giften, sondern es verringert auch die Spannung. Bei Studien mit Erwachsenen, die sich in psychotherapeutischer Behandlung befanden, konnte nach einer Therapiesitzung, in der sie weinten und Wut zeigten, nachgewiesen werden, daß der Blutdruck gesunken war, ebenso der Puls und die Körpertemperatur. Auch die Gehirnströme der Patienten waren gleichmäßiger als vorher. Diese Veränderungen konnten bei einer Kontrollgruppe, die dieselbe Zeitspanne lediglich mit Übungen verbrachte, nicht festgestellt werden. Andere Untersuchungen haben gezeigt, daß Therapien, in denen das Weinen stark unterstützt wurde, zu bedeutenden psychologischen Verbesserungen führten. Patienten, die in der Therapie nicht gelernt hatten, ihre Gefühle so auszudrücken, konnten nicht von diesen positiven Lebensveränderungen berichten.
Wenn das Weinen also die Spannungen verringert und Toxine aus dem Körper ausschwemmt, könnte man es dann nicht mit körperlicher Gesundheit in Verbindung bringen? Man hat herausgefunden, daß

gesunde Menschen mehr weinen und eine positivere Einstellung dem Weinen gegenüber haben als Menschen, die an Magengeschwüren oder Kolitis leiden. Es gibt dokumentierte Fälle, daß asthmatische Symptome erleichtert wurden und Hautausschläge verschwunden sind, nachdem die Patienten ihre Gefühle durch Weinen lösen konnten. Prolaktin, ein Hormon, das während der Schwangerschaft und Stillzeit eine große Rolle spielt, hat direkten Einfluß auf die Tränendrüsen und somit auch auf das Weinen. Je mehr Prolaktin im Körper ist, um so größer die Neigung zu weinen. Viele Frauen berichten, daß sie während der Schwangerschaft eher zum Weinen neigen als sonst. Vielleicht ist das ein Mechanismus der Natur, den mütterlichen Körper von Toxinen und Spannungen zu befreien, um die Entwicklung des Fetus zu unterstützen. Ebenso kann das verstärkte Weinen in der Zeit nach der Entbindung ein natürlicher Weg sein, die Muttermilch von Toxinen frei zu halten.

Einige wenige Kinder leiden an einer seltenen Erbkrankheit, dem Riley-Day-Syndrom oder der Dysautonomie. Das Krankheitsbild geht dabei oft mit der Unfähigkeit zu weinen einher. Wenn diese Kinder leichten Streß oder Ängstlichkeit verspüren, steigt ihr Blutdruck an. Es kommt zu starker Schweißbildung und Speichelsekretion, zur Ausbildung roter Hautflecken, und einige neigen zu regelmäßigem, anfallweisem Erbrechen. Es scheint, als würde der Körper seine Unfähigkeit zu weinen auf andere Weise kompensieren, um die Toxine ausscheiden zu können.

Auch die Arbeit mit autistischen Kindern hat gezeigt, daß das Weinen heilend wirkt. Verschiedene Therapeuten haben große und rasche Fortschritte bei autistischen Kindern festgestellt, wenn diese während der Therapie ermutigt wurden, zu weinen und ihre Wut zu zeigen. In Janovs Buch *Imprints* gibt es eine ausführliche Beschreibung eines achtjährigen autistischen Jungen, dessen Symptome sich rasch besserten, nachdem seine Mutter begonnen hatte, ihn beim Weinen zu ermutigen. Seine Fortschritte waren so bemerkenswert, daß die Ärzte es fast nicht glauben konnten.[1] Die Ergebnisse in der Arbeit mit autistischen Kindern waren für viele Psychologen so beispielhaft, daß sie einen ähnlichen Ansatz bei Kindern entwickelten, die extrem gewalttätig waren. Auch diese Kinder wurden ermutigt, zu weinen und zu wüten. Und auch hier konnten bemerkenswerte Verbesserungen beobachtet werden.

Zusammenfassend konnte aus all diesen unterschiedlichen Forschungsgebieten festgehalten werden, daß das Weinen einen notwendigen und heilsamen physiologischen Prozeß darstellt, der uns Menschen den Umgang mit Streß ermöglicht. Das Weinen ist sozusagen ein natürlicher Reparaturmechanismus, mit dem wir alle auf die Welt gekommen sind.

Worüber müssen Kinder weinen?

Im Leben von kleinen Kindern gibt es viele Anlässe, die das Bedürfnis zu weinen mit sich bringen. Für die meisten Eltern ist es leichter, wenn sie den Grund kennen, der ihr Kind zum Weinen bringt. Leider ist es jedoch so, daß Kinder meist nicht in der Lage sind, sich darüber konkret zu äußern, so daß die Eltern auf Vermutungen angewiesen sind. Es ist nicht wichtig, den genauen Grund zu kennen, wichtig ist lediglich, das Weinen zu akzeptieren, da es heilsam ist, ob die speziellen Gründe nun verbalisiert werden oder nicht.
Einige dieser Anlässe, die Kinder veranlassen zu weinen, werden auch von Eltern und anderen Erwachsenen verursacht. Es gibt nun einmal keine perfekten Eltern, und wir alle sind manchmal ungeduldig und unaufmerksam mit unseren Kindern. Der Grund hierfür liegt in unserer eigenen Kindheit, denn keiner von uns konnte Verletzungen und schmerzhaften Erfahrungen entgehen. Alle Eltern bemühen sich, besser mit ihren Kindern umzugehen, als sie selbst es erfahren haben.
Wenn Sie nun die folgenden Seiten über die Ursachen von Schmerz und Anspannungen im Leben von Kindern lesen, so kann es passieren, daß Sie sich schuldig fühlen darüber, wie Sie mit Ihrem Kind bisher umgegangen sind. Statt dessen könnten Sie versuchen, sich auf Ihre eigene Kindheit zu besinnen und darauf, wie *Sie* verletzt wurden. Beschimpfen Sie sich nicht selber. Sie würden Ihren Kindern keinen Schmerz zufügen, wenn Sie selbst ihn nicht erlebt hätten.
Zusätzlich gibt es natürlich viele andere Verletzungs- und Enttäuschungsmöglichkeiten, die nicht direkt von jemandem verursacht werden müssen, sondern die das Ergebnis von unvermeidlichen Frustrationen und vom Erfahrungsprozeß in einer nicht perfekten Welt darstellen. Erinnern Sie sich daran, daß Kinder sich selbst von vergange-

nen Verletzungen heilen können und daß Sie ihnen helfen können, Auswirkungen schmerzhafter Erfahrungen zu überwinden, selbst solche, die Sie unbeabsichtigt verursacht haben.

Viele der Streßfaktoren im Leben von jungen Menschen wurden von Psychologen untersucht, und falls Sie mehr darüber wissen möchten, so kann ich Ihnen den Artikel »Stress and Coping in Children« von Alice Honig empfehlen.[2] Er gibt einen guten Überblick über die Forschungsergebnisse.

Kinder werden durch Verhaltensweisen Erwachsener oder älterer Kinder verletzt, wenn diese ihren eigenen Schmerz und Ärger, ihre eigene Unsicherheit oder Ängstlichkeit ausagieren. Die schwersten Verletzungen sind körperlicher oder sexueller Mißbrauch. Auch das Zusammenleben mit einem alkoholabhängigen Elternteil stellt für Kinder eine Überforderung dar. Kinder werden verletzt, wenn sie angeschrien werden, wenn man sich über sie lustig macht, wenn man sie beschämt, verurteilt, kategorisiert, kritisiert, erniedrigt, herabsetzt und beschuldigt. Viele Kinder sind auch rassistischen Beschimpfungen und Stereotypen ausgesetzt. Verletzte Gefühle entstehen immer dann, wenn Kinder gezwungen werden, etwas gegen ihren Willen zu tun, oder wenn ihr Leben zu sehr von anderen verplant und ausgerichtet wird. Auch Fehlinformationen verwirren sie. Durch Bestrafungen fühlen sie sich ängstlich und ungeliebt, und ihre Selbstachtung kann verringert werden.

Kleine Kinder sind oft unordentlich, aufgekratzt, ungeduldig, neugierig, ängstlich und laut. Diese sehr natürlichen Verhaltensweisen sind für manche Eltern schwer zu tolerieren. Werden diese Impulse mit Schock, Ekel, Entsetzen, Ungeduld, Angst oder Ärger beantwortet statt mit Liebe und Verständnis, so fühlt sich das Kind erniedrigt und verletzt, weil ein Teil seines wahren Selbst nicht akzeptiert wurde. Viele Kinder sind gezwungen, diese natürlichen Impulse zu unterdrücken und so ihre innere Natur zu verleugnen, um von ihren Eltern voll akzeptiert zu werden. Aber sie können nie das Gefühl haben, wirklich geliebt zu werden, wenn nur ihr sauberes, ordentliches, ruhiges, passives und geduldiges Verhalten eine positive Reaktion hervorruft.

Zusätzlich zu diesen Verletzungen kommt noch die Tatsache, daß den Kindern nicht einmal erlaubt wird, das Unrecht, das ihnen widerfahren ist, auszudrücken, da es so oft in guter Absicht geschieht und dadurch gerechtfertigt wird, daß man es »Disziplin« oder »Kindererziehung« nennt.[3]

Die zweite Kategorie von Verletzungen kommt durch mangelnde Aufmerksamkeit der sorgetragenden Erwachsenen zustande und hat zur Folge, daß die Bedürfnisse des Kindes nicht erfüllt werden. Es ist manchmal sehr schwierig, diese Bedürfnisse zu erkennen und zu erfüllen, und daraus resultieren dann emotionale Schmerzen und Spannungen, von denen sich das Kind durch Weinen und Wüten heilen kann.

Die Grundbedürfnisse in der frühen Kindheit bestehen aus guter Nahrung, Liebe, häufigem Körperkontakt in Form von Halten und Liebkosungen. Ebenso brauchen Kinder viel individuelle Aufmerksamkeit von Erwachsenen, die ernsthaft an ihrer inneren Welt und ihren Gefühlen interessiert sind, die ihnen zuhören, ihnen glauben, ihnen vertrauen und ihre Fragen ehrlich beantworten. Jedes Kind hat das Bedürfnis, jeden Tag eine gewisse Zeit mit jemandem zu verbringen, der es für wichtig und etwas Besonderes hält.

Kinder brauchen eine stimulierende Umgebung, ein adäquates Maß an Autonomie, sollen an Entscheidungen, die sie selbst betreffen, beteiligt werden und einen gewissen Zugang zur Erwachsenenwelt erhalten. Zusätzliche Bedürfnisse sind ein ausreichender Freiraum zum Spielen und die Kontaktmöglichkeit zu anderen Kindern und interessierten Erwachsenen. Kinder, die nach der Schule einige Stunden für sich selbst sorgen müssen, können unter einer Anspannung stehen, auch wenn es so aussieht, als kämen sie gut zurecht. Sie brauchen irgendeine erwachsene Bezugsperson, die ihnen jederzeit zur Verfügung steht, die Verantwortung übernimmt und Kameradschaft und emotionale Unterstützung gewährleistet.

Darüber hinaus gibt es natürlich noch Verletzungen, die nicht direkt von jemandem verursacht werden, sondern die durch die Lebensumstände bedingt sind. Diese Kategorie beinhaltet körperliche Schmerzen oder Unwohlsein, das durch Krankheit oder Verletzungen hervorgerufen wurde. Der Tod oder die lange Abwesenheit eines Elternteils ist eine der tiefsten Schmerzursachen für kleine Kinder. Streit, Trennung oder Scheidung der Eltern können ebenfalls erschreckende und verwirrende Erfahrungen darstellen. Dasselbe gilt für das verstärkte Bewußtsein über den Tod, Gewalt, die sie wahrgenommen haben, und auch die Existenz von Kriegen. So können die Kinder alle möglichen

Ängste entwickeln, zum Beispiel Furcht davor, verlassen zu werden, und Furcht vor Verletzungen und Tod.
In Ländern, in denen Krieg herrscht, leiden Kinder unter der ständigen Möglichkeit eines Bombardements oder unter dem Verlust eines Familienmitglieds. Ebenso erschreckend sind Naturkatastrophen wie Brände, Überschwemmungen und Erdbeben. Bedingt durch die finanziellen und sozialen Verhältnisse sind manche Kinder traurigen Alltagsumständen ausgesetzt. Zu kleine Wohnungen und verdreckte Straßen sowie eine hohe Kriminalität in der Nachbarschaft, all das trägt zu einem Gefühl der Beängstigung bei. Auch harmlose Ereignisse wie Hundegebell oder ein Donnerschlag können kleine Kinder erschrekken, ebenso Besuche beim Arzt, Zahnarzt oder im Krankenhaus.
Kinder, die bei Pflegeeltern leben, können Verwirrung, Ärger und Trauer verspüren, wenn sie zu anderen Pflegeeltern gehen sollen, unabhängig davon, wie liebevoll die neuen Eltern sich verhalten. Auch weniger drastische Veränderungen der Lebensumstände können eine Belastung darstellen: ein Umzug, eine neue Schule oder ein neuer Lebenspartner von Vater oder Mutter. Die Geburt eines Geschwisters ist eine weitere bekannte Verunsicherungsquelle.
Selbst wenn es keinerlei beobachtbare traumatische Erlebnisse gibt, bringt das tägliche Leben die Kleinkinder durch mangelnde Informationen und fehlende Fähigkeiten mit Gefühlen der Enttäuschung und Schmerzen in Kontakt. Kleine Kinder würden so gern das nachmachen, was Erwachsene oder größere Kinder schon können, allein, ihnen fehlt die Fähigkeit. Durch ihr begrenztes Verständnis der Welt entstehen falsche Ansichten. Entwickeln sich die Dinge nicht nach ihren Wünschen und Erwartungen, ist das unvermeidliche Ergebnis Frustration, Enttäuschung oder Verwirrung. Durch ein unvollständiges Verständnis von Ursache und Wirkung und durch die Grenzen ihrer eigenen Macht entwickeln Kinder manchmal Schuldgefühle für Ereignisse, die mit ihren Handlungen in keinerlei Verbindung stehen, wie zum Beispiel eine Fehlgeburt oder die Erkrankung der Mutter.
Zusätzlich zu all diesen Verletzungen tragen die meisten Kinder Gefühle und Spannungen in sich, die aus den schmerzhaften Erfahrungen oder unerfüllten Bedürfnissen der frühen Kindheit resultieren. Babys können sich jedoch von diesen frühen Verletzungen heilen. Ein Baby, das eine traumatische Geburtserfahrung hatte, hat das natürliche Ver-

langen, dieses Erlebnis durch Weinen zu verarbeiten. Wenn seine Eltern dieses Bedürfnis jedoch nicht verstehen, versuchen sie es durch Schaukeln, Kitzeln oder einen Schnuller vom Weinen abzulenken. Völlige Verzweiflung oder auch der Rat anderer veranlaßt manche Eltern, ihr weinendes Kind allein in seinem Bettchen liegen zu lassen. Dieses Verhalten verursacht aber zusätzliche Angst, da das Kind während dieser Weinphasen liebevolle Aufmerksamkeit und körperliche Nähe benötigt. Die Hauptursachen für Verletzungen in der Säuglingszeit sind neben dem Geburtstrauma unerfüllte Bedürfnisse, Enttäuschungen und Überreizung beziehungsweise Überstimulation. Für einen Säugling im Alter von wenigen Monaten ist es nichts Ungewöhnliches, eine Stunde oder sogar länger zu weinen.
Es besteht jedoch kein Grund zur Sorge oder für Schuldgefühle, wenn Sie das Weinen Ihres Babys bisher nicht vorbehaltlos akzeptiert haben, da Sie jederzeit, auch wenn es schon größer ist, damit beginnen können. Es ist für jede Person jeden Alters möglich, den Heilungsprozeß zu beginnen, indem sie Schmerzen aus der Vergangenheit durch Weinen löst.

Wie soll ich mich verhalten, wenn mein Kind weint?

Die meisten von uns durften als Kinder nicht ausreichend weinen. Unsere wohlmeinenden, aber unwissenden Eltern lenkten uns ab, schimpften, bestraften oder ignorierten uns, wenn wir versuchten, die Verletzungen durch Weinen zu heilen. Einige von uns wurden freundlich davon abgehalten: »Nun weine doch nicht, meine Kleine.« Andere weniger freundlich: »Wenn du nicht sofort aufhörst, dann gebe ich dir etwas, worüber du weinen kannst.« Manche bekamen Spielzeug oder etwas zu essen: »Komm, hier ist ein Keks, dann geht es dir besser.« (Es ist also wirklich nicht überraschend, wenn wir heute als Erwachsene zu Schokolade greifen oder unser erster Gang zum Kühlschrank führt, wenn wir aufgebracht sind!) Eine weitere Methode bestand darin, uns in unser Zimmer zu schicken, wenn wir weinten, so als wären wir »ungezogen«. Und viele von uns wurden gelobt, wenn sie nicht weinten.
In unserer Kultur ist das Weinen von Jungen noch weniger akzeptiert

als das von Mädchen. Jungen müssen oft Spott über sich ergehen lassen oder werden als »Muttersöhnchen« beschimpft. Von ihnen wird erwartet, daß sie sich »wie Männer verhalten« und aufhören, ihre Gefühle zu zeigen. Die Folge davon ist, daß viele Männer oft jahrelang keine Tränen vergießen. Vielleicht ist das ein Grund, warum Männer eher unter streßbedingten Krankheiten leiden und früher sterben als Frauen.

Da bei den meisten von uns das Weinen nicht akzeptiert wurde, wuchsen wir in dem Glauben auf, daß ein Teil von uns nicht gut sei, so daß wir einiges von uns ignorieren mußten oder nicht länger zulassen durften, um unseren Eltern zu gefallen. So lernten wir unsere Tränen zurückzuhalten, unsere Gefühle zu negieren, den Kontakt zu unserem tiefsten Inneren zu hemmen. Auch jetzt, als Erwachsene, können viele von uns ihre starken Gefühle immer noch nicht akzeptieren. Da wir nicht wirklich in Kontakt sind mit unserem eigenen Bedürfnis zu weinen, verspüren wir ein starkes Verlangen, auch das Weinen unserer Kinder zu behindern, ebenso wie es unsere Eltern taten.

Wenn uns die Bedeutung des Weinens klargeworden ist und wir uns bewußt darum bemühen, so wird es möglich werden, unseren Kindern zu gestatten, ihre Gefühle auszudrücken, auch wenn uns selbst dieses Recht verweigert wurde. Wenn unser Kind weint, können wir ihm helfen und zum Beispiel sagen: »Weine ruhig«, oder den Schmerz des Kindes wahrnehmen: »Du bist wirklich traurig!« Auch wenn Sie gar nichts sagen wollen, ist das in Ordnung. Alles, was das Kind jetzt braucht, ist Ihre Aufmerksamkeit, indem Sie bei ihm sind, ihm zuhören und Ihre Liebe durch Ihren Gesichtsausdruck vermitteln. Fühlen Sie sich in diesem Verhalten nicht wohl, so können Sie auch mit Ihrer Tätigkeit fortfahren und Ihrem Kind manchmal zulächeln, wenn es weint, um ihm zu zeigen, daß Sie trotzdem da sind. Diese Methode ist viel besser, als es abzulenken oder zu bestrafen.

Für Babys ist es sehr wichtig, daß sie gehalten werden, wenn sie ihre Spannungen durch Weinen lösen. Wenn die Kinder älter sind, ist das nicht mehr unbedingt erforderlich. Manchmal brauchen sie Platz für heftige Bewegungen, und die körperliche Nähe würde dabei nur stören. Zu anderen Zeiten jedoch wollen sie gehalten werden, kommen so nah wie nur möglich und schluchzen. Einige Kinder scheinen sich auch gegen ein sanftes In-den-Arm-Nehmen zu wehren, haben aber ein

Verlangen danach, fest gehalten zu werden, damit sie beim Weinen etwas haben, wogegen sie ankämpfen oder drücken können. Allerdings gibt es auch wieder Situationen, in denen zu große Nähe das Kind veranlaßt, seine Tränen zu unterdrücken. So gibt es viele unterschiedliche Arten des Weinens und viele sinnvolle Möglichkeiten der Interaktion mit Kindern, die ihnen die Sicherheit vermitteln, damit sie weinen können. Wichtig ist stets, sich daran zu erinnern, daß ein Kind geliebt und akzeptiert werden möchte, wenn es weint.
Wird das Weinen durch eine Frustration, Enttäuschung oder durch eine andere situationsbedingte Verletzung hervorgerufen, brauchen Sie lediglich den Schmerz des Kindes zu bestätigen und die Gefühle zu akzeptieren. Das folgende Beispiel zeigt, wie ich mit dem Weinen meiner Tochter umging, das durch eine Enttäuschung verursacht wurde:

Als Sarah drei Jahre alt war, kaufte ich ihr einen Badeanzug und versprach, mit ihr schwimmen zu gehen, wenn es etwas wärmer würde, vielleicht in einigen Monaten. Im Verlauf des Tages kam die Sonne hinter den Wolken hervor, und Sarah wollte sofort zum Schwimmen aufbrechen. Logischerweise ging sie davon aus, daß wir bei diesem Sonnenschein wie versprochen schwimmen gehen würden und sie ihren neuen Badeanzug anziehen könnte. Ich erklärte ihr nun, daß es trotz Sonne immer noch zu kalt sei. Sie war sehr enttäuscht, schien mich nicht zu verstehen und muß gedacht haben, daß ich sie entweder belügen oder mein Versprechen nicht halten wollte. Offensichtlich hatte sie noch kein ausreichendes Zeitverständnis, um zu begreifen, was »in einigen Monaten« bedeutet. Sie war den Tränen sehr nahe, und so nahm ich sie in den Arm und sagte: »Du wolltest wirklich gerne schwimmen gehen.« Sie schluchzte einige Minuten lang heftig, und ich hielt sie, bis sie zu weinen aufhörte. Danach war sie so vergnügt wie zuvor.

Aus diesem Beispiel wird klar, daß die Enttäuschung nicht zu vermeiden war, da das Zeitverständnis meiner Tochter noch nicht ausreichend entwickelt war. Ich konnte gar nichts für sie tun, um ihr ihre Gefühle zu erleichtern. So wäre es unsinnig gewesen, sie abzulenken, die Gefühle wollten ausgedrückt werden. Das Leben eines kleinen Kindes ist voll von solchen Unannehmlichkeiten, und alle können durch Tränen erleichtert werden.
Wird das Weinen durch eine von Ihnen verursachte Verletzung ausgelöst, so ist es entscheidend, daß Sie Ihren Fehler zugeben, sich bei Ihrem Kind entschuldigen und zusätzlich auch Tränen und Wut des

Kindes akzeptieren. Das kann manchmal extrem schwierig sein, aber für Kinder ist es äußerst wichtig, daß man ihnen sagt, daß sie verletzt oder falsch behandelt wurden und daß ihre Gefühle völlig gerechtfertigt sind. Ein Vater, den ich interviewte, beschrieb folgende Situation mit seinem sechs Jahre alten Sohn:

Heute rief mich ein Freund an, den ich lange nicht gesehen hatte, und wir fingen sofort ein intensives Gespräch an. Kurz vorher hatte ich aber mit Kelvin verabredet, daß ich ihn zu seinem Freund bringen würde, und er wartete jetzt auf mich. Ich sagte ihm: »Noch eine Minute, Kelvin«, und so meinte ich es auch, aber unser Gespräch machte mir so viel Spaß, daß ich gar nicht aufhören konnte. Als ich endlich fertig war, ging ich hinaus zu Kelvin, der auf den Boden stampfte, weinte und schrie: »Du hast mich angelogen.« Ich nahm ihn in den Arm, und er sagte: »Aber du hast doch gesagt, wir würden sofort gehen, und ich habe gewartet und gewartet, und du hast immer weiter telefoniert.« Es war nicht einfach, zuzugeben, daß ich gelogen hatte, da ich ihn ja tatsächlich sofort wegbringen wollte. Als ich seinen Standpunkt aber endlich begriffen hatte, sagte ich: »Es tut mir leid, Kelvin, ich hätte nicht so lange telefonieren sollen.« Durch dieses Verhalten erfahre ich viel mehr Kooperation und Respekt, wenn er etwas macht, was mich verletzt. Er ist in dieser Beziehung sehr empfindlich, denn er will mich auch nicht verletzen.

Manchmal weinen Kinder auch aus Gründen, die wir nicht kennen, und dann ist es besonders schwierig, ihre Ausbrüche zu tolerieren. Da es aber immer einen triftigen Grund für Tränen gibt, ist ihr Weinen auch immer zu akzeptieren.

Was ist mit Wutausbrüchen?

Wutausbrüche sind nichts anderes als ein heftiges Weinen, das von großem Ärger begleitet ist. Bei einer Art des Weinens haben wir ein Kind, das sich beim Weinen ruhig verhält, und große Tränen fließen die Wangen herab. Eine andere Art des Weinens ist sehr laut und heftig und wird von wilden Armbewegungen, Fußtritten oder Windungen des gesamten Körpers begleitet. Diese Form nennen wir Wutausbruch oder -anfall, dabei handelt es sich nicht wirklich um ein anderes Phänomen. Es ist lediglich eine andere Spielart des Weinens.
Das Wort »Wutanfall« kann verschiedene Bedeutungen haben. Hier

wird es als echter Ausdruck von Ärger und Frustration, als berechtigte Empörung eines Kindes gebraucht, das verletzt oder falsch behandelt wurde. Anzeichen dafür sind lautes Kreischen, Weinen und Schreien, heftige Arm- und Beinbewegungen und Tränen. Gewalt und Zerstörung sind kein Teil von Wutausbrüchen: Das Kind versucht nicht jemanden zu verletzen oder etwas zu zerstören. Oft wird ein echter Wutausbruch mit einem anderen Verhalten verwechselt, das ich als »Ausagieren von Gefühlen« bezeichnen möchte. Wenn ein Kind sich ängstlich oder verärgert fühlt, aber nicht sicher genug ist, seine Gefühle durch einen harmlosen echten Wutausbruch zu äußern, so wird es manchmal laut, heftig und gewalttätig. Es agiert seine Gefühle aus, anstatt sich von ihnen zu befreien. Dieses Verhalten wird oft von lautem Kreischen, Schreien und heftigen Bewegungen begleitet, ganz so wie ein echter Wutanfall, aber es fließen keine Tränen. In der Tabelle auf der nächsten Seite ist der Unterschied zwischen dem Ausagieren von Gefühlen und echter Zornbewältigung beschrieben.
Wenn ein Kind keine Tränen vergießt, sondern lediglich kreischt oder schreit und schlägt und tritt, können die Eltern ihm dadurch helfen, daß sie erst einmal wahrnehmen, daß ihr Kind aufgebracht ist, und dann versuchen, einen Weg zu finden, daß es sich sicher genug fühlt, seine Gefühle auf harmlose Weise zu äußern. Jedes verletzende Verhalten sollte gestoppt werden, da es keinem Kind guttut, wenn ihm erlaubt wird, zu verletzen oder zu zerstören. Manchmal können Sie dem Kind helfen, das Ausagieren in einen richtigen Wutausbruch umzuwandeln, wenn Sie seine Handgelenke festhalten oder es liebevoll, aber fest umarmen; so unterbrechen Sie den Gewaltausbruch, und Tränen können fließen. Obwohl das Kind sich vielfach gegen das Halten wehren wird, ist es wichtig, damit fortzufahren, um das zerstörerische Verhalten zu beenden. (Manchmal ist die Unterscheidung zwischen einem tatsächlichen Loslassen von Wut und dem Ausagieren von Gefühlen nicht immer eindeutig, da ein Kind schlagen und treten, dabei aber auch Tränen vergießen kann. In diesem Fall sollte die Gewalt unterbrochen, das Weinen jedoch akzeptiert werden.)

KRITERIEN ZUR UNTERSCHEIDUNG VON TATSÄCHLICHER VERARBEITUNG VON WUT UND ÄRGER UND DEM AUSAGIEREN VON GEFÜHLEN BEI KINDERN	
Ausagieren von Gefühlen	**Verarbeitung von Ärger**
Lautes Kreischen oder Schreien	Lautes Weinen, verärgerte Worte oder Töne
Gewalt und Zerstörung	Heftige Bewegungen, aber kein Versuch, jemanden zu verletzen oder etwas zu zerstören
Keine Tränen	Tränen oder Zustand kurz davor
Tritt ein, wenn das Kind sich nicht sicher genug fühlt, die zugrundeliegenden Gefühle auszudrücken	Tritt ein, wenn das Kind sich sicher genug fühlt, seine Gefühle auszudrücken
Löst die schmerzlichen Gefühle nicht: das Kind fühlt sich auch weiterhin verletzt und angespannt	Löst schmerzliche Gefühle: das Kind ist nachher gelöst und glücklich
Feste und liebevolle Unterbrechung kann zu echter Gefühlsäußerung führen	Unterbrechung kann zur Unterdrückung von Gefühlen führen

Ebenso wie jedes normale Weinen gehen auch Wutausbrüche vorüber. Die Kinder hören von sich aus auf, wenn sie die angestauten Gefühle von Frustration und Ärger entlastet haben. Für die meisten Eltern ist es sehr schwierig, Wutanfälle zu tolerieren, da es ein starkes kulturelles Tabu gegen intensive Gefühlsäußerungen gibt.
Einige Eltern haben den Eindruck, daß ihr Kind völlig außer Kontrolle gerät oder sogar verrückt werden könnte. Oder sie glauben den Büchern, die behaupten, das Kind sei verwöhnt, weil sie zu nachgiebig gewesen seien. Man versucht die Eltern davon zu überzeugen, daß Wutäußerungen ein manipulatives Handwerkszeug eigensinniger Kinder wären, die auf einen Machtkampf aus sind. Und andere wiederum glauben, daß Wut ein Anzeichen der schlechten Natur des Kindes sei,

das sofort an die Kandare genommen werden muß, bevor es aus der Hand gleitet. Diese Haltungen gegenüber Wutäußerungen sind fatal, da sie Eltern häufig veranlassen, ihr Kind zu strafen, das doch nur versucht, angesammelte Gefühle zu entlasten, um stark und gesund zu bleiben. Wird Wut und Weinen nicht erlaubt, so können Kinder depressiv und aggressiv werden und für Krankheiten empfänglich werden:

Die bekannte Anthropologin Ruth Benedict hatte als Kind häufig Wutausbrüche. Ihr Vater starb, bevor sie zwei Jahre alt war, und sie war auf einem Ohr taub durch eine Masernerkrankung als Kind. Es ist wohl offensichtlich, daß es genug gab, worüber sie hätte weinen können. Aber ihre Mutter, die ihre Wutanfälle nicht verstand, kam eines Nachts mit Bibel und Kerze zu ihr, beschwor Gottes Hilfe und ließ das kleine Mädchen versprechen, nie wieder diesen unkontrollierbaren Wutanfällen nachzugeben. Ruths Wutausbrüche verschwanden, um einer Depression Platz zu machen.

Dieses Beispiel zeigt, was passieren kann, wenn das Bedürfnis des Kindes, seiner Wut Ausdruck zu verleihen, unterdrückt wird.
Viele Elternratgeber zeigen Wege auf, wie Wutausbrüche gestoppt werden können: Vorschläge, die Wut zu ignorieren, bis hin, dem Kind kaltes Wasser ins Gesicht zu spritzen. Unglücklicherweise gibt es, wenn überhaupt, nur wenige Bücher, die die positive und heilende Natur echter Wutäußerungen wahrnehmen, die für das Kind absolut notwendig sind, um mit Belastungen umzugehen.

Warum weinen und wüten Kinder über unbedeutende Ereignisse?

Länge und Intensität der Weinschübe und Wutausbrüche scheinen oft ungerechtfertigt in bezug auf die Situation, die sie auslösen. Ein kleines Mädchen weint eine halbe Stunde lang, weil es ein Bild nicht finden kann, das es gemalt hat, oder weil Sie ihr ein »falsches Müsli« vorsetzen. Diese Beispiele scheinen kein extrem verletzendes Verhalten der Erwachsenen zu beinhalten, und doch reagieren die Kinder, als wäre ihr Leben bedroht.
Der Grund für solche Situationen ist der, daß Kinder geringfügige Anlässe dazu verwenden, Gefühle, die sich aufgestaut haben, loszu-

lassen. Das »falsche Müsli« kann der Anlaß sein, der all das Weinen und Wüten auslöst über Situationen, in denen die wirklichen Bedürfnisse des Kindes nicht berücksichtigt wurden. Das Weinen über ein verlorenes Bild kann in Wirklichkeit ein Weinen sein über all die Verluste, die das Kind schon in seinem Leben erfahren hat.

Manchmal weinen Kinder, wenn sie mit einer anscheinend einfachen Aufgabe konfrontiert sind, wie zum Beispiel einen Schuh auszuziehen, und sie sagen immer und immer wieder: »Ich kann es nicht!« Eltern sind darüber oft erstaunt, da sie sehr wohl wissen, daß das Kind dieser Aufgabe gewachsen ist. Vielleicht ist dies nur ein Anlaß für das Kind, seine Frustration auszudrücken über die vielen anderen Tätigkeiten, die tatsächlich noch zu schwierig sind. Diese Situationen treten wahrscheinlich häufiger bei den Kindern auf, die durch bestimmte Kurse oder Unterrichtsstunden überfordert sind oder die häufig auf ihre Fehler aufmerksam gemacht werden.

Das folgende Beispiel zeigt, wie der kindliche Ausdruck von Verletzung durch kleine Ereignisse ausgelöst werden kann:

Ein kleiner Junge schrie und weinte, als seine Großmutter zu Besuch kam und ihren Mantel in den Schrank hängen wollte. Er schrie immer wieder: »Ich will nicht, daß Oma ihren Mantel in den Schrank hängt!« Nach langem Weinen sagte er endlich: »Ich will zu meinem Papa«, der bereits vor langer Zeit die Familie verlassen hatte. Er wollte nicht, daß seine Großmutter ihren Mantel an den Platz seines Vaters hängte; er wollte nicht, daß sie seinen Platz einnahm.[4]

Das folgende Beispiel mit meiner Tochter illustriert hervorragend, wie ein Kind eine Situation dazu benutzt, über eine vergangene schmerzhafte Erfahrung zu weinen:

Im Alter von vier Jahren fiel Sarah an einem Tag sowohl von einem Sims als auch von einem Trapez. Obwohl ich bei ihr war, hatte ich nicht genügend Aufmerksamkeit für ihr Weinen, weil auch andere Kinder um uns waren. Als sie an diesem Abend ins Bett gehen wollte, saß sie im Badezimmer auf einem Vorsprung, nachdem sie ihre Füße gewaschen hatte. Es war Zeit, da herunterzukommen, um die Zähne zu putzen, aber statt dessen fing sie an zu weinen und sagte: »Ich kann nicht herunter, ich falle hin.« Obwohl ein Stuhl in der Nähe stand, den sie leicht hätte erreichen können, behauptete sie weiterhin, sie könne nicht herunterkommen, und weinte darüber, wieviel Angst sie hätte, zu fallen. Ich hob sie nicht herunter, weil ich wußte, daß sie es leicht selbst schaffen konnte. Sie schrie und weinte fünf Minuten lang. Dann hörte sie auf, lächelte mich an, kletterte von dem Vorsprung und putzte ihre Zähne.

Dieses Beispiel zeigt, wie sie dadurch an die Stürze dieses Tages erinnert wurde, daß sie auf dem Vorsprung saß, und wie sie die Situation nutzte, um darüber zu weinen.
Wenn Kinder aufgebracht sind und weinen oder wüten müssen, weil sich schmerzliche Gefühle und Frustrationen angesammelt haben, so nutzen sie jeden kleinen Anlaß, um zu weinen. Eine Mutter, die ich interviewte, beschrieb dieses Phänomen bei ihrer sechs Jahre alten Tochter:

Es fängt zum Beispiel an, wenn ich sage: »Nein, du kannst diesen Schokoriegel nicht haben, er ist schlecht für deine Zähne.« Sie fängt dann an zu weinen und wiederholt ständig: »Ich will aber.« Sie ist dann keinem Argument zugänglich und will auch nicht in den Arm genommen werden. Wenn sie sich vollständig ausgeweint hat, umarmen wir uns, und es ist wieder in Ordnung. Oft sind es wirklich aufgestaute Gefühle, es ist nicht der Schokoladenriegel oder irgend etwas anderes, sondern ein ganzer Wust von Gefühlen, die sie loswerden möchte. Ich versuche mir darüber bewußt zu sein.

Manche Eltern halten so eine Szene für ein Zeichen, daß ihr Kind verwöhnt ist oder stur oder absichtlich seine Mutter reizen will. Kinder weinen, weil sie verzweifelt versuchen, schmerzliche angestaute Gefühle loszulassen. Sie verhalten sich wie ein Schnellkochtopf, der seinen Dampf durch eine Düse abläßt. Sie werden den tieferen Grund des Weinens nicht immer erkennen können, aber Sie können Ihr Kind bei dem von ihm gewählten Anlaß begleiten und versuchen, das Weinen zu akzeptieren.

Kann es sein, daß Wutanfälle häufiger auftreten, wenn man ihnen mit einer akzeptierenden Haltung entgegentritt?

(Erinnern wir uns: Das Wort »Wutanfall« ist in diesem Buch als eine spontane Wutreaktion definiert, die oft von Tränen begleitet wird, aber kein zerstörerisches Verhalten beinhaltet. Verletzungen anderer oder des Kindes selbst sind dagegen keine echte Wutäußerung und müssen verhindert werden. Mehr dazu in den Kapiteln 5 und 6.)

Ein Wutanfall ist ein physiologischer Entlastungsprozeß, der der Stuhlentleerung sehr ähnlich ist. Wenn sich emotionale Spannungen und Belastungen im Kind ansammeln, so entsteht ein Bedürfnis, diese durch Weinen und Wüten zu lösen, ebenso wie sich der Drang der Stuhlentleerung entwickelt, wenn der Darm gefüllt ist. Die Unterstützung dieser Reinigung und die Aufmerksamkeit beim Weinen können, ebenso wie die Stuhlentleerung, nicht zu einer mehr als erforderlichen Entlastung führen; hat das Kind genug geweint, dann ist einfach nichts mehr vorhanden, über das es weinen müßte. Ist die Klärung erfolgt, so besteht erst dann wieder ein Bedürfnis zu wüten, wenn sich erneut Frustrationen und Spannungen entwickelt haben. Die Unterdrückung von Wut führt zu emotionaler Verstopfung.

Einige Kinder leiden unter Verstopfung und haben nur alle drei oder vier Tage Stuhlgang, da sie Angst haben, die Toilette zu benutzen. Ist diese Angst jedoch überwunden, so kehrt eine normalere Darmbewegung ein und wird zu häufigerer Entleerung führen. Ebenso ist es bei Kindern, die Angst haben, zu weinen. Können die Eltern das Weinen akzeptieren und gestalten sie den Raum für das Kind somit sicherer, so kann es sein, daß es häufiger weint. Es mag manchmal so aussehen, als würden die Eltern das Weinen verstärken und dadurch verursachen, daß es öfter auftritt, aber in Wirklichkeit gestattet sich das Kind einfach nur ein normaleres Weinverhalten, weil das Weinen nicht länger unterdrückt wird. Kinder weinen nicht mehr, als sie es brauchen.

Sind Sie immer noch unsicher, ob nicht Ihre Aufmerksamkeit die Wutanfälle verstärkt, so sollten Sie Ihrem Kind auch dann Aufmerksamkeit zusichern, wenn es keine Anzeichen von Wut äußert. So können Sie selbst besser einschätzen, daß keine Wutanfälle simuliert werden, nur um Ihre Aufmerksamkeit zu erlangen. Es ist unmöglich, richtige Tränen zu simulieren, und immer dann, wenn Tränen fließen, können Sie sicher sein, daß Ihr Kind Spannungen verarbeitet.

Was kann ich machen, wenn mein Kind in der Öffentlichkeit einen Wutanfall hat?

Es ist für Eltern äußerst unangenehm, wenn ihr Kind seinem Ärger im Supermarkt, im Park oder anderen öffentlichen Plätzen Ausdruck verleiht. Wenn ein Kind heranwächst, lernt es, daß es Zeiten und Orte gibt, die für lautes Verhalten wie Wutanfälle nicht geeignet sind, und es lernt seine Ausbrüche zu kontrollieren. Aber jedes Kind braucht zumindest einen Ort, wo es vollkommen sicher ist, sein Weinen und Wüten zeigen zu können, und auch eine Person, die seine Wut akzeptiert. In den frühen Kindheitsjahren ist es für die kindliche Entwicklung von Vorteil, wenn eine solche Person täglich Kontakt zu ihm hat. Ist Akzeptanz und Toleranz für Wutanfälle im häuslichen Bereich vorhanden, werden die meisten Kinder diese sichere Umgebung dazu benutzen, ihre Gefühle dort zu äußern, und wenig Verlangen verspüren, Wutanfälle in die Öffentlichkeit zu tragen.
Sie können lernen, die Signale Ihres Kindes zu verstehen und Wutanfälle vorauszusehen. Wenn Zeichen von bevorstehender Wut sichtbar werden, können Sie, wenn möglich, zu Hause bleiben, bis die Wut sich gelegt hat. Ebenso wie Sie darauf achten können, daß Ihr Kind zur Toilette geht, bevor es das Haus verläßt, können Sie auch Schritte unternehmen, die sicherstellen, daß jedes Bedürfnis zu weinen befriedigt wurde. Einige Eltern befürchten, daß die Akzeptanz von Wutanfällen zu Hause dem Kind vermittelt, daß es überall die Möglichkeit hat, sich so zu verhalten. Tatsächlich ist aber das Gegenteil der Fall, da das Kind seinen Ärger zu Hause löst und keine Notwendigkeit mehr sieht, es anderswo zu tun.
Wenn Sie sich ruhige Kinder in der Öffentlichkeit wünschen, so können Sie nicht von ihnen erwarten, daß sie auch zu Hause ruhig sind. Je mehr ein Kind sich zu Hause offen verhalten kann und seine Gefühle ausdrücken darf, je »wohlerzogener« wird es anderen gegenüber erscheinen, wenn es nicht zu Hause ist. Es ist völlig unrealistisch, von Kindern zu erwarten, daß sie sich überall ruhig verhalten.
Auch wenn die häusliche Umgebung einen akzeptierenden Umgang mit Wutanfällen praktiziert, kann es trotzdem auch in der Öffentlichkeit zu gelegentlichen Ausbrüchen kommen. Die meisten Menschen reagieren auf solch ein Verhalten nicht so schockiert oder besorgt, wie

viele Eltern befürchten. Im großen und ganzen gesteht man kleinen Kindern ein solches Verhalten von Zeit zu Zeit zu (auch wenn der Grund für das Weinen meist falsch verstanden wird). Es ist wirklich unnötig, die Wutanfälle eines Kindes zu unterbrechen, es sei denn, andere fühlen sich eindeutig gestört. Wenn Sie selbst sich nicht zu betroffen fühlen, so kann ein Wutanfall in der Öffentlichkeit für Sie eine ausgezeichnete Möglichkeit sein, eine akzeptierende und entspannte Haltung dem Weinen gegenüber zu zeigen, und so können Sie andere Eltern ermutigen, ihr Kind bei solchen Gelegenheiten nicht zu unterbrechen oder auszuschimpfen.
Wählt das Kind eine Zeit oder einen Platz für seinen Wutausbruch, den Sie auf keinen Fall akzeptieren können (wie ein Restaurant, ein Konzert, eine Bücherei oder eine Kirche), so können Sie mit dem Kind einen Ort aufsuchen, wo andere Menschen durch die Geräusche nicht gestört werden. Ist es jedoch unmöglich für Sie, den Raum zu verlassen, so können Sie, wenn nötig, versuchen, es durch Ablenkung zu beruhigen. Wurde ein Wutausbruch, aus welchem Grund auch immer, unterbrochen, ist es wichtig, sich daran zu erinnern, daß er nicht auf Dauer beendet ist, sondern nur verschoben wurde. Das Kind wird den Ausbruch später beenden wollen, und je eher Sie das gewähren, je besser wird es ihm gehen und je leichter wird sich das Zusammenleben gestalten.

Was passiert, wenn Kinder gelernt haben, ihr Weinen zu unterdrücken?

Einige Kinder lernen schon sehr früh ihr Weinen zu unterdrücken, da die Eltern das Bedürfnis zu weinen nicht verstehen und sie davon abzuhalten versuchen. Bei Babys benutzen Eltern Schnuller, Kitzeln, häufiges Stillen und andere Ablenkungen, um das Weinen zu beenden, da sie denken, daß es dem Baby bessergeht, wenn es nicht mehr weint. Die Vorstellung, daß das Weinen aufhören muß, ist in unserer Kultur so vorherrschend, daß einige Ärzte sogar Beruhigungsmittel verschreiben, um das Weinen eines Säuglings zu verringern. Man geht allgemein von der Annahme aus, daß ein Baby sich besser fühlt, wenn es nicht weint. Tatsächlich ist aber das Gegenteil der Fall: Es wird sich

so lange nicht besser fühlen, bis es die Möglichkeit hatte, seine Spannungen durch den Mechanismus des Weinens zu lösen.
Auch bei Krabbelkindern werden diese Weinphasen häufig falsch verstanden, und Eltern werden zu der Annahme verleitet, daß ihr Kind »verwöhnt« oder »manipulativ« ist, obwohl es lediglich seine Spannungen und Frustrationen loslassen möchte. So haben die Eltern das Gefühl, daß es ihre Aufgabe sei, das Weinen zu beenden, und es gelingt ihnen auch, indem sie das Kind entweder ignorieren oder Ablenkungsstrategien entwickeln. Viele Eltern suchen Zuflucht in Bestechungen, Drohungen und Strafen, wenn andere Methoden keinen Erfolg haben. Das Ergebnis dieser frühen Konditionierung sind Kinder, die schon im Alter von zwei Jahren ungute Gefühle und Spannungen angesammelt haben und keine Möglichkeit mehr sehen, ihnen einen akzeptablen Ausdruck zu verleihen. Solche Kinder weinen nicht sehr leicht oder häufig, da es für sie nicht sicher genug ist, ihre Gefühle zu äußern. Oft haben sie schon ihre eigenen Unterdrückungsmechanismen entwickelt, um sich selbst vom Weinen abzuhalten, da ihre Umgebung dieses Verhalten nicht vollkommen akzeptiert.
Eine übliche Methode, wie Kinder sich selbst zurückhalten, ihren Gefühlen freien Lauf zu lassen, ist, daß sie etwas in ihren Mund stecken und zu übermäßig langem Saugen Zuflucht nehmen. Typischerweise sieht man dann das Daumenlutschen und den Gebrauch von Schnullern. Einige neigen aber auch dazu, zuviel zu essen, besonders dann, wenn das Weinen häufig damit beantwortet wurde, daß man sie fütterte. Ein weiterer üblicher Unterdrückungsmechanismus ist das Saugen an oder Herumtragen von Lieblingsdecken oder Spielzeug, die auch als »Sicherheitsobjekte« bezeichnet werden. An diese Lieblingsgegenstände klammert sich das Kind, wenn es sich unwohl fühlt, aber nicht sicher genug ist, um weinen zu können.
Einige Kinder entwickeln eine verspannte Gesichts-, Nacken- oder Schultermuskulatur, um das Weinen zu vermeiden, während andere zu selbststimulierenden Handlungen Zuflucht nehmen, indem sie mit dem Kopf an das Bettchen schlagen, sich selbst hin- und herwiegen oder masturbieren, um sich von dem Bedürfnis zu weinen abzulenken. Diejenigen, die fernsehen dürfen, können, als Ablenkung von ihren Gefühlen, eine Abhängigkeit davon entwickeln.
Diese vielfältigen Unterdrückungsmechanismen werden »Kontrollmu-

ster« genannt, und es existieren noch bedeutend mehr, als die, die ich hier erwähnt habe. Beinahe alles kann zu einem Kontrollmuster werden, wenn es dazu benutzt wird, Gefühle zurückzuhalten, anstatt sie zu lösen. Typische Kontrollmuster bei Erwachsenen sind Rauchen, Nägelbeißen, Trinken, Essen und Muskelverspannungen.

In einer umfassenden Studie über Verhaltensprobleme bei normalen Kindern fand man heraus, daß das Daumenlutschen im Alter zwischen 21 Monaten und 14 Jahren langsam abnahm. Im Alter von 21 Monaten lutschten 21 Prozent der Jungen und 33 Prozent der Mädchen am Daumen, aber keines der 14jährigen Kinder lutschte Daumen. Die gleiche Studie entlarvte aber ein paralleles Anwachsen beim Nägelbeißen. Im Alter von 21 Monaten bissen nur 5 Prozent der Jungen und 3 Prozent der Mädchen ihre Nägel, wogegen 33 Prozent der 14jährigen Jungen und 22 Prozent der gleichaltrigen Mädchen ihre Nägel bissen.[5]

Es sieht so aus, daß ältere Kinder ihre Kontrollmuster nicht aufgeben, sondern lediglich in gesellschaftlich akzeptiertere umändern. Bei einer 14jährigen wird das Nägelbeißen wahrscheinlich eher toleriert als das Daumenlutschen. Beide Verhaltensweisen dienen dem Zweck, dem Kind zu helfen, seine Gefühle zu unterdrücken, da es in einer Umgebung lebt, die das Weinen nicht versteht und akzeptiert.

Kinder, die gelernt haben, ihre Gefühle auf diese Weise zurückzuhalten, entwickeln manchmal andere Symptome, die das Ergebnis unterdrückter Gefühle sind.[6] Einige Kinder leiden an körperlichen Symptomen wie Kopfschmerzen, Magenbeschwerden oder Hautausschlägen, bei anderen findet man Aggressivität und Zerstörungswut. Auch das Bettnässen kann seinen Grund in nicht ausreichend gelösten Gefühlen haben. Manche Kinder verhalten sich überaktiv, wenn sie Gefühle zurückhalten, andere ziehen sich zurück, verlieren die Fähigkeit, sich zu konzentrieren oder aufzupassen.

Eltern, denen die Wichtigkeit des Weinens klargeworden ist, wünschen sich natürlich, daß ihre Kinder anfangen zu weinen, so daß sie die Tränen, die sie als Babys nicht weinen durften, nachholen können. Viele Eltern befassen sich nun mit der Frage, wie der natürliche Heilmechanismus wieder einsetzen kann und wie sie ihr Kind davon überzeugen können, daß es seine Gefühle nicht länger zurückhalten muß. Diese Aufgabe ist nicht immer einfach, da das Kind Zeit braucht, um Vertrauen zu entwickeln und sich sicher genug zu fühlen, um bei seinen Eltern weinen zu können. Je länger es sein Weinen unterdrücken mußte, je schwieriger wird es sein, ihm zu helfen, den natürlichen Heilungsprozeß wieder in Gang zu setzen. Aber es ist niemals unmöglich, die Konditionierung wieder aufzuheben, und die ganze Familie wird Vorteile davon haben, wenn das Kind unterstützt und ihm erlaubt wird, sich zu öffnen und damit beginnt, seine aufgestauten Schmerzen und Spannungen loszulassen.

Der erste Schritt auf diesem Weg besteht darin, dem Kind Aufmerksamkeit zu schenken. Sie können für jeden Tag eine bestimmte Zeit festlegen, die Sie mit Ihrem Kind verbringen, in der Sie dem Kind völlig die Initiative überlassen und alles tun, was es sich wünscht. Es wird sicherlich nicht auf ihren Schoß klettern und anfangen zu weinen. Wahrscheinlich möchte es spielen. Wenn Sie in der Lage sind, in diesen festgelegten Zeiten dem Kind Aufmerksamkeit zu geben, wird es sich allmählich sicher genug fühlen, einige schwierige Dinge anzusprechen.

Kinder benutzen die Aufmerksamkeit ihrer Eltern, um in Spielsituationen schmerzhafte Gefühle zu verarbeiten. Häufig geschieht das durch Lachen. Das Lachen ist ebenso wichtig wie das Weinen und ist ein Spannungslösungsmechanismus, der dem Kind hilft, Gefühle von Angst, Ärger, Sorgen, Unsicherheit und Machtlosigkeit zu überwinden. Da das Lachen in unserem Kulturkreis im allgemeinen akzeptiert und nicht unterdrückt wird, fühlen Kinder sich normalerweise beim Lachen sicherer als beim Weinen. (Im Kapitel 2 wird noch mehr über das Lachen gesagt.)

Vielleicht möchte Ihr Kind eine angstmachende Situation beim Arzt nachspielen, wenn es ein Doktorspiel vorschlägt. Sie könnten zum Beispiel Angst vor einer Spritze vortäuschen. Wahrscheinlich fängt Ihr Kind an zu lachen, wobei sich Ängste lösen. Oder es will ein Brettspiel spielen, fängt dabei an zu mogeln, beobachtet aber ganz genau Ihre Reaktion. Wenn Ihnen jetzt klar ist, daß das Kind auf seine Art bestimmte Gefühle zum Ausdruck bringt, brauchen Sie nicht zu protestieren, sondern können übertrieben und humorvoll Ihre Überraschung darüber zeigen, wie schnell es doch das Spiel gewonnen hat. Auch hier wird das Kind wahrscheinlich anfangen zu lachen und dabei seine Gefühle von Unzulänglichkeit entlasten. Auch Stofftiere und Puppen können für Kinder ein nützliches Medium darstellen, um ihre

Gefühle auszudrücken. Ihr Kind kann Sie bitten, eine bestimmte Rolle einzunehmen, während es einen beängstigenden Streit nachspielt. In solchen Situationen kann es zum Sprechen und Lachen ermutigt werden.

Diese regelmäßige Aufmerksamkeit ermöglicht die Grundlage für den nächsten Schritt. Wenn Sie Ihrem Kind die Möglichkeit gegeben haben, die Leitung zu übernehmen, seine Gefühle akzeptierten und in diesen spielerischen Situationen sein Lachen unterstützt haben, so wird es allmählich Vertrauen entwickeln und sich sicher genug fühlen, tiefere Gefühle zu offenbaren.

Wahrscheinlich ist das nächste Stadium recht unerwartet. Das Kind fängt an, kleine Entschuldigungen zu finden, um zu weinen, und will so Ihre Reaktion prüfen. Dies kann sowohl in den festgesetzten Zeiten passieren als auch außerhalb. Es stößt sich beim Ringkampf und beginnt zu jammern. Wenn Sie ihm jetzt entspannte Aufmerksamkeit geben können, so fühlt es sich vielleicht sicher genug, daß sich das Jammern zu einem richtigen Weinen entwickeln kann. Dieses Verhalten stellt den Beginn des wiedereinsetzenden, natürlichen Heilmechanismus dar, und Ihr Verhalten ist von entscheidender Bedeutung. Jeder negative Kommentar oder der Versuch, das Kind vom Weinen abzulenken, kann es veranlassen, sich wieder zu verschließen und seine Gefühle weiter zu unterdrücken.

Unglücklicherweise wählt das Kind nicht unbedingt eine passende Zeit, noch wird sein Schmerz Ihnen immer logisch oder gerechtfertigt erscheinen. Vielleicht reagiert es ungehalten, wenn Sie ihm zum Frühstück das »falsche Müsli« vorsetzen. Bald stellen Sie fest, daß es mit nichts zufrieden ist und sich immer weiter beschwert. Falls so etwas passiert, ist es sinnvoll, dem Kind einfach aufmerksam zuzuhören, da es nur eine Entschuldigung sucht, um weinen zu können. Sie können ihm klarmachen, daß nichts anderes zum Frühstück da ist, und sein ärgerliches Weinen freundlich begleiten. Das Müsli ist wahrscheinlich nicht sein eigentliches Anliegen. Sie können jedes vom Kind gewählte Thema unterstützen und das Weinen ermutigen, ohne es zu unterbrechen. In diesen Situationen wird es nicht einfach sein, dem Versuch zu widerstehen, »alles wieder gut zu machen«, so daß Ihr Kind »glücklich« ist. Aber vielleicht stellen Sie fest, daß es nichts gibt, das es über längere Zeit glücklich macht, wenn es eigentlich weinen muß.

Fühlt Ihr Kind sich zu Hause erst einmal sicher genug, um seine Gefühle durch Weinen und Wutausbrüche zu lösen, so können die Dinge eine Zeitlang etwas hektisch werden, da es viele Situationen zum Weinen benutzen wird. Das ist ein gutes Zeichen, auch wenn es eine schwierige Phase ist, die Sie durchleben. Ihr Kind bricht weder zusammen, noch wird es überempfindlich, es verhält sich nicht manipulativ oder reagiert »verwöhnt«. Es gibt nichts, worüber Sie sich sorgen müßten, es holt lediglich das Weinen nach, das es seit seiner Babyzeit unterdrücken mußte. Jedes Weinen ist eine Ehrung für Sie und die Aufmerksamkeit und Sicherheit, die Sie Ihrem Kind zur Verfügung stellen.

Wenn Ihr Kind sein Weinen auch weiterhin zu unterdrücken scheint, nachdem Sie ihm, wie beschrieben, Ihre Aufmerksamkeit gegeben haben, so können Sie nach möglichen Kontrollmustern Ausschau halten. Hat es häufig seinen Schnuller im Mund? Wenn ja, so ist es keine Verletzung, wenn Sie ihm den Schnuller verweigern, vorausgesetzt, Sie erklären ihm was und warum Sie es tun, und vorausgesetzt, Sie unterstützen und akzeptieren das Weinen Ihres Kindes. Beim Daumenlutschen ist es etwas schwieriger, da der Daumen ein Teil des kindlichen Körpers ist. Das Ziel ist, so viel Sicherheit zu gewährleisten, daß Ihr Kind nicht länger das Bedürfnis verspürt, seinen Daumen zu lutschen. Steckt der Daumen im Mund, so können Sie sanft die Hand des Kindes berühren, um seine Aufmerksamkeit auf ihn zu lenken und dabei dem Kind Ihre ganze Aufmerksamkeit schenken. Kinder nehmen spontan ihren Daumen aus dem Mund, um zu weinen, wenn sie sich sicher genug fühlen. Geben Sie nicht einfach auf, wenn Ihr Kind zur Seite guckt oder Sie wegdrücken will. Es ist normal, daß Kinder sich unbehaglich und unwohl fühlen, wenn sie gezielte Aufmerksamkeit erhalten, wenn sie aufgebracht sind und diese Art der Aufmerksamkeit nicht kennen. Wichtig ist es, bei ihnen zu bleiben und weiterhin achtzugeben.

Wenn Ihr Kind wegen des Weinens verlegen ist, weil andere Menschen ablehnend reagiert oder sich lustig gemacht haben, so können Sie vorschlagen, das Weinen zusammen zu üben. Schaffen Sie eine spielerische Atmosphäre, in der sie beide so tun, als ob sie weinten. Wahrscheinlich wird es sie auch beide zum Lachen bringen und Ihnen beiden helfen, die Verlegenheit über das Weinen zu überwinden. Dabei ist es jedoch wichtig, daß das Kind sich nicht verspottet fühlt.

Wenn Sie selbst selten weinen oder sich unwohl fühlen in Gegenwart weinender Menschen, so wird sich wahrscheinlich auch Ihr Kind nicht sicher genug fühlen, um in Ihrer Anwesenheit zu weinen, da es Ihre Haltung spürt. Dann ist es hilfreich, wenn Sie Schritte unternehmen, um sich selbst mehr weinen zu erlauben, wie es in einem der folgenden Abschnitte dieses Kapitels beschrieben ist.

Können Kinder sich durch künstlerische Betätigung von schmerzlichen Gefühlen befreien?

Viele Menschen betrachten das Weinen als unreifen Gefühlsausbruch und halten einen künstlerischen Ausdruck für angemessener. Trotzdem scheint es, daß künstlerische Arbeit an sich, allein ausgeübt, noch nicht notwendigerweise therapeutischen Wert hat. So ist der Fall eines sechsjährigen Mädchens dokumentiert, das eine große Anzahl düsterer Bilder malte, bevor es mit einer Therapie begann. Obwohl das Mädchen beachtenswerte Kunstwerke herstellte, die ihre Gefühle ausdrückten, verbesserte das ihr emotionales Wohlbefinden nicht. Ihr Zustand verschlechterte sich sogar, weswegen die Eltern sie zu einem Therapeuten brachten. Nach einem Jahr Therapie, in dem sie auch viele Weinschübe hatte, wurden ihre Zeichnungen farbiger und fröhlicher.[7]

Durch dieses Beispiel wird deutlich, daß die Zeichnungen zwar ausdrückten, wie das Mädchen sich fühlte, aber an sich noch nicht heilend waren. Nachdem die Psychoanalytikerin Alice Miller die Geschichte mehrerer berühmter Schriftsteller untersucht hatte, kam sie zu dem Schluß, daß »der künstlerische Ausdruck des Leidens Neurosen nicht beseitigt«. Nur die Erfahrung von Ärger und Schmerz aus der eigenen Kindheit und die Freiheit, diese Gefühle einem einfühlsamen Zuhörer mitzuteilen, kann wahre Heilung bringen.[8] Ein Buch, das verschiedene Formen der Psychotherapie zusammenfaßte, kam zu dem Schluß, daß die ausführliche Erörterung und Katharsis (der vollkommene Ausdruck der zurückgehaltenen Gefühle) »einen ansehnlichen Teil der gesamten therapeutischen Wirkung aller Psychotherapien« darstellt.[9]

Auch wenn isoliert ausgeübte künstlerische Tätigkeit nicht therapeutisch wirksam ist, so kann doch, unter bestimmten Bedingungen, Malen und Zeichnen ein wichtiger Teil der Therapie sein. Die Kunstwerke können dem Therapeuten Einblicke in die Gefühle des Kindes gewähren. Akzeptiert er die Gefühle, die in den Zeichnungen ausgedrückt werden, und spiegelt sie dem Kind wider, so merkt es, daß sein wahres Selbst geschätzt und erkannt wird.[10] Fühlt es sich erst einmal akzeptiert, so können tiefere Gefühle aufsteigen und Tränen fließen. Auch können die Zeichnungen ein nützlicher Hinweis für den Fortschritt des Kindes darstellen.

Es ist für mich schwierig, das Weinen meines Kindes zu akzeptieren

Besonders am Anfang kann es für Sie sehr schwierig sein, das Weinen Ihres Kindes zu akzeptieren. Hierfür gibt es mehrere Gründe. In unserer Gesellschaft, in der ein so großes Mißverständnis über Bedeutung und Zweck des Weinens besteht, sind wir alle mehr oder weniger von der Meinung beeinflußt, daß das Weinen des Kindes ein »Fehlverhalten« sei. Wenn überhaupt, so haben nur wenige Menschen, wenn sie Eltern werden, so viel geweint, wie sie es als Kinder und Babys gebraucht hätten. Statt dessen wurden sie bestraft, abgelenkt, gefüttert, ignoriert, belächelt oder bedroht, wenn sie weinten. Obwohl viele Erwachsene sich eine gewisse Fähigkeit zu weinen bewahren konnten, gibt es häufig Menschen, besonders Männer, die jahrelang nicht mehr geweint haben. Die Konditionierung, die sie als Kinder erfuhren, war so tiefgreifend und gründlich, daß jedes Weinen unterdrückt wurde. Eine Folge hiervon ist die Verneinung und Unbewußtheit der eigenen Gefühle und eine große Schwierigkeit, sich in ein Kind einzufühlen, das mit seinen Gefühlen in Kontakt ist und sie aktiv ausdrückt.
Seien Sie nicht überrascht oder verurteilen Sie sich nicht dafür, daß Sie, wenn Ihr Kind weint, starke Gefühle erleben wie Ärger, Frustration, Haß, Machtlosigkeit, Ängstlichkeit oder Verunsicherung. Es kann zu dem Gefühl kommen, daß Ihr Kind Sie manipulieren, ärgern oder Ihnen das Leben schwermachen möchte. Wäre Ihr eigenes Weinen als Kind immer liebevoll akzeptiert worden, würden Sie jetzt nicht so fühlen. Sie könnten sehen, daß Sie nicht die Zielscheibe oder das Opfer sind, sondern würden das Weinen Ihres Kindes so verstehen, wie es gemeint ist: ein notwendiges und heilendes Loslassen von Gefühlen.

Sie würden es ebenso selbstverständlich akzeptieren wie das Bedürfnis des Kindes, zur Toilette zu gehen.
Eine Mutter beschrieb ihre Gefühle, wenn ihre Kinder weinten, so:

Wenn sie von jemand anderem verletzt oder enttäuscht werden, dann kann ich geduldig, liebevoll und ruhig sein. Wenn sie aber weinen oder über mich wütend sind, weil sie mit etwas nicht einverstanden sind oder ihren Willen durchsetzen wollen, dann wird es schwierig, dann werde ich ärgerlich. Ich will, daß alles harmonisch ist. Wenn ich keinen Abstand mehr habe und verärgert bin, bekommen die Kinder auch keine klare Aufmerksamkeit von mir, und darauf reagieren sie oft sehr stark. Es ist schwierig für mich, mich wieder zu beruhigen, wenn es erst einmal soweit ist, und dann kommt es zum Austausch von Ärger und Frustration. Manchmal beruhigen wir uns und sprechen nachher darüber, und ich entschuldige mich. Nachher fühle ich mich oft traurig. Das Selbstbild der Kinder heilt nicht so schnell wieder, und das Vertrauen zwischen uns ist gestört.

Um dem Weinen des Kindes gegenüber toleranter zu werden, können Sie Schritte unternehmen, Ihre eigene Fähigkeit zu weinen wiederherzustellen. Sie können einem vertrauten Menschen erzählen, wie Sie als Kind am Weinen gehindert wurden. Auch wenn Sie bei einem traurigen Film einen Kloß im Hals fühlen, können Sie Ihre Tränen fließen lassen, anstatt sie herunterzuschlucken. Sind Sie verärgert oder frustriert, hauen Sie auf ein Kissen und nehmen Ihre Stimme zu Hilfe, um die Wut zu lösen. Nach einem harten Tag können Sie einen lieben Freund bitten, Sie in den Arm zu nehmen und Sie weinen zu lassen. Leben Sie mit Ihren Kindern allein, so rufen Sie jemanden an und bitten Sie ihn oder sie, Ihnen zuzuhören. Wenden Sie sich an eine Selbsthilfegruppe oder suchen Sie sich eine Therapeutin oder einen Therapeuten, die oder der das Weinen unterstützt. Es gibt viele Therapien und Gruppen, die Erwachsenen helfen wollen, die Fähigkeit zu weinen wiederzuerlangen. Alles, was Sie selbst unternehmen können, um Ihr Weinen zu fördern, wird Ihrer Gesundheit und Ihrem Wohlbefinden zustatten kommen, und zusätzlich wird es Ihnen leichter fallen, zu Hause eine Atmosphäre zu schaffen, die das Weinen Ihres Kindes eher akzeptiert.
Wenn das Weinen Ihres Kindes Sie wirklich verärgert und Sie das Gefühl haben, es nicht mehr ertragen zu können, so kann es vorübergehend eine Lösung sein, Ihr Kind abzulenken. Machen Sie einen

Spaziergang, essen oder spielen Sie etwas zusammen. Wenn Sie Ablenkungen auf diese Art und Weise benutzen, so ist es wichtig, sich daran zu erinnern, daß das Weinen nicht wirklich beendet ist, sondern lediglich verschoben. Ihr Kind hat das Bedürfnis, sein Weinen zu einem späteren Zeitpunkt abzuschließen, wenn Sie oder jemand anders mehr Geduld und Toleranz zeigt.
Es kann eine anstrengende und schwierige Aufgabe sein, einer Generation eine neue Sichtweise über das Weinen zu vermitteln, aber die Ergebnisse sind es wert, und sowohl Eltern als auch Kinder haben viele Vorteile dadurch.

Darf ich in Gegenwart meines Kindes weinen?

Für viele Eltern stellt sich die Frage, ob sie ihren Kindern ihre Gefühle zeigen dürfen und in deren Gegenwart weinen und wüten sollten. Wenn Sie das Bedürfnis zu weinen verspüren, während Sie mit den Kindern zusammen sind, so ist es wichtig, sich über das »Wie« im klaren zu sein.
Es kann nicht von Kindern erwartet werden, daß sie für ihre Eltern die Rolle des Beraters oder Therapeuten spielen. Und es ist nicht fair, dies von ihnen zu erwarten. Müssen Sie weinen, so tun Sie dies eher, wenn Sie allein sind oder ein anderer Erwachsener bei Ihnen ist, als von Ihrem Kind zu erwarten, daß es Ihnen Aufmerksamkeit gibt. Falls Sie in Gegenwart des Kindes weinen, versuchen Sie es nicht dadurch zu überfordern, daß Sie Sympathie von ihm erwarten oder daß es die Zuhörerrolle einnehmen soll.
Kinder können sehr erschrecken, wenn ihre Eltern weinen, besonders wenn dies selten der Fall ist. Sie brauchen die Versicherung, daß Sie nicht »zusammenbrechen« und immer noch in der Lage sind, für sie zu sorgen. Auch Schuldgefühle können entstehen. Ihr Kind kommt vielleicht zu dem Schluß, daß es selbst der Anlaß für Ihre Trauer oder Ihren Ärger ist. Selbst dann, wenn Ihr Weinen durch eine Verhaltensweise des Kindes ausgelöst wurde, sollte es nicht für Ihre Gefühle verantwortlich gemacht werden.
Große Vorsicht ist beim Ausdruck von ärgerlichen Gefühlen geboten. Drohendes Schreien oder Fluchen und Zerstörungen sind nicht hilf-

reich oder ein Zeichen von Vertrauen, sondern ängstigen Kinder. Wenn Sie das Gefühl haben, Sie müßten schreien oder schlagen, so können Sie ein Kissen zu Hilfe nehmen, solange das Kind nicht den Eindruck gewinnt, es selbst sei das Ziel. Aber seien Sie sich der Tatsache bewußt, daß sehr kleine Kinder oder Kinder, die schon einmal von einem wütenden Erwachsenen geschlagen wurden (oder dabei waren, als jemand anders bedroht wurde), nicht in der Lage sind, den Ausdruck von Wutgefühlen bei Erwachsenen richtig zu verstehen, auch wenn es sich nur um das harmlose Schreien in ein Kissen handelt.

Wenn Sie diese Gedanken berücksichtigen, so kann das Weinen in Anwesenheit von Kindern sowohl für diese als auch für Sie selbst eine positive Erfahrung sein, da die Kinder das Modell eines Erwachsenen erleben, der offen seine Gefühle ausdrückt. Sie lernen, daß Menschen jeden Alters weinen und daß es nicht »kindisch« ist, sich so zu verhalten. Sie sehen, daß ihre Eltern offener werden und ihr Innerstes zeigen. Dies kann die Bindung zwischen Eltern und Kindern stärken. Die Möglichkeit zu weinen und Wut ohne Bedrohung zu äußern, verringert auch das Bedürfnis der Eltern, ihre Gefühle an den Kindern abzureagieren. Es ist ganz offensichtlich besser, wenn die Eltern auf ein Sofa schlagen als auf ein Kind. Die Befreiung von Gefühlen durch Weinen und Wüten ermöglicht es den Eltern, sich liebevoller und sanfter ihren Kindern gegenüber zu verhalten.

Übungen

Entdecken Sie Ihre eigene Kindheit

1. Wie verhielten sich Ihre Eltern üblicherweise, wenn Sie als Kind weinten (Ignorieren, Strafen, Ablenken, Trösten usw.)? Was sagten sie? Was geschah, wenn Sie einen Wutanfall hatten?
2. Haben Sie Ihre Eltern jemals weinen sehen? Zu welchem Anlaß? Welche Gefühle hatten Sie dabei?
3. Gibt es ein Erlebnis in Ihrer Kindheit, worüber Sie heute noch weinen wollen?

Welche Gefühle haben Sie gegenüber Ihrem Kind?

1. Wie fühlen Sie sich, wenn Ihr Kind weint? Was würden Sie gerne tun? (Dies ist nicht unbedingt das, was Sie tun *sollten.*)
2. Wie fühlen Sie sich, wenn Ihr Kind einen Wutanfall hat?
3. Hat Ihr Kind ein Kontrollmuster (Decke, Daumenlutschen, Abhängigkeit von seinem Fläschchen usw.)? Welche Gefühle löst das bei Ihnen aus?

Sorgen Sie für sich selbst

1. Gehen Sie in eine Therapie oder Selbsthilfegruppe, die Ihr Weinen unterstützt.
2. Sprechen Sie jeden Abend zehn Minuten lang mit Ihrem Mann/Ihrer Frau oder einem Freund/einer Freundin über die täglichen Probleme und nehmen Sie sich die Zeit, zu weinen oder zu lachen.
3. Schauen Sie sich einen traurigen Film an und erlauben Sie sich, die Tränen fließen zu lassen.

2 Angst und Schrecken

Eltern wundern sich oft über die mannigfachen Ängste ihrer Kinder. In diesem Kapitel werden sowohl die verschiedenen möglichen Ursachen für diese Ängste vorgestellt, als auch Vorschläge unterbreitet, wie Kindern geholfen werden kann, diese zu überwinden.

Welche Ursachen gibt es für die Ängste von Kindern?

Schon von Geburt an bestehen Ängste. Neugeborene werden häufig durch laute Geräusche oder plötzliche Bewegungen erschreckt. In der zweiten Hälfte des ersten Lebensjahres entwickeln viele Babys Trennungsangst und eine Angst vor Fremden. Diese Ängste sind normal und werden als Zeichen einer gesunden Beziehung zu der wichtigsten Bezugsperson betrachtet. Trennungs- und Fremdenangst verringern sich normalerweise in der Kindergartenzeit, werden aber oft durch andere Ängste ersetzt. Es gibt verschiedene mögliche Gründe, die die Ängste der frühen Kindheit erklären können. Ich habe sie in acht Hauptgruppen eingeteilt.

1. *Ängste, die durch mangelnde Information entstehen.* Viele Kindheitsängste sind einfach das Ergebnis ungenügender oder ungenauer Information. Viele Phänomene des Lebens müssen für kleine Kinder mysteriös, verwirrend und unvorhersehbar sein. Unsere Vorfahren hatten Angst vor Donner, Blitz, Sonnenfinsternis und anderen Naturereignissen, da sie kein Verständnis für diese physikalischen Gesetze hatten. Und aus diesem Grund ängstigen sich auch unsere Kinder. Alles, was nicht wirklich verstanden ist, kann eine Quelle der Angst sein: Toiletten, Staubsauger, aufziehbares Spielzeug und auch natürliche Phänomene wie eben Blitz und Donner. Kinder formen ständig ihre eigenen Hypothesen und Vermutungen darüber, wie die Welt funktioniert, aber ihre Ideen sind manchmal nicht richtig, weil es ihnen an Informationen fehlt. Ein Kind kann zum Beispiel denken: »Wenn

das ganze Wasser aus der Badewanne durch den kleinen Abfluß verschwindet, warum nicht auch ich?«

2. *Ängste, die aus verletzenden Kindheitserfahrungen resultieren.* Sowohl vorgeburtliche als auch Geburtstraumata können Kinder für bestimmte Ängste und Unsicherheiten empfänglich machen.[1] Klaustrophobie zum Beispiel, die Angst vor engen Räumen, kann ihren Ursprung in einer langen Geburt haben, in der das Kind zu lange im Geburtskanal steckte. Babys können durch ihre extreme Abhängigkeit, Verletzlichkeit und ihre mangelnden Fähigkeiten sehr leicht verletzt werden.

Wie schon im ersten Kapitel erwähnt, haben Babys die Fähigkeit, sich von schmerzhaften Erfahrungen durch Weinen und Wutäußerungen zu heilen. Wenn ein Baby aber keine Möglichkeit hatte, mit der liebevollen Aufmerksamkeit eines Erwachsenen genügend zu weinen, so werden die Auswirkungen dieser Verletzungen in die Kindheit mitgenommen und können sich auf verschiedene Arten manifestieren, Unsicherheiten und Ängste eingeschlossen.

Die Angst vor Dunkelheit kann darin begründet liegen, daß das weinende Baby nachts keine Beachtung fand. Ein Baby, dessen Mutter längere Zeit im Krankenhaus lag, kann als Vorschulkind die Angst entwickeln, verlassen zu werden. Ebenso können unspezifische Ängste dadurch entstehen, daß man als Baby nicht genug berührt und zu selten auf den Arm genommen wurde. Was immer auch der Grund sein mag, jede größere Verletzung oder jedes unerfüllte Bedürfnis des Säuglings kann Ängste beim Kleinkind auslösen, die häufig als lebensbedrohlich empfunden werden.

3. *Konkrete Ängste, die aus aktuellen erschreckenden Erfahrungen resultieren.* Ein Kind, das in einen Swimmingpool fällt, wird wahrscheinlich für Monate oder Jahre das Wasser meiden. Ein Junge, der von einem Hund umgerannt wird, kann Angst vor Hunden entwickeln, und auch eine Krankenschwester, die dem Kind eine Spritze gibt, kann eine gefürchtete Person werden. Obwohl viele erschreckende Erlebnisse tatsächlich gefährlich sein können, sind doch die meisten Dinge, vor denen Kinder Angst haben, nicht wirklich lebensbedrohlich.

4. *Ängste, die durch Assoziationen ausgelöst werden.* Kinder können vor Gegenständen oder Erlebnissen Angst haben, die mit anderen erschreckenden Erlebnissen in Zusammenhang gebracht werden. In

einem klassischen Experiment von 1920 spielte der elf Monate alte Albert mit einer weißen Ratte. Der Leiter des Experiments schlug plötzlich mit einem Hammer auf eine Metallstange, so daß ein lautes und angstmachendes Geräusch entstand. Dies wurde siebenmal wiederholt, während Albert mit der Ratte spielte. Das Ergebnis war, daß er jetzt Angst vor der Ratte hatte, vor ihr zurückschreckte, obwohl sie ihm nichts getan hatte. Die Angst übertrug sich auch auf andere, ähnliche Gegenstände und Tiere wie ein Kaninchen, einen Hund, einen Pelzmantel und Baumwolle, was ihn alles vorher nicht im mindesten erschreckt hatte.[2]

Diese Ängste werden »konditionierte Ängste« genannt, und das Phänomen, daß konditionierte Ängste sich auf andere Objekte übertragen, nennt man »Generalisierung«. Viele Ängste bei Vorschulkindern sind das Ergebnis von Konditionierung und Generalisierung. Das erschreckende Erlebnis muß kein lauter Gong sein. Alles, was ein Kind erschreckt, kann eine Angst vor Gegenständen oder Ereignissen auslösen, die zur selben Zeit stattfinden, einfach nur durch die Assoziation: ein bellender Hund, Donner, eine überlaufende Toilette, ein plötzliches Bremsen im Auto oder die Sirene der Feuerwehr. Wenn ein Mädchen vergnügt nackt in einem Planschbecken spielt und von einem plötzlichen Donnerschlag überrascht wird, kann es passieren, daß sie von diesem Zeitpunkt an Angst hat, im Planschbecken zu spielen. Die Angst kann sich auf alle Planschbecken ausweiten, auf alle Wasserspiele oder davor, nackt zu sein.

5. *Ängste, die von anderen Menschen übernommen werden.* Kinder können sehr leicht die Ängste ihrer Eltern übernehmen. Wenn der Vater eine Spinne im Haus entdeckt und darauf mit einer plötzlichen Bewegung und einem erschreckten Ausruf reagiert, kann ein Kind, das dieses Ereignis miterlebt, Angst vor Spinnen entwickeln. Das Kind wurde nicht eigentlich durch die Spinne erschreckt, sondern durch die *Reaktion* des Vaters auf die Spinne. Für ein kleines Kind ist es erschreckend und verwirrend, wenn ein vertrauter Erwachsener in unerwarteter oder unvorhersehbarer Weise handelt, besonders wenn dies mit einem unerwarteten Geräusch verbunden ist oder dem Kind plötzlich die Aufmerksamkeit entzogen wird. Das Kind sieht die Spinne und die Reaktion des Vaters im selben Moment, so daß es durch einfache Assoziation dazu kommen kann, daß es sich vor Spinnen

fürchtet, ebenso wie der kleine Albert dazu kam, sich vor Ratten zu fürchten. Die Angst kann sich sogar auf alle kleinen spinnenähnliche Tiere ausweiten.
So können Eltern unwissentlich ihre eigenen Ängste auf ihre Kinder übertragen, da die Angst der Eltern für das Kind eine Verletzung ist. Hierzu eine meiner eigenen Erfahrungen:

Im Alter von zwei Jahren entwickelte Nicky eine Angst vor Dingen, die vom Wind weggeblasen wurden, da ich selbst einmal sehr plötzlich und heftig reagierte, als wichtige Papiere wegflogen. Meine Reaktion muß ihn sehr erschreckt haben, da ich mich plötzlich von einer ruhigen Mutter in eine völlig hysterische verwandelt hatte. Noch einige Monate später wurde er sehr aufgeregt, schrie und weinte, wenn der Wind in unserem Hof einige seiner Sachen durcheinanderwirbelte.

Der evolutionäre Vorteil einer Ansteckung mit einem solchen Angstmechanismus ist offensichtlich. Kinder konnten eher überleben, wenn sie schnell und wirkungsvoll die Angst ihrer Eltern vor gefährlichen Tieren, Plätzen und Ereignissen übernehmen konnten. Es ist sehr wahrscheinlich, daß viele der kindlichen Ängste hier ihren Ursprung haben und daß viele Ängste der Erwachsenen ähnliche Gründe in der eigenen Kindheit haben.
Ängste und Vorurteile anderen Menschen oder ethnischen Gruppen gegenüber können ihren Ursprung in genau diesen Mechanismen der konditionierten Angst haben, die durch die Reaktion der Eltern entsteht. Hat eine deutsche Mutter Angst oder Mißtrauen gegenüber Ausländern, so wird das Kind diese Angst jedesmal spüren, wenn es einem Ausländer begegnet. Vielleicht hält die Mutter die Hand des Kindes plötzlich fester, ihre Augen bekommen einen ängstlichen Blick oder sie sieht verwirrt aus. Diese Reaktion, obwohl sie sehr subtil ist, kann ein Kind ängstigen, und das Kind fängt an, sich vor Ausländern zu fürchten, weil es sie mit dem fremden und angespannten Verhalten der Mutter assoziiert. Auch wenn keine weiteren abwertenden Bemerkungen über andere Völker gemacht werden und die Eltern sich vielleicht sogar als nicht rassistisch verstehen, können Kinder doch die unbewußten Vorurteile ihrer Eltern übernehmen und sie mit den non-verbalen Stimmungen verbinden.
Wenn die Eltern übermäßig um die Gesundheit oder Sicherheit des

Kindes besorgt sind, so kann das Kind sehr leicht diese Ängste annehmen, die teilweise durch den beschriebenen Konditionierungsprozeß übermittelt werden, teilweise aber auch durch falsche Informationen. Ist eine Mutter zum Beispiel übertrieben reinlich und wird ärgerlich oder ist erschreckt, wenn ihr Kind schmutzige Hände hat, so wird das Kind durch ihre Reaktion verängstigt. Zur gleichen Zeit kann sie ihm die falsche Information geben: »Du darfst niemals Schmutz anfassen, dadurch wird man krank.« Diese Information kann auch non-verbal übermittelt werden. Vielleicht besteht sie darin, die Hände des Kindes mehr als nötig zu waschen.

Es gibt aber noch weitere Möglichkeiten, wie Eltern unwissentlich Ängste bei ihren Kindern auslösen können. Wenn Kinder häufig bestraft oder Schuldgefühle in ihnen hervorgerufen werden für ihr ganz normales kindliches Verhalten – laut sein, unordentlich oder neugierig sein –, so kann sich eine allgemeine Ängstlichkeit entwickeln. Auch wenn die Gefühle des Kindes nicht vollkommen akzeptiert werden (wie im Kapitel 1 beschrieben), kann es den Eindruck gewinnen, daß sein innerster Kern nicht wirklich angenommen wird, und das kann zu Ängsten beitragen, verlassen zu werden, was in einem gewissen Sinne tatsächlich stimmt, da ein Teil von ihm wirklich nicht wahrgenommen wird.

Kinder entwickeln aber auch Ängste, die nichts mit den Eltern zu tun haben. Kleine Kinder sind so vertrauensvoll, daß sie alles glauben, was sie hören. Erzählt man einem kleinen Jungen, daß sein Penis abfallen wird, wenn er ihn berührt, so kann die Angst entstehen, daß er tatsächlich bei Berührung seinen Penis verliert. Auch Bücher, Filme und Fernsehprogramme können Quellen neuer Ängste sein.

6. *Ängste, die durch das wachsende Bewußtsein über den Tod entstehen.* Babys leben in einem glückseligen Zustand, in dem sie kein Bewußtsein über ihre eigene Sterblichkeit besitzen. Obwohl sie sehr genau wissen, was sie zum Überleben benötigen, und obwohl sie Schmerz erleben, wenn ihr Wohlbefinden oder ihre Existenz bedroht ist, haben sie doch kein bewußtes Verständnis über den Tod.

Um das dritte Lebensjahr beginnt sich ein neues Bewußtsein über ihre eigene Verletzlichkeit und Sterblichkeit zu entwickeln. Fragen wie »Werde ich sterben?«, »Stirbst du auch?« und »Warum sterben Menschen?« machen das deutlich. Das Bewußtsein über den Tod kann in diesem Alter neue Ängste an die Oberfläche steigen lassen. Ein kleiner Junge, der nie Angst im Dunkeln hatte, kann sich plötzlich weigern, ohne Licht einzuschlafen. Ein kleines Mädchen will nicht mehr in die Badewanne gehen, weil es Angst hat, zusammen mit dem Wasser durch den Abfluß zu verschwinden. Ein anderes Kind findet plötzlich die Monstergeschichte überhaupt nicht mehr schön, obwohl es doch seine Lieblingsgeschichte war. Ängste, entführt oder verlassen zu werden, können in dieser Zeit durch diese neue Bewußtheit über die eigene Verletzlichkeit sehr stark werden.

7. *Ängste, die sich durch die wachsende Vorstellungskraft des Kindes entwickeln.* Zusätzlich zu dem neuen Wissen über die Möglichkeit zu sterben haben Kinder in diesem Alter eine sehr lebhafte Phantasie. Ihre Fähigkeit, symbolisch zu denken, was sich in geistiger Vorstellungskraft und Sprache zeigt, wächst in dieser Zeit sehr stark an.[3] Diese Fähigkeit erlaubt ihnen, ihre Gedankenprozesse über den gegenwärtigen Moment hinaus in Zeit und Raum auszuweiten und Ereignisse ihrer eigenen Vorstellung zu entwickeln. Erst dann, wenn Kinder mehr Wissen über die reale Welt erlangt haben, wird der Unterschied zwischen der Realität und der eigenen Phantasie klarer. Erlebnisse, die für Erwachsene völlig unbedeutend sein können, können überproportional anwachsen und Ursache beträchtlicher Ängste sein. Folgendes konnte ich bei meiner Tochter beobachten:

Als Sarah klein war, ließ ich sie abends immer in meinen Armen einschlafen. Eines Abends, kurz vor ihrem dritten Geburtstag, sagte sie plötzlich: »Ich mag die Vorhänge nicht.« Sie schien Angst vor den Schatten zu haben, die durch die Büsche und das Straßenlicht von außen auf den Vorhang geworfen wurden. Sie sahen aus wie große Tiere. Sie verlangte, daß das Licht in ihrem Zimmer anblieb, etwas, was sie vorher noch nie gewollt hatte, obwohl die Vorhänge und Schatten immer dagewesen waren. Ungefähr eine Woche später stellte sie ihre erste Frage über den Tod: »Was können tote Menschen eigentlich machen?«

8. *Symbolische Ängste.* Symbolische Ängste können dann entstehen, wenn das Kind ein bedrohliches Erlebnis hatte, das es nicht verbalisieren kann. Die Geburt eines jüngeren Geschwisters kann ein kleines Kind veranlassen, die Angst vor einem Monster zu entwickeln, das sich in seinem Schrank versteckt. Die tatsächliche Angst ist eine tief-

sitzende Befürchtung, die Liebe der Eltern zu verlieren. Das Kind ist nicht in der Lage, diese überwältigende Angst zu benennen oder zu fixieren und konzentriert sie so auf ein vorgestelltes Gespenst. Diese Angst kann es artikulieren und seinen Eltern so vermitteln, daß es etwas gibt, worüber es sich Sorgen macht. Diese Angst ist symbolisch, da sie eine andere, weniger gut definierbare Angst repräsentiert oder ihren Platz einnimmt. Auch während einer bevorstehenden Scheidung der Eltern, wenn ein Elternteil erkrankt ist oder durch die Folgen sexuellen Mißbrauchs können symbolische Ängste entstehen. Immer dann, wenn es für das Kind zu schwierig oder zu unsicher ist, seine tatsächlichen Ängste zu benennen, können sich symbolische Ängste entwickeln.
Gespenster können ein allgemeines Symbol darstellen für jede Irrationalität eines Erwachsenen. Wird ein Elternteil plötzlich ungeduldig, schreit er das Kind an oder schlägt es, so kann dies entsetzt und verwirrt sein. Vom Standpunkt des Kindes aus sind Eltern, die sich so verhalten, tatsächlich Monster. Sie sind nicht mehr länger die liebevollen, einschätzbaren Menschen, die sie noch vor einer Minute waren. Da keiner von uns perfekt ist, erleben alle Kinder gelegentlich diese Art von Verletzungen. Vielleicht sind die bösen Wesen unserer Märchen wie Trolle, Gespenster und Hexen deswegen für Kinder von so großer Bedeutung, weil sie die irrationale und verletzende Seite der Erwachsenen darstellen, mit denen das Kind lebt.[4]

Welche Ängste kommen am häufigsten vor?

Was immer auch die Ursache sein mag, so entwickeln doch die meisten Kinder zwischen dem zweiten und achten Lebensjahr irgendwelche Ängste, die sich durch das Temperament, die Vorstellungskraft, die Lebensumstände und Erfahrungen sehr individuell gestalten können. Trotz der persönlichen Unterschiede scheinen einige Ängste jedoch häufiger aufzutreten als andere. Sehr verbreitet ist die Angst vor Tieren (besonders vor Hunden und Schlangen), Ärzten, Gewittern, Dunkelheit, vor Fremden, unbekannten Situationen und Phantasiewesen.
Bei Kindern, die schon als Babys starke Trennungsängste hatten, fand man heraus, daß sie auch im Vorschulalter ängstlicher reagieren.[5]

Einige Kinder haben eine lebhaftere Phantasie und grübeln länger über bestimmte Themen nach als andere. Diese Kinder haben wahrscheinlich tiefere Ängste. Jungen, die schon als Babys bewußter und empfindlicher auf bestimmte visuelle Reize reagieren, sind später ängstlicher; bei Mädchen trifft dies nicht zu.
Ängste sind weder logisch noch unbedingt mit dem Verstand zu begreifen. Nicht selten erschrecken Kinder sich vor völlig harmlosen Dingen, wie zum Beispiel dem Badewannenabfluß, während sie, auf der anderen Seite, vor tatsächlichen Bedrohungen ihrer Sicherheit, durch Straßenverkehr oder Bazillen, keinerlei Vorsicht zeigen. Dieses Verhalten kann Eltern sehr wohl aus der Fassung bringen, sie auch frustrieren, weil sie die kindlichen Ängste durch ihre Erwachsenen-Logik nicht zerstreuen können.
Frühe Kindheitsängste kann man trotz Irrationalität und Intensität als einen normalen Teil der Entwicklung betrachten; sie sind also kein Anzeichen für eine seelische Störung (wogegen Ängste von ähnlicher Intensität bei Erwachsenen eine psychische Störung darstellen können). Frühe Ängste sind nicht notwendigerweise mit anderen Problemen verbunden, und sie führen nicht selbstverständlich zu emotionalen Störungen im Erwachsenenalter.[6] Eltern können leicht zu dem Schluß kommen, daß ihr Kind schwer gestört ist, auch wenn dies gar nicht zutrifft. Ihr ängstliches Kind muß sich keineswegs zu einem phobischen Erwachsenen entwickeln.

Wie soll ich mich verhalten, wenn mein Kind Angst ausdrückt?

Bevor ich einige hilfreiche Verhaltensmöglichkeiten unterbreite, wie man auf die Angst von Kindern reagieren kann, will ich noch erwähnen, was *nicht* unterstützend ist. Manchmal machen sich ältere Kinder oder sogar Erwachsene über die Ängste kleinerer Kinder lustig, obwohl jede Form von Hänselei grausam ist und Schaden anrichtet. Neckereien tauchen besonders bei den Menschen auf, die diese Erfahrung in ihrer Jugend selber machen mußten oder die das Gefühl haben, beweisen zu müssen, daß sie besser sind als die Kleinen. Die Ängste werden jedoch durch dieses Verhalten nicht geringer. Im Gegenteil: Das Kind muß sich mit noch mehr schmerzlichen Gefühlen befassen. Zusätzlich wird Vertrauen und Sicherheit zerstört. Ein Kind, über das man sich lustig macht, wird seine Ängste in Zukunft seltener eingestehen, aber es wird deshalb nicht weniger ängstlich sein. Es wird die Ängste lediglich für sich behalten.

Wohlmeinende Eltern wollen ihr Kind oft vor angstmachenden Gegenständen oder Ereignissen schützen. Vielleicht gehen sie nicht mehr mit ihrem Kind an den Strand, wenn es Angst vor dem Meer hat, vermeiden bei Angst vor Tieren einen Zoobesuch oder besuchen die Freunde nicht mehr, die einen Hund zu Hause haben. Sie baden ihr kleines Kind nicht mehr, weil es in der Badewanne immer Angst hat. Obwohl dieses Umgehen mit der Angst des Kindes menschlich und liebevoll erscheint, hilft es doch keineswegs, die Ängste zu überwinden.

Natürlich müssen Kinder vor einer realen Bedrohung ihrer körperlichen Sicherheit beschützt werden, aber sie brauchen keinen Schutz vor eingebildeten Gefahren. Es verwirrt sie nur und trägt zu weiteren Ängsten bei. Das Kind kann dann zu dem Schluß kommen, daß eine reale Gefahr vorhanden sein muß, wenn die Eltern es von bestimmten Orten fernhalten.

Einige Eltern gehen in das andere Extrem. In ihrem Bemühen, daß das Kind möglichst viele vergnügliche Lebenserfahrungen sammelt, zwingen sie es, sich mit beängstigenden Erfahrungen zu konfrontieren, ohne auf die Gefühle des Kindes zu achten. Ich habe schon viele kleine Kinder gesehen, die gegen ihren Willen in ein Schwimmbecken getaucht wurden oder sich, trotz lauten Protests, für ein Photo, auf den Schoß des Nikolaus setzen mußten. Von den Kindern wurde erwartet, daß sie zäh und tapfer sind, und jede Angstäußerung wurde negiert. Diese Erfahrungen können für Kinder erschütternd sein und zu Gefühlen von Ärger und Entrüstung führen.

Auch wenn keine Gewalt angewendet wird, so sind Eltern doch manchmal weniger hilfreich, als sie es sein könnten, da sie die Gefühle des Kindes nicht wahrnehmen und akzeptieren. Es gibt häufig den Wunsch, dem ängstlichen Kind Sicherheit zu vermitteln, und so ist man leicht verführt zu sagen: »Davor brauchst du doch keine Angst zu haben!« Solche Aussagen verneinen die Realität der Erfahrung und der Gefühle des Kindes. Ganz offensichtlich gibt es doch etwas Beängstigendes, sonst hätte das Kind keine Angst! Wenn Eltern einem

Kind sagen, es solle tapfer sein, so kann es das Gefühl entwickeln, daß etwas mit ihm nicht stimmt, weil es Angst hat. Und nicht nur das – die Verneinung und Ablehnung seiner Angst durch die Eltern lassen es wissen, daß diese nicht in der Lage sind, ihm zu helfen, sie zu überwinden. Das Kind bleibt mit seiner Angst zurück, und zusätzlich erlebt es noch Schamgefühl, Hoffnungslosigkeit und Alleinsein. Ein Kind, das sich sicher genug fühlt, seine Angst auszudrücken, bittet um Hilfe. Es braucht niemanden, der ihm sagt, es solle diese Gefühle nicht haben.

Auch wenn Sie nicht wissen, wie Sie dem Kind bei einer bestimmten Angst behilflich sein können, so sollten sie zuerst einmal anerkennen, daß sie besteht und Hoffnung und Sympathie bezeugen. Vielleicht könnten Sie sagen: »Ich merke, daß du Angst vor dem Meer hast, und das ist bestimmt nicht lustig. Vielleicht finden wir beide ja etwas, was dir hilft, die Angst zu überwinden, so daß es wieder Spaß macht, hier an den Strand zu gehen.« Hierdurch vermitteln Sie Ihrem Kind, daß Sie seine Gefühle verstehen und daß Sie ihm gerne dabei helfen wollen, diese Angst zu überwinden.

Sie können natürlich noch bedeutend mehr tun, als nur die Ängste des Kindes wahrzunehmen. Sie können ihm aktiv helfen, seine Ängste zu überwinden, indem Sie, auch als unprofessionelle Privatperson, bestimmte therapeutische Techniken anwenden, die auf aktuellen Untersuchungen basieren und im weiteren Verlauf beschrieben werden.

Welche Untersuchungsergebnisse gibt es, die sich mit der Angstüberwindung befassen?

Im ersten Kapitel wurden die heilenden Auswirkungen des Weinens und Wütens beschrieben. Diese Formen der Entlastung, die oft von Zittern begleitet werden, sind hilfreich, um tiefe Ängste zu überwinden. Es gibt aber auch noch einen weiteren, besonders wichtigen spannungslösenden Mechanismus, der Menschen aller Altersstufen dabei helfen kann, Ängste zu überwinden – das Lachen. Es ist zu beobachten, daß Menschen oft lachen, wenn sie sich ängstigen, erstaunt sind oder Empörung verspüren. Späße, die uns zum Lachen bringen, beinhalten im allgemeinen ein unerwartetes Element oder sie behandeln Themen, die uns verwirren oder in Verlegenheit bringen, wie Sex oder Nacktsein, oder sie beziehen sich auf den Tod. Filme mit Charlie Chaplin zum Beispiel beinhalten häufig solche Situationen. Berühmte Komiker und Clowns sind eigentlich sehr scharfsinnige Therapeuten, da sie in der Lage sind, Ängste und Verlegenheiten so anzusprechen, daß sie nicht bedrohlich wirken, sondern uns ermöglichen, emotionale Spannungen durch Lachen zu lösen.

Die Möglichkeit, daß Lachen Spannungen reduziert, wurde bereits in einer wissenschaftlichen Studie nachgewiesen,[7] und allmählich betrachtet man es als einen wichtigen Faktor, um die körperliche Gesundheit zu erhalten, besonders seit Norman Cousins sich durch Lachen und Vitamin C von einer ernsten Erkrankung heilte.[8]

Schon immer wurde das Lachen erfolgreich von Schamanen (Medizinmännern), Clowns und Hofnarren eingesetzt, um Menschen sowohl von Ängsten als auch von Depressionen zu heilen. In unserer Zeit haben verschiedene Therapeuten nachgewiesen, daß das Lachen ein hilfreiches Medium ist, Ängste zu behandeln. Eine therapeutische Methode, die sich »paradoxical intention« nennt, benutzt das Lachen als Therapiegrundlage. Es wurde festgestellt, daß sie bei der Behandlung von Phobien sehr gute Ergebnisse erzielt.[9] In dem Buch *Humor and Psychotherapy* werden noch einige weitere Beispiele erwähnt, wie das Lachen in der Psychotherapie benutzt wird.[10] Die Lachtherapie hat sich auch in der Arbeit mit Kindern als wirkungsvoll erwiesen.

Eine Methode der Angsttherapie, die sich »systematic desensitization« nennt, benutzt das Lachen nicht als Arbeitsgrundlage, aber es ist wahrscheinlich, daß zumindest ein Teil ihrer Wirksamkeit auf spontan auftretendem Lachen besteht. Die Grundidee war, daß der Patient sich nach und nach einen angsterzeugenden Stimulus vorstellt, während er so lange in einem Entspannungszustand verweilt, bis der Stimulus keine Angstreaktion mehr auslöst. Die Theorie behauptete, daß der Auslöser nun mit der Entspannung assoziiert würde und nicht mehr mit der physiologischen Erregung – in diesem Fall also mit der Angst.[11]

Obwohl die »systematic desensitization« in vielen Fällen funktioniert, ist es interessant, daß die Entspannung keinen notwendigen Faktor für den Erfolg darstellt. Einige Therapeuten fanden heraus, daß die Verwendung von witzigen Bildern effektiver wirkt als der Versuch, den Patienten in einen entspannten Zustand zu versetzen. Wenn die traditionelle Desensitizations-Therapie bei kleinen Kindern angewendet wurde, konnte festgestellt werden, daß häufig Rückfälle auftraten. Vielleicht würde die Therapie mit kleinen Kindern effektiver verlaufen, wenn das Lachen mehr unterstützt würde.

Wie schon weiter oben erwähnt, ist das Weinen und Zittern, das sehr heftig und bis zum Schütteln gehen kann, bei starken, tiefsitzenden Ängsten sehr wirksam. Bei der »Implosive Technique« beschreibt der Therapeut zum Beispiel eine Szene, die sehr eng mit der Phobie des Patienten verbunden ist. Bei dieser Therapieform konnte beobachtet werden, daß eine gute emotionale Entlastung stattfindet. Die Patienten zittern sehr stark aus Angst, weinen laut vor Ärger und vergießen reichlich Tränen. Es wurde sogar angenommen und konnte auch experimentell nachgewiesen werden, daß die heftige emotionale Erfahrung ein notwendiger und wesentlicher Teil der Therapie ist und nicht etwa zufällig stattfindet.[12]

Ein übliches Element in vielen dieser therapeutischen Techniken ist es, den Patienten mit dem angstmachenden Objekt zu konfrontieren, sehr vorsichtig oder auch symbolisch, und ihm die Möglichkeit zu geben, seine Gefühle durch Lachen, Weinen oder Zittern zu lösen.

Wie kann ich meinen Kindern helfen, ihre Ängste zu überwinden?

Wenn Sie sich mit den Ängsten eines Kindes konfrontiert sehen, gibt es zwei wesentliche Möglichkeiten, Ihrem Kind zu helfen: Geben Sie dem Kind einerseits richtige Informationen, und ermutigen sie es andererseits, seine Gefühle durch Lachen zu lösen. (Bei tiefsitzenden Ängsten kann es auch weinen oder zittern, um sich vollständig von den Gefühlen befreien zu können.)

Geben Sie dem Kind klare Informationen. Wie schon im vorherigen Kapitel beschrieben, gibt es viele Ängste, die das Ergebnis ungenügender oder ungenauer Informationen sind. Für ein Kind muß sich die Welt oft geheimnisvoll und verwirrend darstellen. Hat es erst einmal ein besseres Verständnis darüber, wie und warum die Dinge so funktionieren, verschwinden viele Ängste ganz von selbst:

Als Sarah nachts vor den Vorhängen mit den großen, fremden Schatten Angst bekam, zeigte ich ihr die Straßenlaterne (die Lichtquelle) und die Büsche vor dem Fenster, die die Schatten warfen. Sowohl am Tag als auch nachts schauten wir sie uns gemeinsam an und sprachen darüber. Mehrere Tage lang zeigte sie immer wieder auf die Laterne und erzählte jedem davon. Danach schien sie keine Angst mehr vor den Vorhängen zu haben und sagte sogar: »Ich mag die Vorhänge jetzt.«

Manchmal fürchten Kinder sich vor Körperverletzungen, weil sie die physiologischen Prozesse noch nicht verstehen. Ein kleiner Junge mit einer Kratzwunde hatte Angst, zu verbluten; als er die Blutgerinnung und Narbenbildung verstanden hatte, verschwanden diese Ängste. Ein anderer hatte Angst, zu urinieren, weil er dachte, daß seine Eingeweide herausfallen könnten, wenn er »den Korken herauszieht«. Nachdem ihm einige einfache anatomische Erklärungen gegeben worden waren, war er doch sehr erleichtert.[13]

Kinder eignen sich über alle möglichen Dinge falsche Vorstellungen an, und ich kann nicht genug betonen, wie wichtig korrekte und klare Informationen sind. Kinder brauchen einfach Wissen über ihren eigenen Körper, über Haushaltsgegenstände wie Toiletten und Staubsauger und über das Verhalten von Tieren: Welche Tiere greifen manchmal Menschen an, und welche nicht. Sie haben ein Recht darauf, die Wahrheit über den Tod zu erfahren und über den Unterschied zwischen Schlaf und Tod. Genauso eindeutig sollte die Unterscheidung von Realität und Phantasie stattfinden; Hexen, Geister und Monster existieren nicht, und niemand hat übernatürliche Kräfte, weder böse noch gute. Diese Informationen sind von besonderer Bedeutung, wenn das Kind fernsieht.

Kinder brauchen Erklärungen über Naturphänomene wie Brände, Donner und Blitz, Stürme, Überschwemmungen und Erdbeben. Besonders wichtig sind klare Informationen über menschliche Schmerzerfahrungen und die Ursache von Gewalt. Es ist von Bedeutung, daß sie erfahren, daß Menschen sich nicht gegenseitig verletzen, weil sie »böse« oder »gut« sind, sondern nur, weil sie gekränkt sind oder Angst haben. Alle diese Informationen können dem Kind allmählich im Zusammenhang mit seinen eigenen Fragen gegeben werden, ohne seine vielleicht schon bestehenden Ängste zu verleugnen.

Manchmal helfen Informationen jedoch nicht weiter, weil das Kind noch nicht bereit ist, sie zu verstehen oder zu glauben. Kinder im Vorschulalter haben noch nicht unbedingt die logischen Fähigkeiten, alle Beziehungen von Ursache und Wirkung und die physikalischen Gesetze zu verstehen, die für Erwachsene selbstverständlich sind.[14] Die Angst davor, mit dem Badewasser durch den Abfluß zu verschwinden, kann so lange bestehen bleiben, bis das Kind den Unterschied zwischen festen und flüssigen Zuständen begriffen hat. Um bestimmte Ängste zu überwinden, kann es manchmal nötig sein, zu warten, bis das Gehirn des Kindes reifer geworden ist und spezielle Lernerfahrungen stattgefunden haben. Viele kindliche Ängste lösen sich häufig von selbst, ohne irgendein Eingreifen. Folgendes konnte ich bei meinem Sohn beobachten:

Mit zwei Jahren hatte Nicky Angst, seinen Wasserball in das Planschbecken unserer Nachbarn mitzunehmen, weil er befürchtete, dieser würde durch den Abfluß verschwinden, was tatsächlich natürlich nicht passieren konnte. Keine Erklärung half. Als er sieben war, besuchte er die Nachbarn wieder, die er mehrere Jahre nicht gesehen hatte, weil wir inzwischen umgezogen waren, und er erinnerte sich: »Wißt ihr noch, was ich damals für eine Angst hatte, daß mein Ball durch diesen Abfluß verschwindet?« Er schien sich über die Tatsache zu amüsieren, daß er damals vor so lächerlichen Dingen Angst gehabt hatte.

Geben Sie Ihrem Kind auch Informationen, die ihm bei bestimmten angstmachenden Situationen, die ihm bevorstehen, helfen können. Dies sollten Sie tun, wenn Sie vermuten, daß es sich vor etwas fürchten wird, wie zum Beispiel ein Arztbesuch. Ebenso können Sie bestimmte Verhaltensstrategien üben. Wenn es Angst vor Hunden hat, so können Sie sein Vertrauen stärken, indem Sie verschiedene Vorschläge unterbreiten, wie es sich verhalten könnte, wenn es einen Hund sieht, so zum Beispiel langsam zurückgehen, um Hilfe rufen oder die Hand von jemandem nehmen.

Unterstützen Sie das Ausdrücken von Gefühlen. Wenn es sich um Ängste handelt, die aus einer traumatischen Erfahrung entstanden sind, so ist es wichtig, daß die Gefühle möglichst bald nach dem erschreckenden Erlebnis ausgedrückt werden. Eine verletzende Erfahrung wird nur dann eine bleibende Angst hinterlassen, wenn das Kind seine Gefühle über das Ereignis nicht zum Ausdruck bringen kann.

Wenn ein Kind in ein Schwimmbecken fällt und es wird ihm dann gestattet, zu weinen, zu zittern, zu lachen und so lange wie nötig über diese Erfahrung zu sprechen, so wird es nicht mehr Angst vor Schwimmbecken haben als vorher, bevor es hineinfiel. Es wird vorsichtiger sein, um nicht noch einmal hineinzufallen, aber die physiologischen Reaktionen, die mit Angst verbunden sind, wie Herzklopfen und schneller Atem, bleiben aus. Sein Körper wird keine Abwehrmechanismen gegen eine Gefahr mobilisieren, weil sein Geist keine Gefahr wahrnimmt, solange es sich nicht zu dicht an den Beckenrand begibt.

Ein Kind, das seine Gefühle nicht sofort nach dem traumatischen Erlebnis entlasten kann, kann dies jederzeit nachholen. Eine Mutter erzählte mir die Geschichte ihres nun achtjährigen Jungen, der seine Angst vor tiefem Wasser überwinden konnte, als er über ein Ereignis weinte, daß drei Jahre zurücklag:

Als Tom fünf Jahre alt war, ließ ich ihn Schwimmunterricht bei einer Frau nehmen, die gerade ihre Ausbildung als Schwimmlehrerin machte. Sie wollte ihm sehr eifrig beibringen, was man alles im Wasser machen kann. Tom war verblüfft, als er das riesige Schwimmbecken sah, und noch mehr, als er merkte, daß das Wasser zu tief war, um darin zu stehen. Die Lehrerin wollte unbedingt, daß er hineinging, und als er sich wehrte, trug sie ihn einfach ins Wasser. Als er sagte: »Jetzt ist genug«, sagte sie: »Nein, nein, Tom, es reicht noch lange nicht«, und zwang ihn, im Becken zu bleiben. Er weinte zu der Zeit nicht viel, und die Situation war überhaupt nicht angenehm für ihn. Auch als wir zu Hause ankamen, weinte er nicht. Aber die Erfahrung war so traumatisch, daß er seitdem keinen Schwimmunterricht mehr haben wollte.

Jetzt ist er acht Jahre, und wir gehen häufig zum Schwimmen. Durch seine Bemerkungen konnte ich erkennen, daß er gerne etwas Neues im Wasser ausprobieren wollte, aber ich durfte ihm weder etwas zeigen noch ihm irgendwelche Vorschläge machen. Wenn ich sagte: »Versuch das doch mal!«, wurde er ärgerlich. Vor kurzem erzählte er, als er abends im Bett lag, daß er im Schwimmbecken bis zu der Marke von 1,20 m gegangen war, daß er aber nicht tiefer hineingehen könnte, weil das Wasser dann zu tief wäre, um noch stehen zu können. Ich sagte: »Du kannst dich doch oben auf dem Wasser treiben lassen, also macht es doch keinen Unterschied, wie tief das Wasser ist.« Er wurde sehr wütend: »Natürlich macht es einen Unterschied, ich bin einfach nicht groß genug.« Dann erklärte er: »Ich will überhaupt keinen Schwimmunterricht bekommen«, und fing an zu weinen. Zum Glück war ich gerade in einer Verfassung, in der ich relativ objektiv sein konnte und gleich-

zeitig noch unterstützend, und so sagte ich in etwa, daß die Vorstellung, Schwimmunterricht zu nehmen, ihn sehr ängstigen würde, weil er mit fünf diese erschreckende Erfahrung gehabt hatte. Er erzählte mir davon und weinte etwa 15 Minuten lang über diese Geschichte.
Am nächsten Tag gingen wir wieder schwimmen, und er fragte mich, ob er heute tiefer ins Wasser gehen könnte. Zum erstenmal wollte er in den Teil des Beckens, wo er nicht mehr stehen konnte. Für ihn war es ein solches Vergnügen, daß er gar nicht mehr raus wollte. Beim nächstenmal fing er an, zu springen und nach Pfennigen zu tauchen!

Auch bei konditionierten Ängsten kann die emotionale Entlastung helfen. Wenn das Kind die Möglichkeit gehabt hätte, mit der ganzen Aufmerksamkeit eines liebevollen Menschen zu weinen, so hätten sich diese Ängste nicht festsetzen können. Wenn Ihr Kind sich, aus welchem Grund auch immer, erschreckt hat, so ist es gut, die emotionale Entlastung zu erlauben und zu unterstützen. Manchmal weinen Kinder nicht einfach so los. Gründe hierfür können in einem mangelnden Sicherheitsgefühl liegen. Das erschreckende Erlebnis darf nicht länger bedrohlich sein, und das Kind muß sich in gewisser Weise sicher fühlen, um weinen zu können. Solange die Gefahr immer noch nah scheint, ist ein völliges Loslassen der Gefühle schwierig.
Kinder unternehmen aktive Schritte, um sich von ihren Ängsten zu befreien, und das geschieht in erster Linie durch Spielen und Lachen. Sie schaffen sich tatsächlich therapeutische Situationen, wenn ihnen genug Freiraum zum Spiel gegeben wird. Da ich in Südkalifornien lebe, habe ich oft Gelegenheit, Kinder am Strand zu beobachten. Das Meer muß für kleine Kinder eine ungeheuer mächtige und nicht einschätzbare Kraft darstellen. Oft laufen sie ein kleines Stück ins Wasser, bis ihre Füße naß sind, aber dann, wenn eine Welle kommt, rennen sie schnell, unter lautem Gelächter, wieder heraus. Da sich einige ihrer Ängste durch die Wiederholung des Spiels auflösen, wagen sie sich Stückchen für Stückchen weiter hinein. Sie schaffen sich ein gutes Gleichgewicht zwischen ihrer Angst und dem Bedürfnis nach Sicherheit, indem sie nicht zu weit hineingehen, aber auch nicht einfach nur am Strand bleiben.
Irgendein Beobachter wird diese Strandspiele als reine Kinderspiele betrachten, die keine besondere Bedeutung haben; er sieht aber nicht,

daß die Kinder entschiedene und kluge Anstrengungen unternehmen, um ihre Ängste vor dem Meer zu überwinden. Immer dann, wenn Kinderspiele von herzhaftem Gelächter begleitet werden, gibt es wahrscheinlich einen Aspekt der Angst, mit dem sie sich gerade auseinandersetzen.

Wenn Kinder keine Spiele erfinden, die das Lachen über ihre Ängste fördern, so können Eltern spielerische Situationen schaffen, in denen gelacht werden kann. Es ist wichtig, daß diese Situation für das Kind nicht bedrohlich ist, aber es ist auch notwendig, daß es sich dem beängstigenden Thema aussetzt, sei es auch nur teilweise oder symbolisch. Die Aufmerksamkeit des Kindes muß sowohl auf den Schmerz als auch auf die Sicherheit des Augenblicks gerichtet sein, um Lachen hervorrufen zu können. Dieses Gefühl der Gleichzeitigkeit von Schmerz und Sicherheit wird »die Balance der Aufmerksamkeit«[15] genannt oder auch »die Distanzierung der Gefühle«[16]. Dies ist sozusagen eine therapeutisch notwendige Voraussetzung, bevor eine emotionale Entlastung in Form von Lachen oder Weinen stattfinden kann. Wenn ein Kind noch überwältigt von seiner Angst ist – »zu wenig distanziert« –, so kann es nicht lachen oder weinen. Dasselbe passiert, wenn das gefürchtete Thema überhaupt nicht mehr greifbar ist – »zu viel Distanz« – es fühlt seine Angst gar nicht mehr und wird auch dann weder lachen noch weinen.[17]

Es ist wahrscheinlich nicht so einfach, den wirksamsten Weg herauszufinden, wie Sie Ihr Kind mit seinen Ängsten in Kontakt bringen können. Aber Sie können experimentieren und dabei auf eine sichere und lustige Atmosphäre achten. Diese Art der Spieltherapie wird noch ausführlicher im Kapitel 4 besprochen. Im folgenden Beispiel wird gezeigt, wie ich die Lachtherapie einsetzte, um meiner Tochter zu helfen, ihre Angst vor Toiletten zu überwinden:

Mit drei Jahren hatte Sarah noch immer Angst davor, die Toilette zu benutzen, weil sie befürchtete, hineinzufallen. Ich brachte immer wieder ein Stofftier mit ins Bad, das dann schreckliche Angst vor der Toilette hatte. Jedesmal mußte meine Tochter sehr darüber lachen. Nach diesem Spiel war sie meist so entspannt, daß sie die Toilette benutzen konnte, und allmählich verschwand ihre Angst vollkommen.

In vielen Fällen ist sowohl eine klare Information als auch die Entlastung von Gefühlen nötig, damit das Kind seine Ängste überwinden kann. Das Kind kann, wenn es etwas Beängstigendes erlebt, seine Spannungen nicht nur durch Lachen lösen, sondern auch neue, richtige Informationen über die Wirklichkeit erfahren. Kinder, die lachend ins Meer laufen, gewinnen Informationen über die Kraft der Wellen im Vergleich zu ihrer eigenen Stärke. Sie erlangen eine Erkenntnis, während sie ihre Ängste entlasten.
Kinder sind oft angezogen und fasziniert von genau den Gegenständen, vor denen sie die meiste Angst haben. Wahrscheinlich rührt diese Anziehungskraft aus dem Drang des Kindes, seine Ängste zu überwinden. Sie wissen intuitiv, daß sie die Angst erleben müssen, um sie zu überwinden. Ebenso sind sie interessiert, soviel Informationen wie möglich über diesen Gegenstand zu erhalten. Aber gleichzeitig verursacht die Angst, daß sie in sicherem Abstand bleiben. Diese beiden sich widersprechenden Tendenzen führen zu einem interessanten Annäherungs-/Vermeidungsphänomen:

Ein drei Jahre alter Junge hatte große Angst vor Schlangen. Er stellte sich vor, daß sie im Dunkeln um ihn herumkriechen würden. Als ihm eines Tages im Museum ein großer, schlangenähnlicher Wurm gezeigt wurde, war er sehr fasziniert von ihm, aber er blieb in sicherer Entfernung und wollte, daß seine Mutter ihn in den Arm nahm.

In einem vorherigen Abschnitt wurde erwähnt, wie der kleine Albert eine konditionierte Angst vor Ratten entwickelte, weil er sie mit einem lauten, erschreckenden Geräusch assoziierte. Um ihn von seiner Angst zu heilen, würde er sowohl neue und richtige Informationen benötigen als auch die Möglichkeit, seine Gefühle zu entlasten. Die Verhaltenspsychologie hat ihr Augenmerk beinahe ausschließlich auf Informationen gerichtet. So könnte man Albert wiederholt Ratten zeigen, ohne daß Geräusche ihn gleichzeitig erschrecken, so daß er lernen könnte, daß diese Verbindung nicht immer auftritt. Dieses Verfahren wird »Auslöschen« genannt, und die Verhaltensforscher wissen seit langem, daß Konditionierungen auf diese Art und Weise aufgelöst werden können. Trotzdem würde der kleine Albert wahrscheinlich beim Anblick einer Ratte lachen oder weinen, und dieses emotionale Loslassen würde zu einer tiefen und wirkungsvollen Änderung führen. Er hat ein

erschreckendes und verletzendes Erlebnis gehabt, und diese Ängste und Schmerzen müssen ausgedrückt werden. Ohne die Entlastung wäre die Neubewertung weder vollständig noch dauerhaft.
Kinder können ihre Ängste weder überwinden, indem sie das Erschreckende vermeiden, noch werden sie tapfer, indem ihnen gesagt wird, daß sie keine Angst haben sollen. Sie müssen ihre Angst ganz und gar erleben, manchmal dadurch, daß sie etwas Beängstigendes machen (zumindest teilweise oder symbolisch), während sie sich zur gleichen Zeit sicher genug fühlen müssen. Ein Teil ihrer Aufmerksamkeit muß auf die Angst gerichtet sein, aber ebenso müssen sie sich der unbedrohlichen Realität des gegenwärtigen Moments bewußt sein. Wenn diese Balance der Aufmerksamkeit erreicht ist, kann das Loslassen von Gefühlen in Form von Lachen oder auch Weinen und Zittern spontan geschehen, und die Kinder heilen sich selbst von ihren Ängsten.

Was ist mit Ängsten, deren Ursprung nicht bekannt ist?

Bei symbolischen Ängsten unbekannten Ursprungs, wie zum Beispiel die Angst vor einem Ungeheuer, das sich unter dem Bett versteckt, sind die Anforderungen an die Eltern bedeutend größer. Wenn Sie zugrundeliegende Ursachen vermuten wie beispielsweise eine Unsicherheit, die durch ein neues Geschwisterchen oder eine schmerzhafte Lebenserfahrung entstanden ist, so können Sie das Kind ermutigen, seine Gefühle über das tatsächliche Problem auszudrücken. Ist kein Grund ersichtlich, so können Sie einfach mit dem Symbol arbeiten, auf das sich die Ängste konzentrieren. In solchen Fällen sind Informationen hilfreich, aber oft nicht ausreichend.
Als meine Tochter mit fünf Jahren eine Angst vor Krokodilen entwickelte, sagte sie: »Ich weiß, daß da keine Krokodile in meinem Zimmer sind, weil sie doch im Wasser leben müssen, aber ich habe trotzdem Angst.« Bei solchen Ängsten ist es gut, sowohl mit Lachen als auch mit Weinen zu helfen:

Sarahs Angst vor Krokodilen war eine Zeitlang so groß, daß sie weder allein in ihrem Zimmer bleiben noch ins Badezimmer gehen konnte. Ihre Angst war größer und größer geworden, ohne daß sie lachte oder weinte. Ich merkte, daß sie wirklich Hilfe brauchte und holte eines Abends ein Krokodilstofftier und sagte ihr, daß es ein Krokodilbaby wäre, auf das sie aufpassen sollte. Sie lachte aus tiefstem Herzen fast 15 Minuten lang. Nachdem ich das Tier weggelegt hatte, weinte sie heftig über ihre Angst.

Dieses Beispiel zeigt, wie das Stofftier meiner Tochter half, die Ängste zumindest so weit zu distanzieren, daß sie darüber lachen und weinen konnte. Vorher war sie von ihnen zu tief berührt, um ihre Gefühle lösen zu können. Sie waren zu überwältigend – ein Beispiel für zu wenig Distanz. Meine spielerische Annäherung mit dem Stofftier half ihr eine neue Perspektive zu gewinnen, und sie fühlte sich sicher genug, um lachen und weinen zu können. Bei tiefsitzenden Ängsten können viele Situationen dieser Art notwendig sein, um sie wirklich völlig lösen zu können. Das Kind kann auch die Rolle des gefürchteten Tieres oder Monsters spielen, während die Eltern so tun, als ob sie sich ängstigten. Auch das kann dem Kind helfen zu lachen.
Viele Ängste haben ihre tiefe Wurzel in einer Angst vor dem Tod. Jedes Spiel, das Kinder zu starkem Lachen veranlaßt, bringt die Lösung einiger Ängste mit sich, und Eltern können solche Spiele unterstützen, um den Kindern zu helfen, ihre Angst vor dem Tod zu überwinden. Die Angst vor dem Tod ist, sowohl bei Kindern als auch bei Erwachsenen, beinahe allgemeingültig. Daher sind Vergnügungsparks wie Disneyland und Jahrmärkte so beliebt. Fast jede der dort gebotenen Attraktionen löst eine gewisse Angst aus, ob es sich um eine Fahrt in der Achterbahn handelt, um eine Geisterbahn oder um Gespensterhäuser mit lebensgroßen Geistern. Kinder und auch Erwachsene lachen in diesen Situationen, weil hier Ängste in einem sicheren Zusammenhang aufsteigen können. Nach einem Tag voller Gelächter geht man entspannter nach Hause und ist ein bißchen weniger beängstigt über die eigene Sterblichkeit. Daher ist es nicht überraschend, daß die Menschen immer und immer wieder von Vergnügungen dieser Art angezogen werden.

Welche Gründe gibt es für Alpträume und nächtliche Angstanfälle?

Ängste, die Alpträume auslösen, können viele Gründe haben. Wiederholte Alpträume können in sehr frühen Traumen begründet liegen, wie zum Beispiel einer schmerzvollen Geburtserfahrung.[18] Auch jedes kurz zurückliegende erschreckende oder verwirrende Erlebnis kann Alpträume verursachen. Bei Kindern, die tagsüber genug Möglichkeiten haben, schmerzhafte Erlebnisse durch Weinen zu verarbeiten, tauchen Alpträume seltener auf.

Wenn Ihr Kind einen Alptraum hat, können Sie es auffordern, darüber zu sprechen, und es, wenn nötig, weinen lassen. Ist es zu ängstlich, um darüber zu sprechen, können Sie versuchen, die Sache etwas leichter zu machen, um es zum Lachen zu bringen. Vielleicht ist es nachher eher bereit, über den Traum zu sprechen und sogar darüber zu weinen.

Manchmal wachen Kinder nachts schreiend auf und scheinen sich ihrer Umgebung nicht bewußt zu sein. Sie rufen Worte und Sätze, die kaum Sinn ergeben, so als wären sie in einem Traum gefangen. Diese Angstanfälle können zusätzlich von wilden Bewegungen und sogar Zittern begleitet sein. Es kann Minuten oder sogar eine Stunde dauern, bis das Kind wieder mit der Realität in Berührung kommt und normal reagiert. Im allgemeinen wacht das Kind morgens glücklich und entspannt auf und hat keine Erinnerung mehr an die vergangene Nacht.

Die üblichen Alpträume treten in der REM-Phase (rapid eye movement) auf, während Angstanfälle im Tiefschlaf (auch Delta-Schlaf) stattfinden. Diese Angstanfälle können für Eltern sehr erschreckend sein. Sie haben Angst, daß das Kind »verrückt wird« oder völlig »außer Kontrolle« gerät. Sie ringen mit der Tatsache, daß ihr Kind sie nicht zu sehen oder zu hören scheint, und fühlen sich hilflos in ihrem Bemühen, seine Aufmerksamkeit zu gewinnen.

Nächtliche Angstanfälle sind nichts Alarmierendes, da sie, wie jedes normale Weinen, einen gesunden Lösungs- und Heilungsprozeß darstellen. Jedes starke Zittern ist eine Lösung heftiger Ängste. Die Intensität des nächtlichen Weinens entsteht dadurch, daß sozusagen das reine Gefühl ausgedrückt wird, ohne die Hemmungen, die normalerweise im wachen Zustand vorhanden sind. (Bei Kindern, die tagsüber beim Weinen und Wüten Unterstützung finden, ist die Intensität der nächtlichen Angstanfälle wahrscheinlich nicht größer als die Intensität des Weinens tagsüber.)

Nächtliche Angstanfälle können durch das Bedürfnis zu urinieren ausgelöst werden oder durch ein plötzliches Geräusch oder einen Stoß. Sie treten häufiger auf, wenn es ungewöhnliche Anspannungen im

Leben des Kindes gibt, neue Ängste, oder wenn es tagsüber nicht genug weinen und wüten konnte. Aber sie tauchen auch ohne ersichtliche Gründe auf, sogar wenn das Kind tagsüber genug geweint hat. Manche Kinder erleben häufig Angstanfälle, andere nie. Sie können Ihrem Kind helfen, indem Sie es in den Arm nehmen, beruhigend zu ihm sprechen und warten, bis der Terror vorbei ist. Wenn es mit dem Weinen fertig ist, kann es entweder friedlich einschlafen oder auch aufwachen und sich wieder normal verhalten, bevor es wieder einschläft.

Was ist mit Trennungsängsten, die noch nach dem zweiten Lebensjahr weiterbestehen?

Viele kleine Kinder haben eine sehr starke Bindung zu ihren Müttern und anderen Bezugspersonen, und sie wollen am liebsten immer mit ihnen zusammen sein. Oft fragen Eltern, ob dieses Verhalten normal ist und wie lange es andauern wird. Bei Zweijährigen sind Trennungsängste immer noch sehr verbreitet und normal, und man braucht sich darüber keine Sorgen zu machen. Auch von älteren Kindern kann nicht erwartet werden, daß sie Fremden auf den Schoß klettern oder sofort mit unbekannten Personen vertraut sind. Sie fühlen sich mit bekannten Menschen und in vertrauter Umgebung wohler und wehren sich normalerweise, wenn sie einer fremden Situation überlassen werden. Diese Tendenz muß in prähistorischen Zeiten eine Überlebensmöglichkeit dargestellt haben, als Jäger- und Sammler-Gruppen eng zusammenbleiben mußten. Ebenso spiegelt es das Grundbedürfnis nach kontinuierlichen Bezugspersonen der Kinder wider.
Läßt man das Kind bei einer bekannten und liebevollen Person, treten Trennungsängste nicht so deutlich auf wie in den beiden ersten Lebensjahren. Bei einem Kind, das älter als zweieinhalb Jahre ist und immer noch starke Trennungsängste erlebt, wenn es mit einem vertrauten Menschen zusammen ist, kann dies ein Anzeichen sein, daß es eine Schmerzerfahrung erlebt hat, die in Zusammenhang mit Trennung steht, die sich von den normalen Trennungsängsten der Kleinkindzeit unterscheidet. Kinder diesen Alters besitzen ausreichende Sprachfähigkeiten, um zu verstehen, daß ihre Eltern nicht für immer weggehen, und sie haben auch die Fähigkeit, sich die Rückkehr der Eltern vorzustellen. Die erlebten

Schmerzen können also nicht der Unfähigkeit zugeordnet werden, die zeitliche Begrenzung der Trennung zu verstehen.
Es gibt mehrere Gründe, aus denen ein Kind weint, wenn die Eltern weggehen. Es kann zum Beispiel einfach ein Bedürfnis zu weinen haben. Vielleicht kann es nicht frei weinen, weil den Eltern das Verständnis dafür fehlt. Ist es dann bei jemandem, der das Weinen eher akzeptiert, so nutzt es die Chance und weint die Tränen, die es sonst zurückhält. Einige Eltern fungieren, trotz guter Absichten, als Kontrollmuster für ihre Kinder, besonders wenn sie das Weinen durch Stillen, Schaukeln oder Spielen abgelenkt haben. Diese Kinder scheinen die ständige Gegenwart von Mutter oder Vater zu »brauchen«, so wie andere Kinder ihr Stofftier, eine Decke oder den Schnuller immer bei sich tragen müssen. Diese Verbindung wird als Krücke benutzt, um Gefühle zurückzuhalten, die nicht tatsächlich akzeptiert und unterstützt wurden. Tritt jetzt eine Trennung ein, so hat es den Anschein, als würde das Kind über die Trennung selbst weinen, aber in Wirklichkeit entlastet es einfach angestaute Gefühle, die durch alltägliche Verletzungen und Frustrationen entstanden sind.
Ein zweiter Grund für das Weinen bei Abwesenheit der Eltern kann darin bestehen, daß die Trennung selbst das Kind an eine frühere Trennung erinnert, die tatsächlich eine Verletzung darstellte, weil es als Baby auf eine kontinuierliche und beständige Fürsorge angewiesen war und noch nicht verstehen konnte, daß die Eltern jemals zurückkommen würden. Das Kind nutzt jede neue Trennung, um über die frühere Trennung zu weinen. Wenn es dem Kind erlaubt wird, so weint es so lange, wenn Mutter oder Vater weggehen, bis es sich vollständig von den Auswirkungen dieses frühen Traumas geheilt hat. Der Aufenthalt in einem Brutkasten nach der Geburt (oder die Trennung von den Eltern aus anderen Gründen direkt nach der Geburt) kann die eigentliche Trennung darstellen, die durch spätere Trennungen angesprochen wird.
Wenn Sie bei den Trennungswiderständen Ihres Kindes einige dieser Gründe in Betracht ziehen, so wird es ihm guttun, wenn Sie es mit einer vertrauten Person alleinlassen, die jedoch genug Verständnis und Unterstützung für die Tränen haben sollte. Mit diesen Vorsichtsmaßnahmen können Sie sicher sein, daß das Kind keine neue erschreckende Erfahrung erleidet, sondern sich von vergangenen Traumata heilt.

Wenn Ihr Kind mit einer bestimmten Bezugsperson glücklich und zufrieden war und dann eines Tages, ganz plötzlich, nicht mehr bei ihr bleiben will, so besteht die Möglichkeit, daß es sich erschreckt oder verletzt hat, als es dort war. Hier kann es sich um etwas so Harmloses wie einen neuen Hund im Haus des Babysitters handeln oder aber um etwas so Gravierendes wie körperliche oder sexuelle Gewalt. Kinder brauchen unser Vertrauen, und ein plötzlicher Widerstand gegen jemanden sollte ernstgenommen und überprüft werden.
Es gibt noch andere mögliche Gründe für die Weigerung, in den Kindergarten oder eine Tagesstätte zu gehen. Vielleicht wurde das Kind geschlagen oder von einem anderen Kind zurückgewiesen oder gehänselt. Hat Ihr Kind eine solche schmerzhafte Erfahrung erlitten und weigert sich jetzt in die Schule zu gehen, so können Sie ihm helfen, seine Gefühle durch Rollenspiele und Lachen auszudrücken. Abhängig vom Alter des Kindes wollen Sie es vielleicht, trotz Protest, in der Schule lassen. Das ist jedoch nur dann hilfreich, wenn es dort einen Erwachsenen gibt, der mit liebevoller Unterstützung das Bedürfnis zu weinen begleitet. Besonders für kleine Kinder kann der Besuch des Kindergartens mit aggressiven Kindern noch zu bedrohlich sein. In diesem Fall hat es wenig Sinn, das Kind zu zwingen, dort zu bleiben. Vielleicht ist es in sechs Monaten oder einem Jahr eher in der Lage, mit solch einer Situation umzugehen.
Möglicherweise weint das Kind auch, wenn die Eltern fortgehen, weil sie weniger aufmerksam waren als gewöhnlich. Das kann es in einem Gefühl von Verletzung und Ärger zurücklassen. Vielleicht gab es kürzlich eine angstmachende Trennung wie einen Krankenhausaufenthalt der Mutter, oder die Eltern sind mit Eheproblemen beschäftigt, so daß sie weniger Aufmerksamkeit für das Kind haben als sonst. Immer dann, wenn seine Gefühle die Eltern selbst betreffen, ist es möglich, daß es seine Tränen zurückhält, bis es von ihnen getrennt ist.
Wenn Sie die Gründe für den Trennungswiderstand Ihres Kindes nicht kennen oder nicht sicher sind, wie Sie sich verhalten sollen, vertrauen Sie Ihren eigenen Gefühlen und Neigungen. Haben Sie das Gefühl, daß es nicht richtig ist, Ihr Kind jetzt zu verlassen, dann tun Sie es auch nicht, selbst wenn andere Sie beschuldigen, es zu »verwöhnen« oder »zu sehr zu beschützen«. Wahrscheinlich ist Ihre eigene Intuition richtig. Außerdem müssen Ihre Handlungsweisen für Sie selbst einen

Sinn ergeben, und Sie müssen mit Ihren Entscheidungen leben. Wenn Sie später entdecken sollten, daß Sie die Situation falsch eingeschätzt haben, so können Sie bei einer anderen Gelegenheit einen anderen Weg einschlagen.
Ich möchte noch einmal die Wichtigkeit betonen, Ihrem Kind Zeit zu geben, sich an eine neue Situation zu gewöhnen, bevor Sie es verlassen. Und hier gibt es bei jedem Kind große individuelle Unterschiede. Einige brauchen mehr Zeit als andere, um sich in einer neuen Situation zurechtzufinden, und sie brauchen Geduld und Verständnis. Eine Mutter, die ich befragte, beschrieb, wie schwierig das für sie war:

> Eigentlich habe ich die Vorstellung, daß ein vierjähriges Kind unabhängig und nach außen gewandt sein sollte, aber meine Tochter verhält sich nicht immer so. Für mich ist es unangenehm, wenn wir irgendwohin gehen und sie hängt sich an mich, klettert in meine Arme oder versteckt sich hinter mir. Dann habe ich das Gefühl, ich müsse etwas machen, wozu ich im Augenblick nicht in der Stimmung bin, sollte sie trösten oder halten. Da es sozusagen nicht von mir bestimmt wird, habe ich sehr wenig Geduld. Ich will, daß sie sich von mir trennt, weggeht und zufrieden ist. Aber als sie eines Tages im Kindergarten ganz einfach dableiben wollte, ging ich nach Hause und mußte weinen.

Auch wenn Kinder mit kurzen Trennungsphasen ganz gut umgehen können, sollten ihnen keine zu langen Trennungen von den Eltern oder primären Bezugspersonen zugemutet werden. Zweijährige sollten nicht länger als zehn Tage von ihren Eltern getrennt sein, und Drei- bis Fünfjährige nicht länger als drei Wochen. Im Alter von sechs bis neun Jahren ist eine Trennung von bis zu vier Wochen hin und wieder zu verkraften. Trennungen, die über diese empfohlenen Längen hinausgehen, können die Eltern-Kind-Bindung stören.

Übungen

Entdecken Sie Ihre eigene Kindheit

1. Schreiben Sie die Ängste auf, die Sie selbst als Kind hatten. Wie sind Ihre Eltern damit umgegangen?
2. Erinnern Sie sich an einen Alptraum, den Sie als Kind hatten? Sprechen Sie darüber.
3. Hat man sich jemals über Sie lustig gemacht, weil Sie Angst hatten? Wie haben Sie sich dabei gefühlt?

Welche Gefühle haben Sie gegenüber Ihrem Kind?

1. Machen Sie eine Liste über die gegenwärtigen Ängste Ihres Kindes und versuchen Sie herauszufinden, woher sie kommen.
2. Was denken Sie über die Ängste Ihres Kindes?
3. Haben Sie irgendwelche Ängste über die Sicherheit oder das Wohlergehen Ihres Kindes? Sprechen Sie darüber.

Sorgen Sie für sich selbst

1. Gehen Sie in eine Therapie- oder Unterstützungsgruppe, die Sie ermutigt, zu lachen.
2. Haben Sie gegenwärtig irgendwelche Ängste oder Phobien? Wählen Sie eine aus und unternehmen Sie Schritte, sie zu überwinden (allein oder mit Hilfe von Beratung oder Therapie).
3. Sehen Sie sich einen lustigen Film oder eine Show an, oder treffen Sie sich mit Freunden, mit denen Sie lachen können.

3 Leben und Lernen

In diesem Kapitel geht es um die Aneignung neuer Informationen über die Sinne, was einen ersten wichtigen Lernschritt darstellt. Kinder nehmen, einfach durch das Leben und ihre Erfahrungen in der Umwelt, ständig neue Erkenntnisse auf. Sie lernen durch direkte, konkrete Erfahrungen, durch Beobachtung und Zuhören, durch Fragen, Bücher und durch das Fernsehen. Einige dieser Informationsquellen sind sinnvoll und angenehm, andere verursachen Verwirrungen und Ängste. In manchen Fällen ist das Kind aktiv an der Suche nach neuen Informationen beteiligt, während es in anderen Zusammenhängen eher passiv bleibt. Die zweite Hälfte des Lernprozesses wird durch die Spiele der Kinder vervollständigt. Hierüber wird im Kapitel 4 berichtet.

Welche konkreten Erfahrungen sind Kindern von Nutzen?

Menschen jeden Alters und ganz besonders kleine Kinder lernen durch direkte Erfahrung. Für sie ist dies die wirkungsvollste Informationsquelle. In den meisten Städten gibt es Zoos, Museen, Büchereien, Parks und gelegentlich auch Zirkus oder Jahrmärkte. Obwohl diese künstlichen Unterhaltungen Spaß machen und auch einen Erziehungswert darstellen, können einfachere Tätigkeiten, die mehr mit der Natur verbunden sind, eine reiche und vielfältige Lernerfahrung beinhalten. Barfuß durch einen Bach zu waten, mit Fröschen und moosigen Steinen, stellt für ein Kind eine vielschichtigere Lernerfahrung dar, als durch eine Betonrinne zu laufen.
Wenn Sie aber in einer großen Stadt leben und diese natürliche Umgebung für Sie nicht leicht zu erreichen ist, verzweifeln Sie nicht, denn auch in Städten gibt es für Kinder unendlich viele Lernmöglichkeiten. Gehen wir einfach davon aus, daß Sie mit Ihrem Kind schon im Zoo, in der Bücherei, in verschiedenen Museen und Parks gewesen sind, was können Sie sonst noch alles unternehmen? Die Möglichkeiten sind

endlos. Sie können den Bahnhof oder den Flughafen besichtigen. Sie können Ihrem Kind die neugeborenen Babys in einem Krankenhaus zeigen, einer Konzert- oder Theaterprobe beiwohnen, die Müllhalde der Stadt aufsuchen, um zu entdecken, wo all der Abfall bleibt. Auch Druckereien, die Bäckerei in der Nachbarschaft, eine Baustelle, eine Fabrik oder ein Labor der Universität stehen zur Auswahl.
Wenn Sie die Möglichkeit haben, Reisen zu unternehmen, so können Sie Ihrem Kind die Berge, Flüsse, Seen, Wälder, Wüsten und Bauernhöfe zeigen oder auch andere Städte besuchen. Kleine Kinder sind neugierig und bereit, die Welt zu sehen und zu erleben. Sie möchten das richtige Leben kennenlernen, erfahren, was die Erwachsenen machen, wo Dinge herkommen und wo sie hingehen. Je mehr sie von der wirklichen Welt sehen, je eher können sie sie verstehen und ihren eigenen Platz finden.
Wenn Sie Ihr Kind vielen verschiedenen Erfahrungen aussetzen, lassen Sie ihm genug Zeit, die neuen Informationen zu verarbeiten, andernfalls wird es überfrachtet. Kinder müssen über ihre Erfahrungen sprechen, Fragen stellen und sie nachspielen können.

Wie kann ich meine eigenen Interessen mit meinem Kind teilen?

Jeder Mensch in jedem Alter hat ein Bedürfnis nach Kreativität, nach einer Weiterentwicklung der eigenen Fähigkeiten und nach neuen Informationen. Oft stellen Eltern sich die Frage, wie sie ihre eigenen Aktivitäten verfolgen können, ohne gleichzeitig die gemeinsame Zeit mit den Kindern einzuschränken.
Viele Hobbys und Interessen können zu Hause in Gegenwart der Kinder ausgeübt werden, und für die Kinder ist es eine Bereicherung, ihre Eltern bei einer kreativen und anregenden Tätigkeit zu beobachten. Obwohl Sie Ihren Kindern keine direkte Aufmerksamkeit geben, wenn Sie zu Hause Ihren Hobbys und Interessen nachgehen, so vermitteln Sie ihnen doch eine wertvolle Lernerfahrung.
Kinder lernen besonders dann durch die Aktivitäten ihrer Eltern, wenn sie in irgendeiner Weise daran teilhaben können. Wenn Sie gerne im Garten arbeiten, kann Ihr Kind Ihnen vielleicht beim Umgraben, Pflanzen oder Unkrautjäten behilflich sein. Backen Sie gerne Brot, dann

kann es beim Abwiegen, Mischen und Kneten helfen, und wenn Sie Briefmarken sammeln, kann es Sie beim Sortieren der Marken unterstützen.

Eltern, die ihren Interessen und Hobbys nachgehen, vermitteln den Kindern noch zusätzliche indirekte Informationen über den Lernprozeß. Für Kinder ist es wichtig, zu sehen, daß auch Erwachsene in Lernprozesse eingebunden sind. Erleben sie nur das Ergebnis von Lernen und Üben, so vermittelt sich ihnen ein unrealistisches und verzerrtes Bild des Lernens. Wenn sie jedoch die Gelegenheit haben, ein vollständiges Projekt mitzuerleben, von den ersten Ideen bis zu seiner Vollendung, so lernen sie, daß Fehler ein integraler Bestandteil des Lernens sind, sogar bei Erwachsenen. Sie erfahren, daß Entschlossenheit und Ausdauer notwendig sind, um neue Fähigkeiten zu erlangen oder etwas Neues zu schaffen.

Wichtig ist aber auch, daß Eltern keine neuen Hobbys oder Aktivitäten in der Absicht anfangen, ihren Kindern etwas beizubringen, da Kinder ein sehr feines Gespür für die Ehrlichkeit einer Situation haben und sich einem solchen Unterricht widersetzen könnten. Es ist gut für Kinder, wenn sie Erwachsene Dinge tun sehen, die von Bedeutung sind und die nicht künstlich, »zum Wohle des Kindes«, ausgedacht wurden. Hier ein Beispiel:

Ich hatte irgendwann einmal mein Interesse geäußert, Akkordeon spielen zu lernen, und so war ich nicht sonderlich überrascht, als mein Mann mir ein gebrauchtes Akkordeon schenkte. Ich konnte überhaupt nicht darauf spielen, wollte es aber doch sehr gerne lernen. Mit Hilfe eines Buches brachte ich mir das Spielen selbst bei, und nach und nach gelang es mir, einige Volkslieder zu begleiten. Die Kinder sahen mir beim Üben zu, hörten meine Fehler und bekamen meine Ausdauer mit. Als mein Mann eine gebrauchte Trompete mitbrachte, entschied der neunjährige Nicky, daß er gerne Musikstunden nehmen würde, um das Spielen des Instruments zu erlernen. Und auch Sarah, die zu ihrem sechsten Geburtstag eine kleine Gitarre bekam, hatte keine Zweifel, daß sie lernen könnte, auf ihr zu spielen. Ich zeigte ihr einige Griffe, und bald begleitete sie sich beim Singen einfacher Lieder. Ich glaube, daß das Vertrauen meiner Kinder teilweise daher rührt, daß sie gesehen haben, wie ich lernte, ein Instrument zu spielen. Interessanterweise habe ich das Akkordeonspielen wirklich nur zu meinem eigenen Vergnügen erlernt und hatte weder die Absicht, den Kindern irgend etwas beizubringen noch für sie als Vorbild zu fungieren. Ich hatte sogar oft Schuldgefühle, weil ich diese

Zeit jeweils nicht mit ihnen verbrachte! Erst später entdeckte ich die positive Auswirkung, die mein Üben auf sie hatte.

Sollen kleine Kinder mit Gewalt konfrontiert werden?

Die Gewalt ist ein Aspekt der Realität, vor dem kleine Kinder geschützt werden sollten. Dies ist in unserer Gesellschaft jedoch keineswegs selbstverständlich. Für viele Produzenten von Fernsehprogrammen für Kinder ist es vollkommen in Ordnung, Kinder mit Gewalt und Töten zu konfrontieren. Ob im wirklichen Leben oder im Fernsehen, es kann für Kinder sehr beängstigend sein, Gewaltszenen zu beobachten. Gewalt ist keine dem Menschen ursprünglich innewohnende Eigenschaft, sondern ein Ergebnis von Schmerzerfahrungen. Menschen verletzen sich nur deshalb gegenseitig, weil sie selbst als Kinder verletzt wurden und diese Gefühle nicht zum Ausdruck bringen konnten. Aus diesem Grund führt Gewalt nicht nur zu Ängsten, sondern auch zu Fehlinformationen.
Kinder brauchen eine Basis, auf der sie eine positive Sichtweise zur menschlichen Natur aufbauen können. Sie brauchen viele gute Erfahrungen, eine Behandlung, die auf Zärtlichkeit, Liebe und Respekt aufgebaut ist, und ebenso wichtig ist es für sie, zu sehen, daß auch andere Menschen so behandelt werden. Erst wenn der Glaube an das Gute im Menschen gefestigt ist, sollten sie allmählich mit Themen wie Gewalt und Krieg konfrontiert werden. Sie sollten durchaus darüber aufgeklärt werden, da Gewalt ein nicht zu verleugnender Teil der Welt ist. Wenn Sie damit beginnen, Ihren Kindern Informationen über Kriege zu geben, sollten Sie gleichzeitig auch von Friedensbemühungen sprechen und erklären, warum Menschen versuchen, sich gegenseitig zu verletzen. Das kann ihnen Gefühle von Ohnmacht, Angst und Entmutigung ersparen.

Wie kann ich die Fragen meines Kindes zum Tod beantworten?

Der Tod ist für viele Menschen ein sehr unangenehmes Thema, und nur wenige Eltern sind bereit, offen darüber zu sprechen, weil die

meisten von uns selbst ungelöste Ängste über den Tod in sich tragen. Ebenso möchten wir unsere Kinder vor diesem Wissen beschützen. Das Wort »Tod« ist in unserer Gesellschaft beinahe ein Tabu. Statt dessen sprechen wir davon, daß »der Hund jetzt eine lange Reise macht« oder die Großmutter »verschieden« ist.
Kinder haben diese Hemmungen nicht, und ihre Fragen und ihre Neugierde spiegeln ihr Interesse wider, soviel wie nur möglich über den Tod zu erfahren. Oft sind ihre direkten Fragen für Eltern schokkierend: »Wann stirbst du denn?« »Muß ich auch sterben?« »Warum sterben Menschen?« »Was machen die Toten eigentlich?« »Werden die toten Menschen von den Würmern aufgefressen?«
Kinder brauchen genaue Informationen über den Tod, und ebenso verdienen sie eine so direkte und vollständige Antwort auf ihre Fragen wie nur eben möglich, auch wenn wir den Eindruck haben, daß der Tod kein Gegenstand beiläufiger Diskussionen ist. Im folgenden berichtet eine Mutter über ihre Gefühle, als ihr Sohn anfing, Fragen über den Tod zu stellen:

Sobald Gary sprechen und Fragen stellen konnte, das war im Alter von etwa zweieinhalb Jahren, stellte er Fragen über den Tod. Er war fasziniert von toten Tieren, toten Vögeln usw. Ich war unsicher, was ich ihm schon alles sagen könnte und auch aufgebracht und perplex. Ich wollte gar nicht, daß er schon so viel über diese Dinge wußte, und versuchte auch, ihn davor zu schützen. Es war so schrecklich morbid, und ich bemühte mich, das Thema zu wechseln, weil seine Fragen so eindeutig waren. Plötzlich merkte ich, daß es wohl eher mein Problem war, und es wurde etwas leichter für mich. Ich merkte, daß ich seine Fragen beantworten mußte und daß er soviel und so genaue Informationen brauchte wie nur möglich. Irgendwann kam ich zu dem Punkt, an dem es mir anfing, Spaß zu machen, ihm zu erzählen, wie die Würmer die toten Vögel auffressen und auch tote Menschen und wozu man Friedhöfe braucht. Er wollte alle technischen Details über zerfallende Körper wissen, wie lange es dauert usw. Es war eine seiner ersten großen Interessen. Er brauchte einfach all diese Informationen. Jetzt ist er fünf und stellt mir keine Fragen mehr über dieses Thema, wahrscheinlich weiß er erst einmal genug.

Kinder können sehr gut etwas über den Tod lernen, wenn sie tote Tiere und Pflanzen sehen. Sie können ihnen tote Fliegen, Schnecken, Blumen oder Bäume zeigen oder auch warten, bis Ihr Kind sie von selbst sieht. Kleine Haustiere, wie Fische oder Mäuse, sind eine gute Gelegenheit, etwas über den Tod zu erfahren, weil sie keine besonders hohe Lebenserwartung haben. Es kann durchaus passieren, daß nach der Beerdigung eines Tieres Ihr Kind den Wunsch äußert, es wieder auszugraben, um es anzuschauen! So erhält es eben wertvolle Informationen über Tod und Verfall.

Einige Kinder entwickeln falsche Auffassungen über den Tod, die geklärt werden sollten. Eine verbreitete Vorstellung ist, daß es weh tut, tot zu sein. Kinder brauchen das Wissen, daß ein Toter keine Schmerzen mehr fühlt. Eine weitere Verwirrung betrifft Tod und Schlaf, und diese beiden Zustände sollten klar unterschieden werden. Anstatt zu sagen: »Wir bringen unseren Hund jetzt in sein Bettchen«, ist es besser, zu erklären, warum und wie er getötet wurde. Andernfalls kann das Kind sonst Angst vor dem Einschlafen bekommen, weil es denkt, es wacht nie wieder auf, ganz so wie der Hund.

Auch wenn ein Familienmitglied oder ein Freund stirbt, sind genaue Informationen am besten. Das Kind versteht wenig von dem, was wirklich passiert ist, wenn Sie ihm erklären, daß der »Großvater jetzt im Himmel ist«. Es braucht das Wissen, daß der Großvater tot ist und daß er jetzt nichts mehr tun kann. Religiöse Erklärungen über den Tod sollten mit großer Behutsamkeit gegeben werden, da kleine Kinder sie in erschreckende Vorstellungen umändern können, die wenig mit Religion zu tun haben.

Ein Kind, das seine Eltern fragt, ob sie sterben werden, kann große Angst davor haben, zurückgewiesen oder verlassen zu werden. Eine gute Antwort darauf könnte sein: »Jeder stirbt irgendwann einmal, aber ich will noch sehr lange leben.« Es kann sogar sinnvoll sein, mit kleinen Kindern darüber zu sprechen, wer weiter mit ihnen zusammenleben würde, wenn die Eltern sterben sollten. Für Kinder, die sehr mit der Möglichkeit des Todes ihrer Eltern beschäftigt sind, kann dies eine emotionale Sicherheit bedeuten.

Wie kann ich mein Kind über Sexualität informieren?

Die meisten Kinder können im Alter von drei Jahren Männer und Frauen unterscheiden. In dieser Zeit stellen sie auch meist die ersten Fragen über geschlechtliche Unterschiede und Fortpflanzung.

Die folgenden empfohlenen Leitlinien stammen aus einer Untersuchung über frühe Sexualerziehung.[1] Auch wenn sie ursprünglich für Erzieher entwickelt wurden, können sie auch für Eltern nützlich sein.
Bevor Sie Fragen beantworten, sollten Sie herausfinden, wieviel Ihr Kind schon weiß, damit Sie wissen, wo Sie anfangen können. Wichtig ist es, ein klares Vokabular zu benutzen, um Geschlechtsteile und Fortpflanzungsorgane zu beschreiben. Auch der Gebrauch von Büchern kann hilfreich sein, aber vermeiden Sie den Vergleich mit Pflanzen und Tieren, um die menschliche Fortpflanzung zu erklären. Das könnte zu Verwirrungen führen, da Kinder diese Verallgemeinerung von Pflanzen und Tieren zum Menschen nicht unbedingt leisten können. Kinder, die sich gegenseitig in einer natürlichen Umgebung beobachten können, lernen viel über geschlechtliche Unterschiede.
Wenn ein Kind eine Frage stellt, beantworten Sie diese spezielle Frage, ohne mehr als die geforderte Information anzubieten. Ein kleines Mädchen, das zum erstenmal den Penis eines Jungen sieht und fragt: »Was ist das?«, braucht keine ausführlichen Details über Sexualität und Fortpflanzung. Das Kind ist wahrscheinlich im Moment nur an dem geschlechtlichen Unterschied interessiert und will nicht unbedingt etwas über Geschlechtsverkehr wissen. Sie könnten einfach sagen: »Das ist ein Penis. Alle Jungen haben einen Penis.«
Viele Familien und auch Krankenhäuser lassen es heute zu, daß kleine Kinder bei der Geburt eines Geschwisters anwesend sind. Neben der Tatsache, daß Geschwister so gleich von Anfang an eine Bindung eingehen können, ist es eine ausgezeichnete Gelegenheit für Kinder, zu erfahren, wie die Babys auf die Welt kommen. Die Beobachtung einer Geburt ist an und für sich nicht traumatisch, aber kleine Kinder sollten sorgfältig auf dieses Ereignis vorbereitet werden. Im Kapitel 6 gehe ich hierauf ausführlicher ein.
Häufig fragen sich Eltern, ob es für kleine Kinder eine traumatische Erfahrung ist, wenn sie die Eltern beim Geschlechtsverkehr sehen. Diese Frage stellen sich vor allem die Eltern, die mit ihren Kindern in einem Zimmer schlafen. In Amerika wird es in der Regel vollkommen abgelehnt, daß kleine Kinder Erwachsenen bei sexuellen Aktivitäten zusehen oder auch nur Filme ansehen, die sexuelle Szenen beinhalten. Seltsamerweise schützt unsere Gesellschaft Kinder vor Liebesszenen, während sie sie gnadenlos Szenen aussetzt, in denen Menschen sich

töten. Andere Kulturen verstecken ihre Sexualität nicht vor Kindern, was keinerlei beobachtbare ungünstige Auswirkungen hat. Ein Beispiel einer solchen Kultur ist die traditionelle Kung-Kultur in Afrika.[2] Auch wenn die psychoanalytische Literatur voll ist von Beispielen mit Kindern, die durch die unbeabsichtigte Beobachtung der Eltern beim Geschlechtsverkehr traumatisiert wurden, ist es sehr wahrscheinlich, daß das Trauma nicht durch die Beobachtung des Aktes selbst herrührt, sondern durch die *Reaktion* der Eltern auf das plötzliche unerwartete Eintreten des Kindes in ihr Zimmer. Jeder an das Kind gerichtete Ärger (wenn auch vom Standpunkt der Erwachsenen aus betrachtet verständlich) kann im Kind Angst und Schuldgefühle verursachen, das dann diese schmerzlichen Gefühle mit der Sexualität selbst verbindet.
Wenn Ihr Kind Sie zufällig bei der Liebe überrascht, brauchen Sie sich keine besonderen Sorgen zu machen. Versuchen Sie ruhig zu bleiben und die Fragen in einer den Tatsachen entsprechenden Weise zu beantworten. Auch wenn sie selbst irritiert sind, versuchen Sie dem Kind keine Schuld dafür zu geben, daß es Sie gestört hat.

Wie kann ich die Auswirkungen des Sexismus auf mein Kind möglichst gering halten?

Wir leben in einer sexistischen Gesellschaft, und mehr und mehr Menschen werden sich dessen bewußt. Sie merken auch, wie wichtig es ist, Kinder nicht mehr in die Stereotype »weiblich« und »männlich« zu pressen. Diese Stereotype sind schmerzhaft für Kinder, weil sie ihr Fühlen und Handeln begrenzen und dadurch die Entwicklung der vollständigen menschlichen Entfaltung behindern. Die zugrundeliegende Botschaft ist immer noch, daß Jungen klüger sind als Mädchen und daß die Lebensaufgabe der Mädchen darin besteht, Mütter zu werden. Viele Verhaltensweisen von Eltern, Verwandten, Freunden und Lehrern basieren letztlich auf diesen beiden sexistischen Annahmen.
Bis zum Alter von zwei Jahren zeigen Kinder meist keine geschlechtsspezifischen Vorlieben oder Kenntnisse, aber ab dem dritten Lebensjahr wissen sie, welches Spielzeug für jedes Geschlecht akzeptiert wird, welche Kleidung und Aktivität und welches Werkzeug männlichen oder weiblichen Erwachsenen zuzuordnen ist. Wenig später un-

terwerfen die Kinder sich selbst gegenseitig diesen Normen. Eine Untersuchung in einem Kindergarten zeigte, daß Jungen, die mit Puppen spielten, sich verkleideten, Puppenküchen hatten oder bastelten, sechsmal häufiger von ihren Gruppenmitgliedern kritisiert wurden als die anderen Kinder.[3]

Viele Menschen gehen davon aus, daß Jungen grundsätzlich anders seien als Mädchen und daß Vorlieben und Geschlechtsrollen unserer Gesellschaft vollständig aus diesen genetischen Unterschieden resultierten. Tatsache ist, daß Jungen allgemein aggressiver sind als Mädchen, turbulentere Spiele bevorzugen, mehr mit Transportspielzeug, aus Holz bestehenden Materialien und Klötzchen spielen. Mädchen dagegen beschäftigen sich mehr mit Puppen, häuslichen Spielen, Basteln, Verkleiden und Tanzen. Trotzdem sind diese beobachtbaren Unterschiede nicht notwendigerweise biologisch begründet. Mädchen und Jungen können diese Beschäftigungen einfach aus dem Grunde auswählen, weil die Eltern sie unterschiedlich behandeln und unterschiedliche Erwartungen an sie stellen.

Es wurde festgestellt, daß Eltern schon vom Tag der Geburt an Jungen und Mädchen unterschiedlich behandeln, oft ohne es zu bemerken. Im allgemeinen sprechen Mütter mehr mit ihren neugeborenen Töchtern, aber sie wiegen, berühren und halten ihre Söhne häufiger. Diese unterschiedliche Behandlung der Eltern bei Neugeborenen konnte beobachtet werden, obwohl das Verhalten der neugeborenen Mädchen und Jungen identisch war. Wenn die Kinder aus dem Krabbelalter herausgewachsen sind, werden sie weiterhin von ihren Eltern unterschiedlich behandelt. Für die Töchter kaufen Eltern eher Puppen und häusliches Spielzeug, während Söhne mehr Transportspielzeug und Sportausrüstungen erhalten. Ebenso ist der Kontakt mit Töchtern eher verbal, der mit Söhnen eher körperlich. Die Erziehung der Mädchen richtet ihr Augenmerk mehr auf Abhängigkeiten: Sie sollen nah bei der Mutter bleiben und sie berühren, es wird ihnen beigebracht, hübsch und sauber zu sein. Von Jungen wird erwartet, daß sie unabhängig und zäh sind, ihre Gefühle für sich behalten, besonders solche Gefühle wie Zärtlichkeit, Angst, Mitleid und Traurigkeit. Mädchen wird eher zugestanden, ihre Gefühle auszudrücken. Auch werden Jungen anders diszipliniert als Mädchen. In einer Studie fand man heraus, daß Jungen dreimal häufiger geschlagen werden als Mädchen.[4]

Wenn Sie Ihre Kinder weniger stereotyp behandeln wollen, so können Sie schon beim Spielzeug beginnen. Sie können beiden Geschlechtern sowohl Puppen als auch Spielzeugautos und Züge schenken. Aber die Eltern sollten sich auch über ihre Haltung gegenüber den Spielen der Kinder bewußt werden. Es hat wenig Sinn, dem Sohn eine Puppe zu geben, dem Puppenspiel dann jedoch keine Beachtung zu schenken. Er braucht dann die gleiche Unterstützung wie ein Mädchen und auch das notwendige Zubehör wie Puppenbett, Kleidchen und Geschirr. Das kann größere Probleme mit sich bringen, als wir denken, da verschiedene Faktoren eine Rolle spielen. Vielleicht sind Freunde und Verwandte weniger begeistert als Sie und schenken eher traditionelles, geschlechtsspezifisches Spielzeug. Sie selbst können jedoch versuchen, einen Ausgleich zu schaffen, indem Sie zum Beispiel Ihrer Tochter, falls sie immer nur Puppen bekommt, zum Geburtstag einen Werkzeugkasten schenken.
Ebenso kann die Angst vor Homosexualität die guten Absichten der Eltern beeinflussen. In unserer Gesellschaft ist die Heterosexualität von Männern eng verbunden mit der Vorstellung von Aggressivität, Gefühllosigkeit und Zähigkeit. Ein »richtiger Mann« zeigt kein fürsorgliches Verhalten. Durch diese unglückliche Haltung haben viele Eltern tatsächlich die Vorstellung, daß die Ermutigung zu »weicheren«, fürsorglichen Gefühlen und Verhaltensweisen ihre Söhne homosexuell werden läßt. Es ist aber inzwischen erwiesen, daß Homosexualität nicht verläßlich von Kindheitsverhaltensweisen bestimmt wird und daß sexuelle Anziehung wenig zu tun hat mit der Geschlechtsidentität oder dem Geschlechtsrollenverhalten. Es ist nach wie vor nicht klar, warum Menschen homosexuell werden, aber eindeutig ist, daß nicht-sexistische Kindererziehung hierbei keine Rolle spielt.
Für Kinder ist es wichtig, Freunde und Freundinnen aus beiden Geschlechtern zu haben. Wenn Ihr Sohn mit Mädchen spielt oder Ihre Tochter mit Jungen, so brauchen Sie sich darüber keine Sorgen zu machen. Jungen, die nach dem vierten oder fünften Lebensjahr mit Mädchen spielen, werden manchmal als »Muttersöhnchen« bezeichnet, zeigen sie jedoch als Teenager kein Interesse an Mädchen, fangen die Eltern an sich Gedanken zu machen. Jungen sollen plötzlich bedeutungsvolle Beziehungen zu Mädchen entwickeln, nachdem ihnen die Freundschaft zu Mädchen während ihrer Kindheit erschwert wurde. Um für beide

Geschlechter eine gute Beziehung zueinander entstehen zu lassen, ist es wichtig, daß sie schon von klein auf miteinander spielen können. Eltern können hierzu beitragen, indem sie zu Geburtstagsfesten vorschlagen, sowohl Jungen als auch Mädchen einzuladen, oder sie können darauf hinarbeiten, daß in der Nachbarschaft oder Gemeinde gemischte Sportgruppen, Clubs oder andere Aktivitäten entstehen.
Geschlechtertrennung in der Kindheit hat keinen Einfluß darauf, ob jemand homosexuell wird. Homosexuelles Experimentieren findet eher in reinen Männersportgruppen und reinen Jungen- oder Mädchenschulen statt, dort also, wo die kleinen Jungen zu »richtigen Männern« und die kleinen Mädchen zu »Ladys« geformt werden sollen.
Viele Kinderbücher sind sexistisch gefärbt. Tierbücher zum Beispiel benutzen oft nur das männliche Pronomen, so als würden weibliche Tiere überhaupt nicht existieren. Oft sind die weiblichen Tiere in den Büchern nur die Muttertiere. Männliche und weibliche Charaktere verhalten sich im allgemeinen sehr geschlechtsspezifisch, wobei die Männer Abenteuer erleben, die Initiative ergreifen und das Risiko tragen, während die Frauen passiv und häuslich sind. Die meisten Fernsehprogramme sind nicht besser als Bücher und haben darüber hinaus noch einen größeren Einfluß durch die lebendige visuelle Beschreibung einer Szene. Zu Hause können Sie diesem Einfluß entgegenwirken, indem Sie beim Vorlesen die männlichen Pronomen in weibliche umändern und nach Kinderbüchern suchen, die nicht sexistisch sind. Sinnvoll ist es auch, die Fernsehzeiten zu begrenzen und sexistische Stereotype und Verhaltensweisen zu besprechen.
Von allen diesen Faktoren, die hier besprochen wurden, werden Kinder beeinflußt, aber die wichtigste Information, die Sie ihnen geben, ergibt sich aus Ihrem eigenen Vorbild und Beispiel. Eltern, die ihr eigenes Verhalten durch geschlechtsspezifische Stereotype begrenzen, können nicht erwarten, daß ihre Kinder ihr gesamtes Handlungspotential entwickeln. Kindern lernen durch Beobachtung ihrer Umgebung bedeutend mehr als durch Spielzeug oder Bücher. Hierzu meine eigene Erfahrung:

Als Sarah drei Jahre alt war, zeigte sie mir ihr kaputtes Spielzeugauto und sagte: »Papa soll das reparieren.« Ich fühlte mich verletzt, weil sie überhaupt nicht davon ausging, daß auch ich in der Lage wäre, das Auto in Ordnung zu bringen. Ich merkte dann bald, daß ich im allgemeinen meinem Mann die Reparaturarbeiten im Haus überließ, obwohl ich sehr wohl in der Lage gewesen wäre, das selbst zu erledigen. So nahm ich also das Auto meiner Tochter und reparierte es!

Ebenso wichtig ist es für Kinder, unabhängig ob Mädchen oder Junge, daß sie jede Art von Gefühlen ausdrücken und erleben können. In unserer Gesellschaft werden Mädchen eher in ihrer Ängstlichkeit und Jungen eher in ihrer Aggressivität unterstützt, aber Jungen sind genauso ängstlich wie Mädchen, und Mädchen erleben ebensoviel Ärger wie Jungen. In Erziehungsberatungsstellen konnte beobachtet werden, daß Jungen eher wegen aggressiver, destruktiver und rivalisierender Verhaltensweisen Probleme hatten, während die Schwierigkeiten der Mädchen mehr in Ängsten, Schüchternheit und mangelndem Selbstvertrauen begründet lagen. Dies ist das direkte Ergebnis sexistischer Kindererziehung. Wie ich schon erwähnt habe, dürfen Jungen seltener weinen als Mädchen, und es wird ihnen im allgemeinen beigebracht, ihre Gefühle insgesamt zu unterdrücken. So ist es nicht weiter überraschend, wenn sie dann als erwachsene Männer, nachdem sie ihre Gefühle über Jahre kontrollieren mußten, schon bei geringen Anlässen plötzlich explodieren. Sie reagieren oft sehr heftig und ärgerlich, weil sie keinen anderen akzeptierten Ausdruck ihrer Gefühle hatten.
Es ist jedoch nicht ungewöhnlich, daß Kinder durch eine Phase gehen, in der sie die geschlechtlichen Klischees leben wollen. Kleine Jungen zeigen kein Interesse mehr an ihren Puppen, und kleine Mädchen spielen lieber mit ihren Puppen als mit den Spielzeugautos oder Eisenbahnen. Kinder scheinen ein Bedürfnis zu haben, die von der Gesellschaft vorgegebenen Geschlechterrollen zu erfahren, trotz einer nicht-sexistischen häuslichen Umgebung. Wahrscheinlich wollen sie sich den traditionellen männlichen oder weiblichen Verhaltensweisen anpassen, um von ihresgleiches akzeptiert zu werden.
Auch wenn Ihre Bemühungen manchmal keinen Einfluß zu haben scheinen, weil die Kinder noch sehr klein sind und leicht beeinflußbar durch andere Eindrücke, ist es doch wichtig, das nicht-sexistische Verhalten zu Hause fortzusetzen. Vielleicht zeigt sich die positive Auswirkung erst im Erwachsenenalter, wenn Ihr Kind sich, ungehindert durch sexistische Stereotype, einen weiten Rahmen für seine Arbeitsmöglichkeiten schaffen kann.

Klar ist, daß Sexismus sowohl Mädchen als auch Jungen verletzt und sie vom Erleben ihrer ganzen Menschlichkeit fernhält. Alles, was diesen Einflüssen zu Hause entgegengesetzt werden kann, ist nicht nur für die Kinder selbst von Vorteil, sondern letztendlich für alle Menschen.

Wie kann ich meinem Kind helfen, intellektuelle Fähigkeiten und neue Fertigkeiten zu entwickeln?

Natürlich haben Eltern den Wunsch, eine Umgebung zu schaffen, in der ihre Kinder die Fähigkeit zu denken und zu lernen gut entwickeln können. Untersuchungen haben gezeigt, daß Eltern einen beträchtlichen Einfluß auf die intellektuelle Entwicklung der Kinder haben und daß die häusliche Umgebung dabei eine entscheidende Rolle spielen kann.

Elterliche Wärme und Fürsorge führt zu wachsender intellektueller Kompetenz bei Kindern. Und das ist nicht überraschend, da Kinder, die sich sicher und geliebt fühlen, eher in der Lage sind, ihre Umgebung zu entdecken, und mehr Aufmerksamkeit für ihr Denken und Lernen zur Verfügung haben, da ihre Bemühungen nicht fortwährend darauf gerichtet sind, ihre grundlegenden emotionalen Bedürfnisse zu befriedigen. Ebenso wurde festgestellt, daß elterliche Disziplinierungsmaßnahmen Auswirkungen auf die intellektuellen Fähigkeiten der Kinder haben. Die intellektuelle Entwicklung wird durch autoritäre Erziehungsmethoden und Bestrafungen behindert. Auf der anderen Seite wird die Denkfähigkeit des Kindes gesteigert, wenn Eltern sinnvolle Disziplinierungstechniken anwenden, zum Beispiel den Grund für ein Verbot erklären.

Üblicherweise geht man davon aus, daß ein Lob eine gute Lernunterstützung darstellt und das Vertrauen des Kindes in seine Fähigkeiten stärkt. Überraschenderweise bringen jedoch einige Formen der Anerkennung den gegenteiligen Effekt mit sich und führen zu starken Abhängigkeiten in bezug auf die Meinung anderer und verringern das Selbstvertrauen. Auch kann ein Lob die Bemühungen zurückgehen lassen und vom Kind als eine Art der Manipulation betrachtet werden. Anstatt Werturteile abzugeben (»Das war aber sehr gut«), können

Eltern behilflich sein, indem sie sich mehr auf den Prozeß und die Gefühle des Kindes konzentrieren als auf das Ergebnis. Ein eindeutiges Feedback über die Tätigkeit des Kindes – ohne Bewertung – erlaubt es ihm, seine Fortschritte wahrzunehmen und vermeidet gleichzeitig den Vergleich mit anderen.

Wenn einem Kind etwas Neues gelingt, wenn es beispielsweise ein Puzzle zusammengesetzt hat, so können Sie einfach begeistert rufen: »Du hast es geschafft!« oder: »Jetzt bist du aber stolz auf dich?« oder: »Das war das schwierigste Puzzle, das du bisher gemacht hast.« Zeigt Ihr Kind Ihnen stolz eine Zeichnung, können Sie es danach befragen und respektvoll seinen Erläuterungen zuhören oder Sie können die unterschiedlichen Farben erwähnen oder Ihre eigenen Gefühle beschreiben (»Das erinnert mich an einen heißen Sommertag«). Kinder haben ein Bedürfnis, das ihre Tätigkeiten wahrgenommen werden, aber Beurteilungen bringen sie nicht weiter.

Auch die Anregungen zu Hause stellen bei der intellektuellen Entwicklung einen wichtigen Faktor dar. Es ist erwiesen, daß Kinder, die in einer anregenden häuslichen Umgebung aufwachsen, bei Tests ihrer geistigen Fähigkeiten besser abschneiden als Kinder, denen diese Stimulation fehlt.

Kleine Kinder werden bei ihren Bemühungen, neue Fähigkeiten zu erlernen, häufig frustriert. Und zuallererst muß man mit diesen Frustrationen umgehen, bevor überhaupt ein sinnvolles Lernen oder Denken möglich wird. Einige Frustrationen kann man durch gewisse Vorbereitungen, die ein Gelingen ermöglichen, vermeiden. Sie können zum Beispiel, wenn Ihr Kind Ihnen beim Kuchenbacken hilft, eine Schüssel auswählen, die nicht so leicht umkippen kann. Oder, wenn es lernt, seine Schnürsenkel zu binden, können Sie ihm besonders lange kaufen. Bemüht es sich um etwas, das ganz offensichtlich zu schwierig ist, so ist es durchaus gerechtfertigt, ihm Ihre Hilfe anzubieten, die Aufgabe zu erleichtern oder seine Bemühungen auf ein realistischeres Ziel zu lenken.

Trotz dieser Vorkehrungen wird es viele unvermeidbare Fehler und Frustrationen erleben in seinem Kampf, ein kompetenter und befähigter Mensch zu werden. Kinder, die frustriert sind, brauchen geduldiges Verständnis, so daß sie ihren Gefühlen freien Lauf lassen können, was durch Weinen und Wutäußerungen geschieht (wie es im Kapitel 1

beschrieben wurde). Dieser Ausdruck ist manchmal notwendig, bevor Kinder eine Aufgabe erfolgreich zu Ende führen können. Es tut ihnen dann nicht gut, wenn ihr Weinen unterbrochen wird, da die Frustration ja schon stattgefunden hat und ausgedrückt werden muß.
Nachfolgend berichtet eine Mutter, wie das Weinen ihrem Kind dabei half, eine frustrierende Lernsituation zu meistern:

Meine sechseinhalbjährige Tochter hatte Schwierigkeiten, zwei Klavierstücke auswendig zu spielen und sie nicht durcheinanderzubringen. Schließlich fing sie an zu weinen und sagte, sie könne es einfach nicht. Ich ließ sie in meinen Armen weinen (etwa fünf Minuten lang), und wir sprachen kaum. Nachher wollte sie es noch einmal versuchen, und es gelang ihr, beide Stücke auseinanderzuhalten! Seit diesem Zeitpunkt hatte sie keine Probleme mehr damit.

Wenn schmerzvolle Gefühle von Frustration und Versagen unterdrückt werden, so können sie sich ansammeln und zu einem verminderten Selbstvertrauen führen oder zu einer Unfähigkeit, in neuen Lernsituationen klar zu denken. Das folgende Beispiel verdeutlicht das Widerstreben eines dreijährigen Jungen, etwas Neues auszuprobieren, weil Gefühle in ihm hochstiegen, die mit früheren mißlungenen Lernsituationen in Zusammenhang stehen könnten. Sein Vater beschrieb, wie er ihm half, diese Gefühle zu überwinden:

Er behauptete, er könne sein Hemd nicht anziehen, und fing an zu weinen. Ich merkte, daß er das Hemd über seinen Kopf hielt und nicht wirklich versuchte, es anzuziehen. Da ich wußte, daß er es konnte, hielt ich mich zurück und half ihm nicht, sondern bot ihm statt dessen meine Unterstützung an, er möge es doch versuchen. Er weinte eine Viertelstunde und zog dann ganz einfach sein Hemd über den Kopf! Er war sehr stolz auf sich und zog es mehrmals aus und wieder an, um mir zu zeigen, was er gelernt hatte.

Der Grund für die Lernschwierigkeiten liegt oft in verwirrenden und schmerzvollen Erfahrungen, die Kinder durchlebt haben, ohne die Möglichkeit gehabt zu haben, sie auszudrücken oder zu lösen. In extremen Situationen können manche Kinder so viel chronischen Schmerz ansammeln, daß sie ihre Konzentrationsfähigkeit verlieren oder Situationen vermeiden, die eine geistige Anstrengung erfordern würden. Sie »schalten ab«, weil ihre Aufmerksamkeit zu sehr von ihren Gefühlen in Anspruch genommen wird. Kindern mit diesen Problemen

konnte durch eine Therapie geholfen werden, die ihnen ermöglichte, ihre Gefühle auszudrücken.[5]
Kinder, die ihre verletzten Gefühle offen äußern können, haben ausgezeichnete Lern- und Denkfähigkeiten und versetzen andere durch ihre Talente oft in Erstaunen. Kinder, die eine Therapie abgeschlossen hatten (wobei das Loslassen von Gefühlen mit einem einfühlsamen Zuhörer eine wichtige Rolle spielte), offenbarten eine hohe Konzentrationsfähigkeit und ausgezeichnete Leistungen in bestimmten Gebieten. Diese Kinder verglich man mit anderen, die ihre Therapie nicht zu Ende geführt hatten, und man fand heraus, daß sie ausgereifter waren und kompetent, sowohl unter schulischen als auch sozialen Aspekten.[6] Kinder, deren Gehirn und Körper nicht durch Verletzungen beeinträchtigt sind, können ihr volles Potential entwickeln. Möglicherweise müssen wir einmal unseren Begriff von normalen oder durchschnittlichen Fähigkeiten revidieren, da alle Kinder eine ihnen innewohnende Kraft haben, »klug« und »aufgeweckt« zu werden.
Um eine optimale intellektuelle Entwicklung zu gewährleisten, will ich die verschiedenen Faktoren, die von Geburt an eine Rolle spielen, noch einmal zusammenfassen: eine geborgene, liebevolle, nicht-strafende Umgebung, Ermutigung und Wahrnehmung von Fortschritten (ohne Werturteil), angemessene Anregung und eine Atmosphäre, die Weinen und Wüten akzeptiert. Wenn Sie diese optimale Lernumgebung für Ihr Kind nicht zur Verfügung stellen konnten, brauchen Sie sich dennoch nicht übermäßig zu sorgen, da es für sinnvolle Veränderungen nie zu spät ist. Das menschliche Gehirn ist geschmeidig, und Kinder können sich von frühen Verletzungen oder fehlenden Anregungen durchaus erholen.

Welche Bücher eignen sich am besten für kleine Kinder, und wie kann ich meinem Kind helfen, lesen zu lernen?

Viele Eltern wünschen sich, daß ihre Kinder schon sehr früh lesen lernen, obwohl das den Kindern nicht unbedingt Vorteile bringt, besonders dann nicht, wenn sie unter Druck gesetzt werden. Besser ist es, indirekt vorzugehen und dem Kind Anregungen anzubieten, so daß es später, wenn es wirklich bereit ist, motiviert ist, selbst zu lesen. Es

gibt mehrere Möglichkeiten, Ihrem Kind dabei zu helfen, eine Liebe zu Büchern und eine positive Haltung zum Lesen zu entwickeln.
Zweifelsohne bereitet den meisten Kindern das Vorlesen von Geschichten viel Spaß. Ebenso unterstützt es die Vorstellungskraft, ihren Sinn für Humor, Denk- und Erinnerungsfähigkeit, während es gleichzeitig eine gemeinsame vergnügliche und intensive Zeit gewährleistet. Durch eine Studie in den USA stellte man fest, daß die besten Schüler der ersten Klasse frühe Leseerfahrungen hatten. Ihre Eltern hatten ihnen, schon bevor sie in die Schule gingen, häufig, manche sogar täglich, vorgelesen.[7]
Kleinen Kindern kann man Bilderbücher zeigen, und wenn sie älter werden, Kurzgeschichten vorlesen. Wichtig ist es, die Interessen und Erfahrungen des Kindes bei der Auswahl der Bücher zu berücksichtigen. Wenn Sie Ihr Kind beispielsweise auf eine Schiffsfahrt, eine Flugreise oder eine Zugfahrt mitnehmen, so können Sie vor und nach der Reise Bücher zu diesem Thema auswählen. Obwohl Kinder durch ein Buch neue Informationen erhalten, kann es doch nie zu einem Ersatz für reale Erfahrungen werden.
Mit Märchen sollte man Kinder erst nach dem fünften Lebensjahr konfrontieren, da sie bis zu diesem Alter genug mit dem Erfassen der Realität zu tun haben.[8] Die Märchen mit ihren Phantasiefiguren und der klaren Einteilung in Gut und Böse können Ängste und Verwirrung bei kleinen Kindern auslösen. Dreijährige versuchen immer noch herauszubekommen, von welchen Tieren sie gebissen werden könnten und von welchen nicht. Und die Auseinandersetzung mit einer Phantasiewelt, in der es Trolle, verzauberte Vögel und Einhörner gibt, verwirrt sie nur. Einfache, realistische Geschichten sind besser für kleine Kinder.
Zusätzlich zu den Geschichten für Kinder gibt es noch viele andere Bücher, an denen Kinder Vergnügen haben können: Kunstbücher, Gedichte, Witze, Geschichts-, Musik- und naturwissenschaftliche Bücher. Wenn Sie zusammen mit Ihrem Kind die Welt der Bücher entdecken, so wird es ganz natürlich den Wunsch entwickeln, lesen zu lernen. Ebenso wichtig ist es für Kinder, den vielfältigen Gebrauch der geschriebenen Sprache kennenzulernen wie zum Beispiel Briefe, Rezeptbücher und Reiseführer, Kataloge, Spiele und Straßenschilder. Und auch hier ist das Beispiel der Eltern von besonderer Bedeutung.

In einer schon erwähnten Studie konnte festgestellt werden, daß die Kinder, die gut lesen konnten, Eltern hatten, die selbst gerne lasen.[9] Wenn Ihr Kind Sie beim Lesen von Büchern, Zeitschriften und Zeitungen sieht, wird es Sie ganz natürlich nachahmen wollen.
Es gibt viele ausgezeichnete Spiele und Aktivitäten für Kinder, die ihnen das Lesen später erleichtern können. Trotzdem sollten diese Aktivitäten nicht erzwungen und Spiele nicht in strukturierte Lernsituationen umgewandelt werden, da Kinder, wenn sie Spaß an etwas haben, auch etwas lernen. Das Ziel jeder Kontaktaufnahme sollte Freude sein und nicht die Absicht, den Kindern etwas beizubringen.
Ein Kind kann gelangweilt, frustriert oder verärgert reagieren, wenn man ihm das Lesen beibringen will, bevor es dazu bereit ist, bevor es darum gebeten hat, daß es ihm erklärt wird, oder weil es seiner Denkweise nicht entspricht. Einige Kinder werden als »lernbehindert« eingestuft, wenn sie im Alter von sieben oder acht Jahren noch nicht lesen können. Auch wenn es einen kleinen Prozentsatz von Kindern gibt, die neurologische Probleme haben, die ihnen das Lesenlernen erschweren, so kann doch der Mißbrauch dieses Begriffs äußerst schädlich sein, da er zukünftiges Lernen behindern und so zu einer sich selbst erfüllenden Prophezeiung werden kann. Kinder, die das Lesen erst spät erlernen, haben oft zuerst andere Interessen, aber sind sie schließlich dazu bereit, so lernen sie schnell und mühelos und haben große Freude am Lesen.

Welche Schulform ist für ein kleines Kind die beste?

Die beste Schulform für kleine Kinder ist die, in der die meiste Zeit freies Spielen erlaubt wird. Kinder unter acht Jahren sind normalerweise noch nicht in der Lage, an einem formal strukturierten Unterricht teilzunehmen oder lange Zeit still zu sitzen. Ablehnung, Frustration, Verwirrung, Langeweile, der Verlust des Lerninteresses oder der inneren Zielrichtung ist häufig das Ergebnis einer solchen Lernsituation. Kinder, die geliebt werden und die die Möglichkeit hatten, ihre vergangenen Verletzungen zu heilen, nehmen ihr eigenes Lernen spontan selbst in die Hand. Sie eignen sich Informationen und Fähigkeiten an, vorausgesetzt, es steht ihnen ein genügendes Maß an Freiheit und ein Zugang zu gewissen Lernmöglichkeiten zur Verfügung.

Wenn ein Kind darum bittet, daß ihm etwas beigebracht wird, so ist es wichtig, das in der von ihm gewünschten Art zu tun, ob es sich um Informationen handelt oder um eine Berichtigung oder ein Abfragen. Ungebetenes Abfragen oder Lehren kann für Kinder schädlich sein, da es impliziert, daß sie nicht wissen, was oder wie sie es lernen wollen. Zusätzlich ist das Ergebnis von ungefragter Belehrung häufig ohne jedes Ergebnis, da das Kind im Moment an dieser Information oder Fähigkeit kein Interesse haben kann.

Künstlich herbeigeführte Lernsituationen werden von kleinen Kindern aus den angegebenen Gründen häufig abgelehnt, auch weil strukturiertes Lehren die Welt oft in bedeutungslose Fragmente aufteilt. Grundlegende akademische Fähigkeiten lassen sich leichter und mit mehr Freude aufnehmen, wenn sie in wichtige, lebensnahe Handlungen und Spiele eingebunden sind.

Eine ideale Schule hätte Sport- und Spielmaterial, Bücher und Bastelmöglichkeiten, würde Projekte planen und ausführen. Die Kinder würden häufig interessante Ausflüge unternehmen und arbeitende Menschen im täglichen Leben beobachten können. Ebenso würden Exkursionen in die Natur stattfinden – Wälder, Strände, Flüsse, Berge und Felder bieten ein breites Lernspektrum. In der restlichen Zeit könnten die Kinder die zur Verfügung stehenden Materialien benutzen und entdecken, ihre eigenen Spiele erfinden und einfach durch ihr Zusammensein voneinander lernen. Die Erwachsenen in dieser idealen Schule wären liebevolle Menschen, die Tränen und Wutausbrüche der Kinder akzeptieren könnten, aber gegenseitige Verletzungen oder die Zerstörung der Umgebung nicht erlauben würden. Sie würden gern mit den Kindern sprechen, Fragen beantworten, einzeln oder in kleinen Gruppen mit ihnen spielen oder arbeiten, wenn sie neue Interessensgebiete entdecken.

Es gibt viele ausgezeichnete Kindergruppen und -tagesstätten, die dieser Beschreibung sehr nahekommen, und eigentlich gibt es keinen Grund, weshalb die Philosophie der Vorschulen nicht auf die ersten Grundschuljahre übertragen werden sollte, aber viele Erzieher und Erzieherinnen glauben, daß Schüler im Alter von fünf oder sechs Jahren etwas Neues beginnen sollten. Ab dem sechsten Lebensjahr wird den natürlichen Lerninstinkten und der Motivation von Kindern in den meisten Schulen nicht mehr vertraut. Statt dessen geht man davon aus, daß Kindern in diesem Alter beigebracht werden muß, was, wo, wann und wie sie zu lernen haben. Das wird als »wirkliches Lernen« betrachtet, im Gegensatz zum spontanen »Spiel«.

Diese Haltung hat einen nachteiligen Effekt, da Kinder ihr Lernbedürfnis nie verlieren und in einer entsprechenden Umgebung, auch durch die Grundschuljahre hindurch, ihre Lernziele weiterhin selbst bestimmen können. In der frühen Kindheit unterscheiden sie nicht zwischen Spielen und Lernen, da beides ein und dieselbe Auswirkung hat. Sie lernen spielend, und das Lernen ist weder schwierig noch ermüdend. Tatsache ist sogar, daß jede geforderte Handlung, die ihnen langweilig erscheint, kein sinnvolles Lernergebnis zur Folge hat. David Elkind behauptet, daß jedes formale Lernprogramm nicht nur im Kindergarten, sondern auf *allen* Erziehungsebenen unangemessen ist.[10]

Basierend auf einer kürzlich durchgeführten Studie stellte die National Association for the Education of Young Children eine detaillierte Empfehlung für den Schultyp vor, der Kinder bis zum achten Lebensjahr sinnvoll fördert. Für die Altersstufe von fünf bis acht Jahren empfehlen sie ein integriertes Curriculum mit Projekten und Lerninhalten, die sich an den Interessen der Kinder orientieren und in denen Lesen, Schreiben und Rechnen ein Teil dieser Aktivitäten werden – im Gegensatz zu einzelnen voneinander getrennten Fächern. Kunst, Musik, Bewegung, Holzarbeiten, Tanz und Theater sind wichtige Bestandteile des Lehrplans. Diese Medien sollen den Kindern eine freie Ausdrucksmöglichkeit gestatten, in denen sie keinen spezifischen Richtlinien folgen müssen. Empfohlen wird ein breites Spektrum an Spielmöglichkeiten, sozialer Interaktion, Handarbeiten und Entdekkungsmöglichkeiten. Die Lehrer sollen der inneren Motivation der Kinder vertrauen, daß sie ohne Belohnungen und Strafen die Welt verstehen lernen wollen. Die Beurteilung des Lernens und der Arbeit durch Notengebung wird abgelehnt. Lehrer sollten auf den individuellen Lernstil der Kinder eingehen und nicht versuchen, sie in einen vorgefaßten Rahmen zu pressen.[11]

In den USA ist eine wachsende Tendenz zu beobachten, daß Eltern, unzufrieden mit den schulischen Praktiken und der allgemeinen Schulphilosophie, ihre Kinder zu Hause unterrichten, wobei sie natürlich auch die Interaktion mit anderen Kindern gewährleisten. Bis jetzt kann festgestellt werden, daß eine anregende häusliche Umgebung, die sich nach den Bedürfnissen der Kinder richtet, gut ausgebildete und kompetente Kinder hervorbringt.

Welche Auswirkungen hat das Fernsehen auf kleine Kinder?

Das Fernsehen ist ein fester Bestandteil unseres Lebens und wird es auch bleiben. Daher sind viele Eltern besorgt über dessen mögliche Auswirkungen auf ihre Kinder. Das Fernsehen scheint weder eine besonders gute Unterhaltungsform noch eine gute Informationsquelle für kleine Kinder darzustellen. Viele Kinderprogramme, besonders im privaten Fernsehen, basieren auf Gewalt. Schon bevor sie in den Kindergarten kommen, haben die meisten Kinder in ihrem eigenen Wohnzimmer Tausende von Schlägereien, Morden, Messerstechereien und Schußwechseln gesehen. Selbst in den »unschuldigen« Trickfilmen schlagen sich die Figuren zusammen und prügeln sich.
Untersuchungen mit achtjährigen Kindern ergaben, daß die Jungen, die die meisten Gewaltszenen im Fernsehen sahen, auch diejenigen waren, die von den Mitschülern als die aggressivsten bezeichnet wurden. Für die Mädchen traf diese Übereinstimmung nicht zu, vielleicht weil in den meisten Programmen aggressive weibliche Vorbilder fehlen. Aus diesen Erkenntnissen wird jedoch noch nicht ersichtlich, ob das Fernsehen tatsächlich aggressives Verhalten verursacht. Um hier eindeutigere Ergebnisse zu erhalten, entschloß man sich zu experimentellen Studien, in denen einer Gruppe von Kindergartenkindern ein Film mit einem gewalttätigen Erwachsenen gezeigt wurde, während die Kontrollgruppe einen gewaltfreien Film sah. Nun war tatsächlich beobachtbar, daß sich die Kinder, die den Gewaltfilm angeschaut hatten, aggressiver verhielten als die Kinder der Kontrollgruppe.[12]
Ebenso kann das Fernsehen ein desensibilisierendes Verhalten gegenüber Gewalt bewirken. Kinder, die Gewaltszenen im Fernsehen ausgesetzt sind, sind durch Gewalt weniger emotional bewegt, das heißt mit anderen Worten, der Anblick von Gewalt verursacht keine Ablehnung mehr, da sie schon so sehr daran gewöhnt sind. Würde beim Kontakt mit Gewalt Empörung bei Kindern hervorgerufen, wären sie vielleicht eher in der Lage, etwas zu verändern, anstatt sich in Passivität und Akzeptanz zu flüchten.

Zusätzlich zu den Gewaltszenen zeigt das Fernsehen viele beängstigende und spannende Situationen, die die tiefsten Ängste von Kindern offen und sehr lebendig darstellen. Es kann eine Quelle neuer Ängste und Mißverständnisse sein. Kinder werden süchtig nach spannenden Programmen, wollen sie wieder und wieder sehen, in der Hoffnung, daß sie ihre Ängste irgendwie überwinden können (vergleiche hierzu Kapitel 2). Aber ihre Hoffnungen werden enttäuscht, da das Fernsehen Passivität fördert und keine therapeutische Umgebung schafft, in der Kinder ihre Ängste verarbeiten könnten.

Das Fernsehen arbeitet sowohl mit akustischen Signalen (auditive Stimulation) als auch mit bewegten Bildern (visuelle Stimulation), was dem Kind wenig Platz läßt für seine eigene Phantasie. Es bleibt ein passiver Empfänger, der die Empfindungen nach innen nimmt und von seiner eigenen Vorstellungskraft wenig hinzufügen kann. Zu viel Fernsehen nimmt den Kindern also die Möglichkeit, ihre Phantasie und Kreativität zu trainieren. Sie scheinen sich oft in einem tranceartigen oder erstarrten Zustand zu befinden, und dieser Grad an Passivität ist weder normal noch wünschenswert für kleine Kinder.

In der frühen Kindheit sollte die Zeit aktiv und konstruktiv genutzt werden, und das Fernsehen kann kein Ersatz sein für konkrete, lebensnahe Erfahrungen. Es stiehlt sozusagen die Zeit, die für intensives Lernen benutzt werden könnte und verlangsamt so die intellektuelle Entwicklung der Kinder. 1982 belegte eine Untersuchung, daß ein amerikanisches Kind im Durchschnitt wöchentlich 15 bis 20 Stunden fernsieht. Das sind zwei bis drei Stunden täglich – ein immenser Teil der Zeit, die dem Kind tagsüber wach zur Verfügung steht.[13]

Auch könnte man davon ausgehen, daß die Kinder ihre Sprachfähigkeit schulen würden, da sie ja durch das Fernsehen ständig mit gesprochener Sprache konfrontiert sind. Das scheint aber nicht der Fall zu sein. Es ist erwiesen, daß Kinder, die viel fernsehen, ein niedrigeres Sprachniveau besitzen als andere. Sie scheinen erst durch eine aktive Kommunikation mit anderen Menschen ihre linguistischen Fähigkeiten zu entwickeln.

Zusätzlich vermitteln viele Fernsehprogramme eine sexistische Einstellung. Die Hauptdarsteller sind im allgemeinen Männer, die aufregende Abenteuer erleben, die die meiste Verantwortung tragen und Macht besitzen. In dieser Hinsicht gibt es wenig weibliche Vorbilder

(obwohl sich die Situation allmählich bessert). Das Fernsehen trägt bei zur Unterdrückung und zum Stereotyp von Frauen, da es sie als schwach, abhängig, dumm, passiv, häuslich, emotional und als Sexobjekte darstellt.
Für die meisten Erwachsenen ist Werbung nur eine leichte Störung, aber auf Kinder hat sie einen tieferen Einfluß. Reklame ist verlockend und trügerisch, und Kinder wollen die Spielzeuge oder Nahrungsmittel, die sie sehen, besitzen, was zu zahlreichen Streits und Konflikten innerhalb der Familie führen kann. Kinder können den Verkaufscharakter der Fernsehwerbung noch nicht verstehen, nicht wissen, daß sie für den Profit eines anderen manipuliert werden oder daß die Menschen in den Werbespots für ihre Arbeit bezahlt werden. Sie halten sie für Realität oder einen Teil des Films, den sie gerade sehen. Sind die Spielzeuge dann auch noch Figuren aus den Programmen, so wird die gesamte Sendung zu einem Werbespot, und die Kinder können sich dem kaum noch entziehen.
Kleine Kinder versuchen eifrig die Realität zu verstehen, aber sie haben auch eine sehr lebendige Vorstellungskraft. Eine ihrer Aufgaben besteht darin, und das ist gar nicht einfach, Realität und Phantasie zu unterscheiden, und hier sorgt das Fernsehen für Verwirrung. Für Kinder ist nicht immer einsehbar, wann es sich um eine wahre oder eine erfundene Geschichte handelt. Diese Verwirrung wird noch durch die Tatsache verstärkt, daß sie mit ihren Eltern die Nachrichtensendungen ansehen, die ja ganz offensichtlich zur Realität gehören. Warum also nicht auch alles andere? Es konnte beobachtet werden, daß Kindergartenkinder von der Realität der Fernsehcharaktere überzeugt sind, selbst bei Trickfilmen.[14] Bei einer ausführlichen Untersuchung über die Auswirkungen des Fernsehens auf Kinder wurde diese Verwirrung zwischen Realität und Phantasie festgestellt und so zusammengefaßt, daß »das Fernsehen für Kinder schrecklich real ist«.[15]

Wie kann ich die Auswirkungen des Fernsehens auf mein Kind verringern?

Als Konsumenten und betroffene Eltern haben Sie das Recht, den Produzenten der Kinderprogramme Ihre Meinung zu Sendungen und

Werbung mitzuteilen. Schreiben Sie Briefe und teilen Sie Ihre Beschwerden mit, wenn Sie sich über Gewalt, Rassismus und Sexismus empören. Das Fernsehprogramm wird sich wahrscheinlich nur mit Hilfe aktiver Zuschauer verbessern.

Wichtig ist es aber auch, nicht zu vergessen, daß der Inhalt der Sendungen nur einen kleinen Teil des Problems darstellt. Besonders für kleine Kinder ist das Fernsehen an sich schädlich. Hängt das Kind erst einmal »an der Glotze«, so stellt ein verbessertes Programm in etwa ein gutes Glas Wein dar, daß man einem Alkoholiker anstelle eines Whiskeys reicht. Einige Familien, die die negativen Auswirkungen des Fernsehens erkannt haben, verzichten auf einen Fernsehapparat. Das ist eine Möglichkeit, das Problem zu lösen. Während einer Studie verzichteten 15 Familien einen Monat lang auf ihr Fernsehen. Nach den anfänglichen Schwierigkeiten wurden beeindruckend positive Veränderungen wahrgenommen. Die Kinder halfen mehr in Haushalt und Garten, sie spielten häufiger an der frischen Luft und mit anderen Kindern, lasen mehr und gingen früher ins Bett. Die Atmosphäre war im allgemeinen friedlicher, die Familie fühlte sich mehr verbunden, und Mahlzeiten waren entspannter und vergnüglicher.[16] Das Buch *Unplugging the Plug-In Drug* von Marie Winn gibt ausgezeichnete Anregungen, wie man das Fernsehen einschränken kann.[17]

Für die meisten Familien stellt ein vollkommener Verzicht auf das Fernsehen eine zu drastische Veränderung dar, da viele Eltern selbst gerne fernsehen. Und selbst dann, wenn die Familie keinen Apparat besitzt, können die Kinder doch bei Freunden fernsehen. Da das Fernsehen ein Teil unserer Kultur ist, werden Sie sich mit den Auswirkungen auf Ihr Kind beschäftigen müssen, auch wenn Sie selbst keinen Apparat besitzen.

Wenn Sie das Fernsehen häufig als »Babysitter« benutzen, so können Sie andere Möglichkeiten suchen, wie Sie mehr Freizeit für sich selbst organisieren könnten. Vielleicht können Sie sich einen menschlichen Babysitter leisten? Gibt es Verwandte oder Freunde in der Nachbarschaft, die gerne Zeit mit Ihren Kindern verbringen würden? Kennen Sie einen Studenten oder älteren Menschen, der für eine Esseneinladung Ihr Kind eine Zeitlang betreut? Gibt es andere Eltern mit kleinen Kindern, die an einem Betreuungsaustausch ein- oder zweimal in der Woche Interesse hätten?

Wenn Sie Ihrem Kind helfen wollen, seine Fernsehgewohnheiten zu verändern, so erweist sich eine autoritäre Methode als nicht besonders sinnvoll. Wenn Sie den Fernseher einfach ohne Erklärung abstellen, kein Gespräch darüber führen oder die Gefühle der Kinder nicht berücksichtigen, können die Folgen ebenso schädlich sein, als wenn Sie ihn einfach laufen lassen. Die Mutter eines vierjährigen Mädchens erzählte folgende Erfahrung:

Vorgestern stellte ich die *Sesamstraße* einfach aus und sagte: »Jetzt machen wir etwas anderes«, und setzte mich an meinen Schreibtisch. Heather kam und schlug mir so fest auf den Rücken, daß ich beinahe vom Stuhl fiel.

Eine Möglichkeit, Kindern dabei zu helfen, das Fernsehen einzuschränken, besteht darin, ihnen andere verführerische Unternehmungen anzubieten. Es gibt viele schöne Bücher für kleine Kinder mit Bastelvorschlägen, Kochrezepten oder naturwissenschaftlichen Experimenten. Von einem Kind, das monate- oder jahrelang gewöhnt ist, fernzusehen, kann nicht erwartet werden, daß es sofort andere eigene Ziele entwickelt. Es kann eine Zeitlang dauern, bis es die vom Fernsehen verursachte Passivität überwunden hat. Seien Sie also auf Beschwerden vorbereitet, bis es wieder gelernt hat, seinen inneren Wünschen nachzugehen. Falls das Fernsehen als Kontrollmuster gedient hat und so die Gefühle unterdrückt wurden, können Sie mit häufigeren Tränen- und Wutausbrüchen rechnen, wenn das Fernsehen eingeschränkt wird.

Beharrt Ihr Kind darauf, einige Sendungen anschauen zu wollen, so können Sie das gemeinsam tun. Erstens gibt es Ihnen die Möglichkeit, zu erfahren, was es überhaupt gerne sieht, Sie können seine Reaktion beobachten, und die Schranken, die das Fernsehen vielleicht in Ihrer Beziehung zu Ihrem Kind aufgebaut hat, können reduziert werden. Zweitens können Sie die Programme kommentieren oder gemeinsam besprechen. Das kann zu Diskussionen über Gewalt, Sexismus und Werbung führen. Der Austausch während des Programms baut auch die Passivität ab, die dem Fernsehen innewohnt. Schließlich können Sie auch auf Ängste und andere Gefühle, die durch das Fernsehen ausgelöst werden, Einfluß nehmen.

Wenn Sie mit Ihrem Kind ein Programm sehen, daß ganz offensichtlich Ängste bei ihm auslöst, so können Sie Späße machen und Lachen provozieren. Auch nach der Sendung kann ein großer Schreck durch Lachen oder Weinen gelöst werden. Folgendes passierte mir mit meiner Tochter:

Als Sarah fünf Jahre alt war, hatte sie noch sehr wenig Fernseherfahrung. Eines Tages sah sie bei einem Freund eine Sendung im Fernsehen, die sie sehr erschreckt hatte: Einige Leute fuhren in einem Auto, das über ein Kliff herabstürzte. Als sie nach Haus kam, sah sie traurig und verängstigt aus. Ich nahm sie in den Arm und fragte sie, was los wäre. Sie brach sofort in Tränen aus und schluchzte, wollte mir aber nicht sagen, was sie bedrückte. (Ich wußte ja von nichts.) Schließlich erfuhr ich durch ihren Bericht und meine eigenen Vermutungen, die sie noch verbesserte, was sie erschreckt hatte. Ich hielt sie noch weiter, und sie weinte eine halbe Stunde lang. Danach schien sie glücklicher zu sein, ging auch gleich ins Bett und schlief ohne Alpträume die ganze Nacht durch. Aus diesem Erlebnis sind keine Ängste zurückgeblieben. Trotzdem wollte sie einige Monate lang nicht mehr fernsehen!

Das Beispiel scheint eine extreme Reaktion zu zeigen, aber eigentlich ist es das normale Verhalten eines gesunden Kindes, das durch dieses Medium noch nicht desensibilisiert wurde und das noch nicht gelernt hat, seine Gefühle zu unterdrücken.
Eltern, die das Fernsehen zu Hause beschränken wollen, sind nicht selten mit starken eigenen Gefühlen konfrontiert. Versuchen Sie einen anderen Erwachsenen zu finden, bei dem Sie diese Gefühle von Ärger, Verwirrung, Frustration oder Entmutigung ausdrücken können. Das wird Ihnen Entscheidungen erleichtern, und Sie können kreative Lösungen finden, wie Sie mit dem Fernsehen zu Hause umgehen wollen.

Übungen

Entdecken Sie Ihre eigene Kindheit

1. Wurden Sie in irgendeiner Weise gedrängt, etwas zu erlernen? Wie haben Sie sich dabei gefühlt?
2. Haben Ihre Eltern Ihnen interessante Lernerfahrungen ermöglicht? Was war dabei hilfreich für Sie und was nicht?
3. Beschreiben Sie eine oder zwei der schönsten Lernerfahrungen, die Sie hatten (innerhalb oder auch außerhalb der Schule).

Welche Gefühle haben Sie gegenüber Ihrem Kind?

1. Wie fühlen Sie sich, wenn Sie die momentanen intellektuellen Fähigkeiten Ihres Kindes betrachten?
2. Haben Sie ein heimliches Ziel, was die zukünftige Karriere Ihres Kindes betrifft? Sind Sie manchmal versucht, Ihr Kind in eine musische oder akademische Richtung zu drängen?
3. Welche Gefühle bewegen Sie, wenn Sie an den Einfluß von Gewalt, Sexismus und Fernsehen auf Ihr Kind denken?

Sorgen Sie für sich selbst

1. Suchen Sie sich eine schöne Freizeitbeschäftigung, oder lernen Sie ein Musikinstrument zu spielen.
2. Nehmen Sie an einem Kurs teil, oder lesen Sie ein Buch, das Sie interessiert.
3. Wenn Sie fernsehsüchtig sind und das verändern möchten, so versuchen Sie aktivere oder konstruktivere Tätigkeiten zu finden, wie Sie Ihre Zeit verbringen könnten. Suchen Sie sich hierfür Unterstützung.

4 Spielen und Nachahmen

In diesem Kapitel wird eine der wichtigsten Aktivitäten der frühen Kindheit besprochen – das Spielen. Auf welche Art und Weise lernen Kinder durch das Spiel, und wie kann es therapeutisch wirken? Im Kapitel 3 wurden die Informationsquellen im Leben der Kinder beschrieben, aber der Lernprozeß wäre ohne das Spiel, das dem Kind hilft, seine Erfahrungen zu verarbeiten, unvollständig.

Was und wie lernen Kinder durch das Spielen?

Das Spiel hat viele verschiedene Funktionen. Es ist allgemein anerkannt, daß es eine wichtige Aktivität der Kindheit ist, aber nicht jeder weiß, daß es mehr bedeutet, als nur »Spaß zu haben«. Es ist lebensnotwendig, da es die erste Lernmöglichkeit im Leben darstellt.
So bietet es die Gelegenheit, physische und geistige Fähigkeiten einzuüben. Bewegungsspiele wie Schwimmen, Springen und Laufen helfen Kindern, ihre motorische Koordination, Geschicklichkeit, Stärke und Ausdauer zu entwickeln. Außerdem vermitteln sie sensorische Bewegungserfahrungen, die für die Entwicklung des Gehirns von Bedeutung sind.
Viele der schulischen Fähigkeiten, die von Kindern erlernt werden sollen, können durch das Spiel mit bestimmten Materialien gefördert werden. Puzzles, Bauklötze und anderes Spielzeug helfen ihnen beim Lernen von Rechnen, Lesen, Verstehen, Kategorisieren, Analysieren, Gestalten und Bauen. Mathematisches und logisches Begreifen hat seinen Ursprung in den bei Kindern zu beobachtenden Tätigkeiten wie Gruppieren, Sortieren, Ordnen, Stapeln und Aufeinanderschichten.[1]
Spiele, die durch Regeln strukturiert sind, fördern Fähigkeiten wie das Beurteilen von Situationen, Zählen, Lesen und das Erkennen räumlicher Dimensionen. Weiterhin machen Kinder die Erfahrung, was es bedeutet, sich abzuwechseln, zusammenzuarbeiten, Entscheidungen zu

treffen, Regeln zu befolgen, und sie kommen in Kontakt mit logischen Konzepten wie »entweder – oder« und »wenn – dann«. Kinder haben Freude daran, ihre logischen Denkfähigkeiten zu üben, und oft erfinden sie ihre eigenen Spiele mit Regeln und Bedingungen.

Eine interessante Untersuchung mit drei- bis fünfjährigen Kindern zeigt die Wichtigkeit des unbeeinflußten, freien Spielens. Die Kinder wurden einzeln mit der Aufgabe konfrontiert, aus einer Schachtel, die sie nicht ohne weiteres erreichen konnten, einen Gewinn herauszuangeln. Um diese Aufgabe ausführen zu können, sollten sie zwei Stöckchen zusammenklemmen. Zuvor wurden einigen der Kinder unterschiedliche Übungsmöglichkeiten zur Verfügung gestellt. Einer Gruppe zeigte man das Prinzip, wie zwei Stöcke zusammengeklemmt werden. Eine andere Gruppe übte, wie man an einem Stock eine Klemme befestigt, und die dritte Gruppe schaute einem Übungsleiter zu, der die Aufgabe ausführte. Die vierte Gruppe erhielt keinerlei Übungsmöglichkeit, sondern sie konnte einfach mit den verschiedenen Materialien spielen, bevor ihr die Aufgabe gestellt wurde. Die Kinder, die frei mit den Materialien spielen konnten, lösten die Aufgabe ebenso gut wie diejenigen, die dem Übungsleiter zugeschaut hatten, und sie waren *besser* als die Gruppen, die vorher trainiert hatten. Das Besondere an den Kindern, die frei spielen konnten, war ihre Fähigkeit, sich nicht entmutigen zu lassen. Sie gaben nicht auf, auch wenn der erste Versuch mißlang, sondern sie hielten durch, bis sie das Problem gelöst und den Gewinn erreicht hatten.[2]

Ein weiteres Spiel von großer Wichtigkeit ist das Phantasiespiel oder »so tun, als ob«. Phantasiespiele, an denen zwei oder mehr Kinder beteiligt sind, nennt man im allgemeinen auch »soziodramatisches Spiel«. Kleine Kinder verbringen viel Zeit mit diesem »So-tun-als-Ob« und beginnen damit um den zweiten Geburtstag herum. Eines Tages entdecken Sie, wie Ihr Kind mit einem Klötzchen über den Boden schiebt und dazu ein bestimmtes Geräusch macht. Das ist der Beginn einer neuen Entwicklungsphase, die Piaget die Phase des symbolischen Denkens genannt hat.[3] Mit etwa 18 Monaten sind Kinder in der Lage, sich vorzustellen, daß ein Gegenstand einen anderen Gegenstand repräsentiert. Mit dem Älterwerden konstruieren sie sich manchmal ganze Phantasiewelten.

In den »So-tun-als-ob-Spielen« üben Kinder diese neue mentale Fähigkeit, die eine wichtige Übergangsphase zum abstrakten, symbolischen Denken darstellt. Untersuchungen haben gezeigt, daß soziodramatisches Spiel die Sprachentwicklung fördert. Diese Kinder können besser Geschichten erzählen und scheinen die Sprachfähigkeiten zu erlangen, die im späteren Schulalltag gebraucht werden. Ebenso entwickeln sie durch diese Spielform soziale Fähigkeiten, insbesondere, wie man zu einer Übereinstimmung gelangt und wie man mit Ideen umgeht, die sich von den eigenen unterscheiden. Sie lernen hierbei die Sichtweise und Bedürfnisse anderer Kinder zu berücksichtigen. Auch fördern die Phantasiespiele die Kreativität.

Die Untersuchungen gingen jedoch noch weiter. So wurden nicht nur Spielmaterial zur Verfügung gestellt und die damit erzielten Ergebnisse beobachtet, sondern den Kindern wurde ein regelrechtes Training im Phantasiespiel angeboten. Hier konnte festgestellt werden, daß sich auf vielen Ebenen die Verhaltensweisen und Fähigkeiten verbesserten – Ausdrucksfähigkeit, Kreativität, Einbeziehung von Perspektiven, gemeinsame Problemlösung und Selbstlosigkeit. Ein Training in den »So-tun-als-ob-Spielen« konnte als Grund für einen erhöhten IQ-Wert angenommen werden. So wird klar, daß die Phantasiespiele von großer Bedeutung sind.

Die kindlichen Phantasiespiele dienen noch einem weiteren wichtigen Zweck, da sie ein Mittel darstellen, durch das Kinder Informationen verstehen und verarbeiten. Im vorangegangenen Kapitel habe ich beschrieben, wie Informationen erlangt werden und wie sie auf Kinder wirken können. Aber die Aufnahme über die Sinne ist nur die Hälfte des Lernprozesses. Die Nahrungsaufnahme besteht darin, daß wir kauen und schlucken, aber dann benötigt unser Körper eine beträchtliche Zeit, die Nahrung zu verdauen und die nicht verwertbaren Stoffe wieder auszuscheiden. So ergeht es uns auch mit intellektuellen Reizen. Erst nehmen wir sie auf, und dann müssen wir die Information verdauen und verarbeiten, so daß sie eingeordnet, verstanden und in sinnvoller Form, zum späteren Gebrauch, abrufbereit wird.

Erwachsene »verdauen« neue Informationen primär durch Gespräche oder Niederschrift. Eine weitere gute Lern- und Erinnerungsmöglichkeit besteht darin, anderen das Erlernte zu erklären. Hierdurch sortieren und ordnen wir die Information nicht nur, sondern bringen sie auch in Zusammenhang mit dem, was wir schon wissen. Obwohl auch Kinder davon profitieren, wenn sie über ihre Erfahrungen sprechen, »verdauen« sie Informationen auch dadurch, daß sie sie aktiv mit ihrem Körper rekonstruieren oder auch durch den Gebrauch konkreten symbolischen Materials. Ein Kind, das mit dem Zug gefahren ist, spielt vielleicht später selbst den Zug, malt ein Bild von ihm oder bastelt ihn aus Holz oder Papier. Ein Kind, das an einer Hochzeit teilnimmt, wird mit ziemlicher Wahrscheinlichkeit zu Hause eine Scheinhochzeit stattfinden lassen und sich als Braut oder Bräutigam verkleiden. Wenn Kinder Kaufladen spielen, versuchen sie tatsächlich die Bedeutung des Geldes und die einfachen ökonomischen Regeln zu verstehen. Ein Kind, das aus Klötzchen eine Stadt baut, lernt dabei etwas über das Leben in der Stadt, Stadtplanung und Architektur.

Wenn Kinder aktiv die Essenz ihrer Erfahrungen durch Spielen rekonstruieren, denken sie darüber nach, erinnern sich und treffen Entscheidungen darüber, was für sie von Bedeutung ist, finden die Beziehung von Ursache und Wirkung heraus, setzen in Beziehung stehende Tatsachen zusammen und passen alles in ihr geistiges Realitätsmodell ein. Und das ist die Essenz des Lernens. Ein Psychologe, der sich ausgiebig mit dem Spiel der Kinder befaßt hat, faßte zusammen: »Weil das Spiel freiwillig kontrollierte Aktivität ist ..., sind seine Auswirkungen wahrscheinlich vielschichtig verbunden mit der Beherrschung und Integration der Erfahrungen des Kindes«.[4]

Kinder haben unterschiedliche Präferenzen bei der Auswahl ihrer Phantasiespiele. Die einen benutzen ihren Körper gerne bei der Darstellung, andere wiederum bauen oder zeichnen lieber, oder sie benutzen ihr Spielzeug. Mein Sohn verarbeitete seine Informationen am liebsten, indem er dreidimensionale Modelle baute. Nach einer Bootsfahrt zu einer Insel baute er im Alter von fünf Jahren ein Modell des Bootes und der Insel aus Pappe und stellte sie vor einen blauen Hintergrund, der das Meer darstellte. Meine Tochter wiederum verarbeitete ihre Informationen eher durch physische Bewegungen mit ihrem gesamten Körper. Nach dem Besuch eines großen Aquariums, bei dem wir Wale und Delphine gesehen hatten, war die damals Vierjährige für mehrere Tage ein Wal und tauchte in jedes zur Verfügung stehende Bett!

Wenn Kinder beginnen, die Handlungen Erwachsener nachzuahmen, werden die Spiele realistischer. Anfangs sind diese Spiele oft noch vereinfacht, und die Details stimmen nicht genau. So kann zum Beispiel ein zwei Jahre altes Kind eine Einkaufsliste schreiben (genau wie die Mutter), indem es einige Zeilen auf ein Papier kritzelt. Diese Art der Imitation ist für diese Altersstufe ausreichend, und vielleicht nimmt es seine »Einkaufsliste« sogar mit in den Supermarkt. Ein Kind, das ältere Menschen beim Klavierspiel und Singen beobachtet hat, kann sich ans Klavier setzen, auf die Tasten schlagen, singen und die Seiten des Notenbuchs von Zeit zu Zeit umblättern. Solche Vorstufen für das nachahmende Spiel sind äußerst wichtig, da die Kinder sich so einen Rahmen schaffen, in den sie das später Erlernte einfügen. Es besteht kein Grund, Kinder zu exakteren Imitationen anzuhalten, da sie nicht alles auf einmal verarbeiten können.

Auch wenn Phantasie und Imitation nach dem achten Lebensjahr nicht mehr so häufig zu beobachten sind, verschwindet dieses Verhalten doch nicht völlig. Das Spiel verändert sich nur, sieht immer weniger wie ein Spiel und immer häufiger wie das wirkliche Leben aus oder wie das, was wir »Arbeit« nennen. Ein Beispiel:

Mein Sohn ging vom fünften bis zehnten Lebensjahr auf eine offene, alternative Schule. Kinder aller Altersstufen gingen in eine Klasse, und die meiste Zeit konnten sie mit freiem Spiel verbringen. Nicky und seine Freunde spielten über die ganzen Jahre gerne Restaurant, und da ich in der Schule häufig mithalf, konnte ich die Fortschritte dieses Spiels mit dem Älterwerden der Kinder gut beobachten. Anfangs verkauften die Kinder Papieressen gegen Papiergeld. Sie kümmerten sich auch nicht um das Wechselgeld: Für ein Essen mußte ein Papierschein bezahlt werden. Später entwickelten sie ein schriftliches Menü mit aufgelisteten Preisen. Das Papiergeld wurde mit unterschiedlichen Beträgen ausgestattet, und die Kinder achteten darauf, richtig zu bezahlen. Mit etwa zehn Jahren arrangierten sie mit den Lehrern ein Restaurant mit *richtigem* Essen. Sie planten und schrieben die Einkaufslisten, kochten und servierten die Mahlzeiten in den Klassenräumen. Die Speisekarte beinhaltete die Gerichte mit den Preisen, und es wurde aufgeschrieben, wieviel jedes Kind zu bezahlen hatte. Das einzige spielerische Element blieb das Geld (es gab eine Schulregel, die den Gebrauch von richtigem Geld während der Schulstunden untersagte).

Hierdurch lernten die Kinder, Zahlen zu schreiben, zu addieren und subtrahieren, das Schreiben von Wörtern, einfache ökonomische Regeln, sie erhielten Einblick, wie ein Restaurant geführt wird, befaßten sich mit Ernährung, planten Mahlzeiten und kochten. Ebenfalls wird ersichtlich, daß es keine eindeutige Trennung gibt zwischen dem Spiel von Kindern und der Realität der Erwachsenen. Wenn Kinder älter werden, vermischen sich Phantasiespiele mit der Realität, bis sie schließlich die Realität werden. Das scheint die natürliche Handlungsfolge in sogenannten primitiven Kulturen zu sein, wo es Kindern erlaubt ist, zum Beispiel beim Jagen der Erwachsenen spielerisch teilzunehmen.

Hat das Spiel heilende Wirkung?

In der frühen Kindheit ist das Spiel nicht nur die ursprünglichste Lernmethode, sondern es kann auch eine heilende Wirkung haben. Wenn ein Kind auf irgendeine Weise verletzt wurde, oder es hat einen Verlust, Frustration, Verwirrung oder Angst erlebt, so wird sein Phantasiespiel, wie schon erwähnt, Elemente dieser Erfahrung beinhalten, aber darüber hinaus kann es die schmerzhaften Gefühle durch Lachen, Weinen, Wüten und Sprechen verarbeiten. Ebenso können Kinder im Phantasiespiel die Verluste, Fehler und Fehlschläge des wirklichen Lebens kompensieren. Die »Spieltherapie«, eine Therapiemethode für Kinder, ermöglicht ein freies Spiel unter aufmerksamer, liebevoller Therapieanleitung. Die Kinder profitieren immens durch diese Therapie und benutzen ihre Zeit häufig dazu, schmerzhafte Erfahrungen durch Phantasiespiele, Sprechen, Lachen und Weinen auszuagieren.
Einige Spieltherapeuten geben keine Richtlinien vor, während andere bestimmte Materialien aussuchen und Spiele vorschlagen. Der gegenwärtige Trend in der Spieltherapie bietet dem Therapeuten ein breites Spektrum von geleiteten und nicht-geleiteten Spielen, die auf das jeweilige Kind und den entsprechenden Zeitpunkt abgestimmt sind.
Eine veröffentlichte Studie dokumentiert sehr anschaulich, wie Kinder völlig spontan im Spiel mit ihren traumatischen Erlebnissen umgehen. In einem Kindergarten in Pennsylvania mußten die Kinder ein schreckliches Unglück mitansehen, das sich nur einige Meter von ihrem Spielplatz entfernt ereignete: Ein Mann, der eine Straßenlaterne reparierte, stürzte von großer Höhe, weil die Maschine, auf der er stand, zusammenbrach. Die vier- und fünfjährigen Kinder spielten im Verlauf

des ganzen verbleibenden Kindergartenjahres nach dem Unfall Phantasiespiele, die Elemente von Fallen, Verletzung, Tod und medizinischer Versorgung beinhalteten. Eines der jüngsten Kinder, das zum Zeitpunkt des Unfalls erst drei Jahre alt war, konnte dieses Erlebnis nicht im Spiel verarbeiten. Noch ein Jahr später war es mit dem Unfall beschäftigt, und es hatte Ängste vor körperlichen Verletzungen entwickelt, vor Stürmen, die Gegenstände herumwirbeln, und vor zerbrochenen Lampen. Als der Junge viereinhalb Jahre alt war, begann er schließlich Teile des Unfalls in sein Spiel einzubeziehen. Er tat so, als würde er irgendwo herunterstürzen, tot sein, und andere Kinder sollten ihn dann ins Krankenhaus bringen.[5]

Nachweislich ist das Spiel wirkungsvoller, wenn es in Gegenwart eines mitfühlenden, aufmerksamen Zuhörers stattfindet. Kinder, die ein schweres Trauma erlebt haben, verlieren sich in einer Art zwanghaftem und ritualisiertem Spiel, das zwar Elemente des traumatischen Erlebnisses beinhaltet, aber keine heilende Wirkung zu haben scheint. Dieses Spiel, das oft heimlich durchgeführt wird, wird »posttraumatisches Spiel« genannt. Ein vierjähriger Junge, dessen Vater durch eine Bombe getötet und dessen Mutter ins Krankenhaus eingeliefert wurde, spielte häufig mit Murmelbomben und Papierhäusern; aber niemals wurde jemand während des Spiels getötet. Er verleugnete die Realität des Geschehens. Sein Spiel wurde zwanghaft, und er konnte erst damit aufhören, nachdem er zu einem Therapeuten gesagt hatte: »Mein Vater ist getötet worden.«[6]

Auch Eltern können sehr gute Spieltherapeuten für ihre Kinder zu Hause sein. Wenn Ihr Kind ein traumatisches Ereignis erlebt hat, können Sie das dramatische Spiel durch Spielzeug oder Requisiten und Ihre eigene Teilnahme und liebevolle Aufmerksamkeit unterstützen, ganz besonders dann, wenn Ihr Kind nicht darüber sprechen oder weinen kann. Durch das Spiel können Sie Ihrem Kind helfen, die Realität des Geschehens anzunehmen und die Gefühle durchzuarbeiten. Hierzu ein Beispiel mit meinem Sohn:

Wir waren mit der Familie am Strand, und ich teilte ihr mit, daß ich zur Toilette gehen wollte, in der Annahme, daß der zweieinhalbjährige Nicky bei den anderen bleiben würde. Alle waren beschäftigt, und weder die anderen noch ich bemerkten, daß er mir nachging. Als ich zurückgehen wollte, fand ich meinen völlig verängstigten und weinenden kleinen Jungen verloren bei

einigen fremden Leuten stehen, die versuchten, ihm zu helfen. Er hatte mir nicht folgen können und fand auch den Weg zu den anderen nicht mehr. Ich nahm ihn in die Arme und ließ ihn weinen. Trotzdem konnte ich ihm nicht meine ganze Aufmerksamkeit geben, weil ich auf meine Familie wütend war, die nicht nach ihm geschaut hatte.
Einige Tage später machte ich den Vorschlag, wieder zu demselben Strand zu gehen, aber er wollte ganz entschieden nicht dorthin, und ich sah, daß er immer noch durch dieses Erlebnis verstört war. Ich nahm ihn auf den Schoß und bat ihn, mir doch noch einmal zu erzählen, was passiert war, aber er wollte nicht. Ich hatte die Hoffnung, er würde in der Lage sein, darüber zu sprechen und vielleicht auch noch etwas mehr zu weinen. Da diese direkte Methode nicht funktionierte, versuchte ich es mit der Spieltherapie. Ich suchte einige kleine Holzpuppen und ein kleines Spielzeughaus und schlug vor, daß der Teppich der Strand sei. Er war begeistert von diesem »Spiel«, und wir konnten das gesamte traumatische Erlebnis nachspielen. Er wollte es immer und immer wiederholen. Kurz darauf veränderte er den Ablauf so, wie er ihn eigentlich in der Realität geplant hatte: Er ging nicht verloren, sondern fand mich und ging mit mir zur Toilette. Er fügte ganz begeistert noch mehr Requisiten, Einzelheiten und Veränderungen hinzu und lachte und sprach angeregt bei den Szenen, die wir gemeinsam nachstellten. Wir spielten das »Strand-Stück« mehrere Tage lang, und einige Zeit später willigte er leicht ein, wieder zu diesem Strand zu gehen.

Durch dieses Beispiel wird klar, daß die Möglichkeiten, die Szene nachzuspielen, zu verändern, darüber zu sprechen und zu lachen, wichtige Aspekte der Therapie darstellen. Auch Erwachsene profitieren vom Nachspielen schmerzhafter Erfahrungen, wie die Verfechter des Psychodramas gezeigt haben.[7]
Zusammenfassend kann man sagen, daß das Spiel drei Hauptfunktionen hat. Die Kinder können erstens neue Fähigkeiten und Geschicklichkeiten erwerben. Zweitens werden Informationen verarbeitet und verstanden, und drittens hat das Spiel therapeutischen Wert, indem es den Kindern hilft, traumatische Erlebnisse zu überwinden. Am folgenden Beispiel wird deutlich, wie alle drei Funktionen in einer einzigen Spielsituation miteinander verbunden sein können:

Als meine Tochter vier und mein Sohn neun Jahre alt waren, wurde ich mit einer akuten Blinddarmentzündung in ein Krankenhaus gebracht. Obwohl sie mich dort besuchen konnten, war die Situation sehr beängstigend für sie. In der Woche nach meiner Rückkehr verwandelten die Kinder unser Haus in ein

»Krankenhaus« mit allem, was dazugehört, mit Aufnahmebüro, Operationssaal, Aufwachzimmer, Krankenzimmer und Krankenhausküche. Alle Familienmitglieder oder Besucher wurden eifrig ins »Krankenhaus« geführt. Die Kinder nahmen die Krankengeschichten der Leute auf, führten Operationen aller Art durch, bereiteten und servierten Mahlzeiten, verteilten Medikamente und schrieben Rezepte. Und das gesamte Spiel war von viel Gelächter und Erzählen begleitet.

Hierdurch wird ersichtlich, daß die Kinder ihre Schreib-, Denk-, Planungs-, Sprach- und sozialen Fähigkeiten übten. Ebenso integrierten sie Informationen über Krankenhäuser, Krankheit, Gesundheit und medizinische Eingriffe. Und zusätzlich verarbeiteten sie noch die beängstigende Erfahrung, daß ihre Mutter im Krankenhaus war.
Wenn wir erst einmal die unermeßliche Bedeutung des Spielens begriffen haben und all seine verschiedenen Funktionen, so können wir erkennen, daß Kinder wirklich brillante Beispiele dafür sind, wie man seine Zeit gut nutzen kann!

Welche Bedeutung haben Phantasien über imaginäre Spielgefährten und Superhelden?

Viele Kinder erschaffen sich imaginäre Spielgefährten: Menschen oder Tiere, mit denen sie sprechen und spielen. In einer Untersuchung fand man heraus, daß 65 Prozent der drei- und vierjährigen Kinder solche imaginären Spielgefährten hatten. Sie tauchen auf, wenn das Kind zwei bis drei Jahre alt ist und bleiben manchmal über mehrere Jahre.[8]
Manche Kinder haben ein verblüffend ausgefallenes Phantasieleben und erfinden ganze Familien oder Gruppen von vorgestellten Gestalten.
Einige Eltern reagieren besorgt auf diese imaginären Spielkameraden, weil sie befürchten, daß ihr Kind den Kontakt zur Realität verliert. Bei Erwachsenen bestünde auch tatsächlich ein Grund zur Besorgnis, aber für Kinder scheint es eher ein Zeichen für Gesundheit als für geistige Verstörtheit zu sein. So wurde festgestellt, daß Kinder mit Phantasiegefährten weniger aggressiv und seltener gelangweilt waren, häufiger lächelten, größere Konzentrationsfähigkeit zeigten, sich kooperativer verhielten und einen größeren und ausgefeilteren Wortschatz besaßen.[9]

Es ist unmöglich, aus diesen Tatsachen auf Ursache und Wirkung zu schließen, aber festzustellen ist, daß diese Kinder eindeutig geistig gesund waren.
Andere Kinder wiederum benutzen ihre Vorstellungskraft nicht auf diese Art, und auch das ist kein Grund zur Sorge. Wenn ein Kind im großen und ganzen glücklich erscheint, gesund und aktiv ist und die Gegenwart anderer Kinder genießt, so besteht weder bei Anwesenheit noch bei Abwesenheit dieser imaginären Spielgefährten Grund zur Sorge. Ebenso wie die »So-tun-als-ob-Spiele« mit wirklichen Requisiten können auch die unsichtbaren Spielgefährten den Kindern dabei helfen, die Welt besser zu verstehen, Kontrolle über sie zu gewinnen und Ängste zu überwinden:

Mit vier Jahren hatte meine Tochter Sarah zwei unsichtbare Babys, einen Jungen und ein Mädchen. Sie fütterte sie, legte sie ins Bett und veranstaltete Geburtstagsfeste für sie. Manchmal waren sie ein oder zwei Jahre alt, manchmal drei oder vier und manchmal Teenager. Wenn wir irgendwo hingingen, so kam eins oder auch beide Babys mit uns. Von Zeit zu Zeit hatte Sarah keine Zeit, sich um die beiden zu kümmern, und dann bat sie jemand anderen um Hilfe. Eines Tages kündigte sie an, daß das Mädchen jetzt erwachsen sei und gestorben. Sarah sagte: »Sie liegt auf dem Fußboden und bewegt sich nicht mehr, und ihr Herz schlägt nicht, so muß sie ja wohl tot sein. Jetzt habe ich nur noch ein Baby.« Am nächsten Tag hatte sie wieder beide Babys.

In diesem Beispiel benutzte Sarah die imaginären Wesen, um Wachstum, Abhängigkeiten, Leben und Tod zu verstehen. Da ihre Babys nicht wirklich existierten, konnte sie die erschreckendsten Themen ansprechen, ohne die Kontrolle über die Situation zu verlieren.
Auch Phantasiespiele mit Superhelden sind im frühen Kindesalter sehr verbreitet. Das Kind tut so, als wäre es ein berühmter, mächtiger Held, so wie Superman, oder es schafft sich seine eigenen magischen Charaktere. Hierdurch kann es übermenschliche Phänomene untersuchen wie das Röntgenbild, geistige Telepathie, höhere Mächte oder das Fliegen. Kinder haben sehr wenig Macht und sind sich der Überlegenheit der Erwachsenen in Stärke und Wissen deutlich bewußt. Auch haben sie ein Wissen über ihre eigene Unvollkommenheit und ihre Fehler, wenn sie versuchen, etwas Neues zu erlernen. So ist es also nicht sonderlich überraschend, wenn sie die Rolle eines allmächtigen

Wesens spielen möchten, das tapfer, stark und gut ist, von jedem bewundert wird, niemals Fehler macht und jedes Problem löst. Kinder können hiermit ihre Gefühle von Angst, Machtlosigkeit und Unsicherheit überwinden.

Manchmal sind diese Lieblingscharaktere auch mit besonders schlechten Eigenschaften ausgestattet, und das Kind täuscht eher vor, andere zu töten und zu zerstören, als sie aus bedrohlichen Situationen zu retten. Dieses Spiel kann eine Möglichkeit darstellen, Ängste zu überwinden. Indem es die Rolle eines erschreckenden und mächtigen Monsters übernimmt, kann das Kind über eben die Dinge, vor denen es sich besonders fürchtet, lachen (wie bereits im Kapitel 2 beschrieben).

Neben dem therapeutischen Wert des Superhelden-Spiels können Kinder damit auch Begriffe wie »gut« und »schlecht« kennenlernen. Die Charaktere sind entweder alle gut oder alle schlecht, und diese Vereinfachung hilft Kindern, die bedeutenden Werte, die in unserer Kultur verabscheut oder geschätzt werden, voneinander zu unterscheiden. Wirkliche Menschen sind immer eine Mischung aus guten und schlechten Charakterzügen, aber oft sind die Gründe zu komplex, als daß Kinder sie schon verstehen könnten.

Was ist mit Spielen, die uns sinnlos oder dumm erscheinen?

Vom Standpunkt des Erwachsenen erscheinen viele Kinderspiele dumm und haben weder Bedeutung noch Wichtigkeit. Eine Mutter, die ich interviewte, schilderte ihre Gefühle über das alberne Verhalten ihrer vierjährigen Tochter folgendermaßen:

Wenn es Zeit wird, ins Bett zu gehen, fängt meine Tochter an, witzig und albern zu werden und alle möglichen kreativen Sachen zu veranstalten, wie ihre Schlafanzughose über den Kopf zu ziehen oder die Pantoffeln über die Nase. Ich denke dann immer, sie ist völlig überdreht und sage ihr, daß es jetzt Zeit ist, ruhiger zu werden, aufzuhören mit dem Herumspielen und sich fürs Zu-Bett-Gehen zurechtzumachen. Ich höre mich dann all diese Dinge sagen und wünschte mir, daß ich damit aufhören könnte. Es ist dann wirklich schwierig für mich, lustig und locker zu sein.

Albernheit und Lachen sind für die Entwicklung eines Kindes von unglaublicher Wichtigkeit, auch wenn die Eltern solches Verhalten nur schwer tolerieren können. Kinder müssen Hunderte von Benimm-, Haushalts- und Sprachregeln erlernen. Sie müssen lernen, sich anzuziehen, ordentlich zu sprechen, ihre Zähne zu putzen, mit Messer und Gabel zu essen und zur Toilette zu gehen. Sie müssen alle Verbote und Verhaltenseinschränkungen erlernen, dürfen die Unterhaltung der Erwachsenen nicht unterbrechen, dürfen anderen Kindern kein Spielzeug wegnehmen, nicht auf Wände malen, nicht mit dreckigen Schuhen hereinkommen oder mit vollem Mund reden. Diese Liste ist einfach endlos. Natürlich können Kinder diese Regeln nicht alle auf einmal beherrschen. Sie müssen sich schmerzlich bewußt sein, daß ihr Verhalten nicht immer mit den Erwartungen ihrer Eltern oder der Gesellschaft übereinstimmt. Es ist unvermeidlich, daß Kinder Fehler begehen, und sie werden oft korrigiert, getadelt oder sogar lächerlich gemacht. Und aus diesem Grund ist es wichtig, daß sie im Spiel absichtlich Fehler machen und absichtlich Dinge falsch machen. Wenn sie auf diese Art »albern« sind, können sie lachen und dadurch ihr schmerzliches Gefühl von Unzulänglichkeit, Scham, Ängstlichkeit und Machtlosigkeit lösen. Sie spielen mit dem Schmerz der Erwartungen anderer an sie, daß sie alles richtig machen müssen.
Wenn ein Kind etwas Neues beherrscht, so fühlt es sich zuversichtlich und sicher genug, sich dem schmerzhaften Gefühl zu stellen, vorher dazu noch nicht in der Lage gewesen zu sein. Obwohl der Kampf, diese neue Fähigkeit zu beherrschen, vorüber ist, bleiben doch die schmerzhaften Gefühle noch zu bewältigen. Aus diesem Grund sind Kinder häufig »albern«, wenn sie etwas Neues erlernt haben. Ein Kind, das gerade gelernt hat, seinen Schlafanzug richtig anzuziehen, zieht ihn jetzt absichtlich falsch an und kann darüber lachen. Ein Kind, das jetzt einen Kinderreim fehlerfrei beherrscht, sagt ihn falsch auf und lacht dabei. Kinder, die in einer Situation, die sie völlig unter Kontrolle haben, die Regeln verändern, schaffen sich selbst eine heilende Atmosphäre. Dieser Regelübertritt kann in jeder Situation stattfinden: beim Benehmen, bei Spielen oder beim Sprechen (Tonlage, Bedeutung oder Grammatik inbegriffen). Es wurde beobachtet, daß Vorschulkinder über eben solche Situationen lachen, die eigentlich fehlerhaft sind.[10] Unsinn ist für Vorschulkinder nicht nur lustig, sondern auch heilsam.

Welches Spielzeug kann ich meinem Kind geben?

Kleine Kinder brauchen Spielzeug, das ihnen erlaubt, ihre Phantasie einzusetzen und ihre Erfahrungen zu integrieren. Das Spielzeug, das von Spieltherapeuten benutzt wird, kann auch zu Hause zur Verfügung stehen. Hierzu gehören Klötzchen und andere Baumaterialien, Sand, Wasser, einfache Puppen, ein Puppenhaus, Marionetten oder Kasperlepuppen, Spielzeugautos und Tiere. Auch Bastelmaterial ist wichtig, insbesondere Ton, Kreide und Farben, auch Fingerfarben. Mit diesen Werkstoffen können Kinder ihre Phantasiewelt kreieren, die für ihre emotionale und intellektuelle Entwicklung so wichtig ist.[11] Kleider zum Verkleiden, Spielzeug-Haushaltsgegenstände und eine Arztausstattung können ebenfalls die Phantasie der Kinder anregen.
Manche Eltern fragen sich, ob sie ihren Kindern realistisch aussehendes Spielzeug, das tatsächlichen Gegenständen ähnelt, geben sollen: Plastiktiere, Puppen mit detaillierten Gesichtsstrukturen und Puppenkleidchen, Spielzeuggaragen, Häuser, Bauernhöfe, ein Spielzeugherd und Geschirr und echt aussehende Autos und Lastwagen. Oder ist es besser, eher unstrukturiertes Spielzeug anzubieten, wie einen Satz Bauklötze und Stoffreste, und es der Phantasie der Kinder überlassen, ihr eigenes Spielzeug zu gestalten? Es wurde nachgewiesen, daß bei Kindern unter vier Jahren mit realistischerem Spielzeug mehr Phantasiespiele entstehen.[12] Der Grund hierfür mag darin liegen, daß sich die Symbolisierungsfähigkeit der sehr kleinen Kinder noch in der Entwicklung befindet und daß realistische Requisiten die Vorstellungskraft anregen. Wenn die Kinder älter werden, können sie hierauf eher verzichten und mehr ihrer eigenen Phantasie vertrauen.
Wir können dem Bedürfnis der Kinder nach bestimmten Spielzeugen nachgehen. Ein wunderbares, sehr realistisches Spielzeug kann dem Kind einige Wochen lang gefallen, aber dann als Staubfänger im Regal enden. Das einzige Unglück wären dann die hohen Kosten. Auf der anderen Seite kann ein solches Spielzeug sich über Jahre als absolutes Lieblingsspielzeug erweisen. Man kann den Kindern in ihrem Spiel vertrauen: Sie machen das, was für sie richtig ist. Ihr Phantasiebedürfnis ist so stark, daß sie störende Requisiten nicht in ihrer Umgebung gestatten, wie das folgende Beispiel meiner Tochter zeigt:

Sarah war drei Jahre alt und stellte sich vor, eine Wanderung und ein Picknick vorzubereiten. Sorgfältig füllte sie ihren imaginären Rucksack mit Proviant und anderen Notwendigkeiten. Ich dachte, sie könnte vielleicht einen richtigen, kleinen Rucksack für ihr Spiel gebrauchen und holte ihn aus dem Schrank. Als sie ihn sah, wurde sie ziemlich ärgerlich, stampfte mit den Füßen auf und sagte sehr eindringlich: »Ich brauche keinen Rucksack, ich habe einen Spielrucksack.« Erst jetzt konnte ich ihr großes Phantasiebedürfnis wahrnehmen und stopfte den Rucksack zurück in den Schrank. Ich hatte etwas gelernt!

Eine anregende Umgebung für kleine Kinder sollte auch Materialien zum Gestalten und Spielzeug zum Bauen beinhalten, so daß sie experimentieren können und mathematische Begriffe und physikalische Gesetze kennenlernen. Als Beispiele will ich ein Puzzle nennen, Behälter von unterschiedlicher Größe und Form (für Wasser oder Sand), unterschiedliche Gewichte, eine einfache Waage, Musikinstrumente (zum Beispiel ein Xylophon oder Klavier), rhythmische Instrumente, Gegenstände von verschiedener Länge und ein Abakus. Die intellektuellen Fähigkeiten (besonders Logik und Mathematik) entwickeln sich ebenfalls durch ein freies Spiel mit Ansammlungen, die sie sortieren und organisieren können, wie zum Beispiel Knöpfe, Muscheln, Steinchen, Murmeln und Spielgeld. Auch Brett- und Lottospiele sind geeignete Materialien für kleine Kinder.
Nützlich und sehr beliebt sind außerdem speziell für Kinder gemachte Werkzeuge (nicht eine Plastikversion, sondern solche, die wirklich funktionieren) wie Besen, Mop, Rechen, Schaufel, Hammer, Säge und Schraubenzieher. Mit dieser Ausrüstung können die Kinder an der Arbeit im und um das Haus herum teilnehmen. Kinder haben die Neigung, ihren Eltern helfen zu wollen und sie zu imitieren, und sobald dieser Wunsch auftaucht, kann er auch unterstützt werden. Kinder machen keinen Unterschied zwischen Arbeit und Spiel.
Jeder Gegenstand aus der Erwachsenenwelt kann für ein Kind von Bedeutung sein und wird gern in sein Spiel eingebaut. Sie können ihm also alte Bankauszüge, Rezeptbücher, Kataloge, Speisekarten, Coupons, Werbung und leere Nahrungsmittelbehälter geben. All diese Gegenstände sind wie magische Fenster, die dem Kind einen Zugang gestatten zu einem kleinen Teil dieser mysteriösen und vielschichtigen Erwachsenenwelt.

Soll ich mein Kind mit Gewehren spielen lassen?

Manche Eltern lehnen das Spielen mit Gewehren grundsätzlich ab und lassen ihre Kinder weder mit Gewehren noch mit anderem kriegsähnlichen Spielzeug spielen, während andere keinen Anstoß daran nehmen. Ob ein Kind nun ein Spielzeuggewehr bekommt oder nicht, es ist ziemlich wahrscheinlich so, daß es sich aus Stöcken oder Kartons eines bastelt oder einfach seine Finger als Pistole benutzt. Für pazifistisch orientierte Eltern kann das sehr irritierend sein. So erzählte mir die Mutter eines fünfjährigen Jungen:

Ich habe ihm keine Gewehre gegeben, aber er benutzt einen Stock oder seine Hand. Wenn er bei seinem Freund ist, bauen sie sich Gewehre, die sie die ganze Zeit herumtragen. Ich mag keine Gewehre, und das habe ich ihnen auch erklärt. Wenn er jetzt etwas über Gewehre erzählt, sagt er immer: »Du magst sie ja nicht, Mama, aber ich!« Mein Mann hat erzählt, daß er, als er klein war, auch mit Gewehren gespielt hat, und er ist kein brutaler Mensch, sondern Pazifist und Kriegsgegner. Er scheint gar keinen Anstoß daran zu nehmen. Vielleicht ist es ja auch gar nicht so schlimm, aber ich werde immer wütend, wenn ich dieses Spielzeug in den Geschäften sehe. Ich finde es schrecklich. All diese brutalen, schrecklichen Monster und das Kriegsspielzeug. Ich hasse es.

Sobald Kinder etwas über Kriege, Morde und Waffen hören, wollen sie diese Eindrücke verstehen und verarbeiten. Ebenso suchen sie nach einer Möglichkeit, mit ihren Ängsten und ihrer Verwirrung, die aus diesem neuen Bewußtsein über menschliche Irrationalität entstehen, umzugehen. Ganz besonders gilt dies für Jungen, da Kinder sehr bald entdecken, daß Armeen hauptsächlich aus Männern bestehen. Kleine Jungen, die davon hören oder im Fernsehen sehen, stellen fest, daß es etwas mit ihnen zu tun haben muß, da sie sich ja richtigerweise mit dem Männlichen identifizieren. Auf der anderen Seite sehen kleine Mädchen, daß Frauen weniger in Kriege und Töten verwickelt sind, und so ist dieses Thema auch für sie von geringerer Bedeutung. Daraus folgt, daß Mädchen nicht so ein großes Bedürfnis nach Kriegsspielen haben wie Jungen. Wären an den Kriegen ebenso viele weibliche Soldaten wie männliche beteiligt, sähen wir wahrscheinlich ebenso viele Mädchen mit Gewehren spielen wie Jungen. Viele Eltern gehen davon aus, daß kleine Jungen an Gewehren interessiert seien und geben

ihnen deshalb Kriegsspielzeug. Diese unterschiedliche Behandlung von Jungen und Mädchen ist ein weiterer Grund dafür, daß Jungen häufiger mit Gewehren spielen. Es gibt aber keine biologische Erklärung dafür, daß Jungen mit Kriegsspielzeug spielen.
Wie schon im vorherigen Abschnitt beschrieben, spielen Kinder in ihrer Phantasie alles nach, was sie hören oder beobachten. Daher ist es überhaupt nicht überraschend, daß sie, sobald sie im wirklichen Leben etwas über Töten hören, das auch im Spiel darstellen wollen. Viele Spieltherapeuten stellen den Kindern Spielzeuggewehre zur Verfügung, weil sie deren großes Bedürfnis danach sehen. Andere wiederum gehen davon aus, daß die Kinder, nach Wunsch, ihre eigenen Waffen herstellen sollen. Spiele mit Waffen sind ein Anzeichen dafür, daß das Kind versucht, Informationen über das Töten zu verstehen und zu verarbeiten: Was ist töten? Wie geht das vor sich? Warum tötet ein Mensch einen anderen? Wie würde man sich beim Töten oder Getötetwerden fühlen? Welche verschiedene Möglichkeiten gibt es, wie ein Mensch getötet werden kann? Das sind nur einige der Fragen, mit denen Kinder ringen.
Manche Menschen glauben, daß das kindliche Kriegsspiel dazu dient, Kriege zu fördern, weil es die Kinder zu Gewalt auffordert. Hierfür gibt es jedoch keinerlei Begründung. Auch viele Pazifisten haben als Kinder mit Gewehren gespielt. Ursache und Wirkung zwischen Kriegsspiel und richtigem Krieg liegen tatsächlich genau im Gegenteil begründet, weil Kriege das Bedürfnis nach kindlichen Kriegsspielen erst entstehen lassen. Gäbe es weder Kriege noch Gewalt auf der Welt, so würden wir auch keine Kinder sehen, die sich gegenseitig im Spiel töten. Sie hätten keinen Grund dafür.
Zusätzlich zu der Bemühung, daß Phänomen der Gewalt zu verstehen, versuchen Kinder durch Kriegsspiele auch mit ihren Ängsten umzugehen. Anstatt dieses Spiel zu tabuisieren, könnten Eltern ihren Kindern helfen, diese Ängste durch Lachen zu lösen. Wenn Ihr Kind mit dem Finger auf Sie zeigt und sagt: »Peng, peng, jetzt bist du tot!«, könnten Sie reagieren, indem sie so dramatisch wie möglich »sterben« und so das Lachen Ihres Kindes unterstützen. Wenn Sie Ihren Teil wirkungsvoll spielen, wird das Kind zu tiefem Lachen angeregt und das Spiel immer und immer wiederholen wollen. Hierbei lernt es mit Sicherheit nicht, gewalttätig zu werden. Im Gegenteil, durch den span-

nungslösenden Mechanismus des Lachens helfen Sie ihm, einige seiner Ängste über Tod und Gewalt zu überwinden.
Kindliches Spiel mit Waffen kann auch noch einen Versuch darstellen, mit Ärger und Frustration umzugehen. Wenn ein Kind über ein neues Geschwisterchen wütend ist, kann sich ein Teil dieses Ärgers durch das symbolische Töten einer Puppe oder eines Stofftieres, das dieses Baby repräsentiert, lösen. Ärger über zuviel Kontrolle, Einmischung oder Strafe durch Erwachsene kann durch das symbolische Töten eines Elternteils mit einem Phantasiegewehr ausgedrückt werden. In solchen Situationen kann das Lachen als zusätzliches therapeutisches Werkzeug genutzt werden. Je mehr das Kind lacht, je schneller wird sich seine Wut lösen. Hier können Eltern helfen, indem sie die Gefühle des Kindes wahrnehmen und akzeptieren und es beim Lachen unterstützen.
Obwohl Kinder durch diese Art des Spiels profitieren, gibt es natürlich keinen Grund, die Kriegsspielzeug-Industrie zu unterstützen. Diese Firmen machen riesige Gewinne, indem sie aus den Ängsten der Kinder und ihrem zwingenden Bedürfnis, die Gewalt verstehen zu wollen, Vorteile ziehen. Kinder sind sehr wohl in der Lage, ihre eigenen Requisiten aus Papier, Karton und Holz herzustellen. Wenn Sie Ihrem Kind ein handelsübliches, realistisch aussehendes Spielzeuggewehr geben, kann es verwirrt sein, weil es das Gefühl hat, daß seine Eltern Gewehre und Töten gutheißen. Das spontane Kriegsspiel eines Kindes zu akzeptieren, ist etwas ganz anderes. Kinder wissen, daß ihre eigenen, selbstgemachten Nachbildungen nicht den realen Gegenstand darstellen, und sie wissen, daß die Waffen aus ihrer eigenen Initiative und Vorstellungskraft entstanden sind. Baut das Kind seine eigenen Waffen, so hat es die volle Kontrolle über die Situation und muß sich in seinem Spiel nicht begrenzen, weil das Spielzeug eine bestimmte Erscheinungsform hat. Ein selbstgemachtes Schwert kann sich im Nu in einen Zauberstab verwandeln. Kommerzielles Kriegsspielzeug ist zu wirklichkeitsnah konstruiert, um diese Flexibilität zu gestatten. Ein Plastikgewehr ist eben nur ein Gewehr, mit dem man nur auf eine Art spielen kann. Hat ein Kind an einem Tag genug herumgeschossen, so kann es sein Gewehr nicht einfach in etwas anderes verwandeln.
Auch wenn Sie selbst kein Kriegsspielzeug für Ihr Kind kaufen, so kann es doch von anderen welches geschenkt bekommen oder auch

sein eigenes Geld dafür ausgeben wollen. Es ist nicht einfach, solche Gegenstände nicht zu Hause zu tolerieren, und als sie bei uns auftauchten, entschied ich mich, obwohl ich mich wirklich sehr unwohl mit diesem Spielzeug fühlte, meinem Sohn die Entscheidung über sein Spielzeug zu überlassen. Sein Kriegsspiel hat sich über die Jahre verändert:

Mit fünf Jahren hörte Nicky zum erstenmal etwas über Kriege, und bald baute er Gewehre, Schwerter und Bomben aus Papier und Karton, die er an uns ausprobierte. Seine Schulfreunde brachten ihn mit diesen kleinen, kriegsähnlichen Figuren in Kontakt, als er sechs war, und bald darauf fing er selbst an, sie zu sammeln. Er bekam sie von seinen Freunden zum Geburtstag und kaufte sie auch von seinem eigenen Geld. Bald hatte er eine ganze Kollektion von »Guten« und »Bösen«, die sich miteinander im Krieg befanden. Stundenlang spielten seine Freunde und er mit diesen Figuren, und sie dachten sich alle möglichen Kriegsszenen aus, die mit den Jahren immer komplexer wurden. Mit acht Jahren hatte er eines Tages das gesamte Wohnzimmer mit seinen Figuren und anderer Ausrüstung in Besitz genommen, aber eine ungewöhnliche Szene zog meine Aufmerksamkeit auf sich: Alle Figuren, die »Guten« und die »Bösen«, saßen in einem Kreis zusammen. Als ich ihn danach fragte, antwortete er: »Sie haben sich entschieden, sich zusammenzutun. Sie teilen sich jetzt ein großes Fort und haben eine Konferenz.« Es gab wohl noch eine böse Macht, die irgendwo im Universum lauerte, aber zumindest hatten die beiden sich bekämpfenden Armeen auf der Erde ihre Feindseligkeiten beendet. Wenn ich meinem Sohn das Kriegsspiel verboten hätte, hätte er dann jemals die Gelegenheit gehabt, die Einzelheiten einer Friedenskonferenz auszuarbeiten?

Wie kann ich am Spiel meines Kindes hilfreich teilnehmen?

Eltern können sich am Spiel ihrer Kinder hilfreich beteiligen. Wenn sie zuschauen, zuhören und auf die Bemerkungen des Kindes eingehen, bekommt es ein Gefühl dafür, daß seine Aktivitäten wahrgenommen und akzeptiert werden. Manchmal fordern sie ihre Eltern zu einem aktiveren Mitspiel auf: »Kommst du jetzt in mein Geschäft und kaufst etwas?« Es ist sehr wohltuend, wenn ein Erwachsener an der kindlichen Phantasiewelt teilnimmt und zu einem aktiven Spielgefährten wird innerhalb der Strukturen, die das Kind geschaffen hat.

Die meiste Zeit erwarten wir Erwachsenen von den Kindern, daß sie sich unserer Welt und unseren Regeln anpassen. Wenn wir zur Abwechslung einmal in die Phantasiewelt unseres Kindes eintauchen und zu gehorsamen Mitspielern werden, hat es die Möglichkeit, die Leitung zu übernehmen, eigene Gesetze zu schaffen und ein Gefühl von Macht und Meisterschaft zu entwickeln. Auch wenn Kinder andere Kinder zum Spielen haben, brauchen sie manchmal die Teilnahme eines Erwachsenen an ihrem Spiel.

Wenn Sie mit Ihrem Kind spielen, vergessen Sie nicht die Bedeutung des Lachens. Das gemeinsame Lachen löst Spannungen und Ängste und hilft die Bindung zwischen Eltern und Kind zu festigen. Die meisten kleinen Kinder genießen es, wenn wir Erwachsenen spielerisch vortäuschen, daß wir ängstlich sind, ungeschickt, verlegen, vergeßlich oder schwach. Meistens bringt das herzhaftes Gelächter mit sich, da die Kinder ihre Gefühle von Machtlosigkeit, die aus ihrer Unwissenheit und ihrem Kleinsein entstehen, lösen können. Spiele, die die Machtposition umkehren, können sowohl für Eltern als auch für das Kind befriedigend sein. Hierbei läßt sich der Erwachsene »umwerfen«, jedoch nicht ohne ein Scheingefecht von seiner Seite. Wenn Ihre Tochter Sie darum bittet, daß »Baby zu sein«, möchte sie sich vielleicht in die mächtigere Rolle der Mutter versetzen. Gehen Sie darauf ein und spielen Sie das hilflose Baby, so hat Ihr Kind nicht nur viel Spaß, sondern es erfährt auch noch therapeutische Unterstützung.

Wenn wir mit Kindern zusammen sind, ist es sehr verführerisch, sie anzuleiten. Manchmal mögen sie das auch, aber meistens brauchen sie für ihr Spiel keinerlei Anleitung, da sie sehr wohl in der Lage sind, sich eigene Aktivitäten auszudenken. Zu viele Anleitungen rauben dem Kind seine Initiative, und es kann sogar eine gewisse Abhängigkeit entstehen, so daß es die Erwachsenen immer häufiger fragen muß, was es jetzt tun soll.

Fehler sollten Sie nur dann korrigieren, wenn Ihr Kind eindeutig um eine Rückmeldung bittet. Wenn es auf sein Restaurantschild »Geschlosen« geschrieben hat und Sie fragt, ob es so richtig ist, so können Sie den Fehler berichtigen. Jede andere Art von Berichtigung könnte als Entmutigung empfunden werden. Vielleicht reagiert es sogar verärgert, weil der Erwachsene keinerlei Notiz nimmt von der eigentlichen Bedeutung des Restaurantspiels.

Was ist, wenn ich mich beim Spiel mit meinem Kind langweile?

Viele Eltern würden eigentlich gern mit ihrem Kind spielen, aber wenn es dann tatsächlich dazu kommt, reagieren sie unruhig, gelangweilt oder frustriert. Die Mutter eines vierjährigen Kindes drückte ihre Gefühle dazu folgendermaßen aus:

Montags, mittwochs und freitags geht meine Tochter in den Kindergarten, und ich denke immer, dienstags und donnerstags haben wir den ganzen Tag für uns. Wenn es aber endlich soweit ist, räume ich eher meinen Schreibtisch auf oder bestelle etwas aus einem Katalog, der schon drei Monate herumliegt. Ich bin so unorganisiert, daß ich diese Sachen nicht erledige, wenn sie nicht zu Hause ist. Sagt sie dann: »Mama, komm, spiel mit mir«, setze ich mich zu ihr, um zu spielen, werde aber ganz schnell unruhig. Ich habe einfach nicht die Geduld, mich auf ihre Art des Spielens einzulassen, und frage mich dann, warum ich nicht andere Kinder einlade, die mit ihr spielen könnten! Diese schöne Zeit, von der wir beide träumen, kommt einfach viel zu selten zustande.

Warum ist es für uns Eltern so schwierig, Kindern die Aufmerksamkeit zu schenken, die sie von uns brauchen? Hierfür gibt es wahrscheinlich mehrere Gründe. Das Spielen mit kleinen Kindern ist für Erwachsene nicht sehr anregend, weil wir die Dinge ja schon beherrschen, die sie erst erlernen und üben wollen. Das Spiel mit einem Kind erfordert viel entspannte Aufmerksamkeit. Da wir uns um vieles sorgen, Beschäftigungen und andere notwendige Dinge zu bewältigen haben, bleibt oft nicht genug Aufmerksamkeit und Zeit für unsere Kinder. Ebenso erhielten die wenigsten von uns, als wir selbst noch Kinder waren, von unseren Eltern die Zuwendung, die wir gebraucht hätten, so daß wir selbst uns immer noch nach dieser Aufmerksamkeit sehnen. Das alles kann ein Grund für die Schwierigkeit sein, die wir empfinden, wenn wir unseren eigenen Kindern gute Aufmerksamkeit geben wollen.
Wenn Sie nicht in der Lage sind, Ihrem Kind die Beachtung zu schenken, die Sie ihm gern zukommen lassen würden, so können Sie versuchen, Wege zu finden, wie es an Ihren Hobbys, Interessen oder an der Hausarbeit teilnehmen kann (wie im Kapitel 3 beschrieben). Für Ihr beider Wohlergehen ist es am besten, wenn Sie ein Gleichgewicht

zwischen erwachsenenzentrierten und kindzentrierten Aktivitäten herzustellen versuchen. Die Zeit, die Sie Ihren eigenen Interessen und Ihrer eigenen Arbeit zu Hause widmen können, hängt ab vom Alter Ihres Kindes, von seinen individuellen Bedürfnissen und seiner Persönlichkeit. Manche Kinder scheinen mehr auf die Teilnahme eines Erwachsenen an ihrem Spiel angewiesen zu sein als andere – besonders dann, wenn sie keine anderen Spielkameraden haben.

Ebenso wichtig ist es, daß Sie Ihre eigenen Bedürfnisse nach Ruhe, Arbeit, Zeit, die Sie allein oder mit anderen Erwachsenen verbringen wollen, beachten. Es gibt keinen Grund für Schuldgefühle, wenn Sie zur Arbeit gehen wollen oder müssen, anstatt jeden Tag mit Ihrem Kind zu verbringen. Viele Menschen empfinden sich als bessere Eltern, mit mehr Aufmerksamkeit für ihre Kinder, wenn sie nicht ununterbrochen mit ihnen zusammen sind. Einem Kind, das sich in einer guten Schule oder Betreuung befindet, geht es wahrscheinlich besser, als wenn es den ganzen Tag mit einem Elternteil verbringen muß, der gelangweilt, frustriert oder verstimmt ist. Eine interessante Untersuchung über Mütter fand heraus, daß Mütter, die gerne eine Arbeit angenommen hätten, aus Pflichtgefühl jedoch zu Hause bei den Kindern geblieben waren, die größten Probleme in der Kindererziehung hatten. Geringere Probleme wurden sowohl von den Müttern berichtet, die gern zu Hause blieben, als auch von denen, die gerne zur Arbeit gingen.[13] Wenn Sie in Ihrem Leben eine gewisse Ausgeglichenheit erreicht haben und auf Ihre eigenen Bedürfnisse achten, werden Sie Ihrem Kind in der gemeinsamen Zeit auch bessere Aufmerksamkeit schenken können. Es kann ebenfalls erleichternd sein, wenn Sie Ihre Langeweile und Frustration einem anderen Erwachsenen – nicht in Anwesenheit des Kindes – mitteilen, so daß sich einige dieser Gefühle lösen können und Sie sich wieder aufmerksamer Ihrem Kind widmen können. Die Mutter eines dreijährigen Mädchens berichtete mir, welches Vergnügen es war, wenn sie sich entscheiden konnte, ihre Aufmerksamkeit voll auf das Kind zu richten, auch wenn es ihr manchmal nicht leichtfiel:

Wenn ich mich wirklich entscheide, ihr Aufmerksamkeit zu geben, dann ist es immer ein wundervolles Erlebnis. Sie malt dann und singt zur gleichen Zeit ein Lied über all die Farben, die sie benutzt. Ach, das ist so erstaunlich, und ich genieße es, ihr dabei zuzusehen. Gleichzeitig hilft es mir, meine eigenen Kindheitserinnerungen und meine Kreativität mehr in Besitz zu nehmen.

Wie kann ich die Bedeutung des Gewinnens und Verlierens reduzieren?

Normalerweise entwickeln Kinder keinen Begriff über Gewinnen und Verlieren, es sei denn, es wird ihnen beigebracht. Kooperative Spiele, bei denen niemand gewinnt oder verliert, machen kleinen Kindern ursprünglich ebenso viel Spaß wie andere Spiele. Das Gewinnen bekommt erst dann seine Bedeutung, wenn es von einer anderen Person, vielleicht einem Elternteil, einem Geschwister oder Freund, zum Thema gemacht wird. Kinder haben mehr davon, wenn andere den Ausgang des Spiels nicht zu ernst nehmen.
In den meisten industriellen Gesellschaftsformen hat der Wettkampf einen großen Stellenwert, und Kinder eignen sich schon sehr früh die Tendenz an, ihre Fähigkeiten und ihr Verhalten mit anderen zu vergleichen. Sie lernen, daß sie nur dann gewinnen können, wenn jemand anders verliert. Diese Philosophie hat Auswirkungen auf das tägliche Leben unserer Kinder. Sport und Spiel sind auf Wettkampf ausgerichtet, und es ist schwierig, ein Spiel für Kinder zu finden, das wirklich kooperativ ist, in dem niemand verliert oder gewinnt. Tatsache ist sogar, daß die meisten von uns so tiefgreifend konditioniert sind, daß wir uns nicht einmal mehr vorstellen können, daß wir an Spielen Spaß haben könnten, ohne dabei jemand anderen zu besiegen. Auch unser gesamtes Erziehungssystem basiert so sehr auf Konkurrenz, daß es für viele Menschen schwierig ist, über eine Lehr- oder Lernsituation nachzudenken, in der niemand sich bemühen würde, besser zu sein als der andere. Dabei ist inzwischen eindeutig nachgewiesen, daß wir in einer kooperativen Umgebung besser lernen und mehr leisten als im Wettbewerb.
Multikulturelle Untersuchungen haben gezeigt, daß das konkurrierende Verhalten der Kinder je nach Kulturkreis sehr unterschiedlich ist. Sieben- bis neunjährige mexikanische Kinder verhielten sich in einer bestimmten Spielsituation kooperativer als gleichaltrige amerikanische Kinder. (Das Spiel war so strukturiert, daß nur diejenigen Murmeln erhielten, die eine kooperative Strategie anwendeten.) Das zeigt, daß

der Wettbewerb keine der menschlichen Natur innewohnende Eigenschaft ist, sondern in einer wettbewerbsorientierten Gesellschaft erworben wird. In einem Versuch, herauszufinden, in welchem Alter Kinder beginnen zu konkurrieren, verglich die Studie Kinder unterschiedlicher Altersgruppen innerhalb eines Kulturkreises (Kinder, die in Los Angeles, Kalifornien, leben). Vier- und fünfjährige Kinder waren im Murmelspiel viel kooperativer als die älteren. Es war sogar so, daß viele der Älteren gar keine Murmel erhielten, weil sie das Spiel nur noch im Wettstreit spielen konnten.[14] Anscheinend hatten die kleineren Kinder den Wettbewerbsgeist ihres Kulturkreises noch nicht übernommen.

Auch wenn sehr kleine Kinder noch Schwierigkeiten haben, zusammenzuarbeiten oder sich abzuwechseln, so erlernen sie diese Fähigkeit normalerweise noch in den Vorschuljahren. Anstatt diese Tendenz kontinuierlich zu stärken, wird sie durch den starken Einfluß des Wettkampfgeistes verdrängt. Die Fähigkeit zur Zusammenarbeit ist bei Siebenjährigen noch vorhanden, aber besonders, wenn sie mit Gleichaltrigen spielen, entscheiden sich die Kinder in wettbewerbsorientierten Gesellschaften nicht immer dafür.

Durch das Spielen nicht-konkurrierender Spiele wird die Kooperationsfähigkeit selbstverständlich gefördert. Eine ausgezeichnete Sammlung davon ist den Büchern von Terry Orlick zusammengestellt.[15] Ich selbst habe diese Spiele mit großem Erfolg bei Kindergeburtstagen, Familientreffen und in der Schule meiner Kinder angeboten. Spiele, bei denen niemand auf Kosten eines anderen gewinnt, helfen uns, unsere Art des Denkens zu verändern. Es ist wirklich möglich, Spaß zu haben, auch wenn niemand gewinnt oder verliert. Wenn Sie erst einmal mit dieser Möglichkeit des kooperativen Spielens vertraut sind, werden Sie merken, daß traditionelle Spiele oft nur eine kleine Veränderung brauchen, um so gespielt werden zu können.

Sie können natürlich auch zu Hause die Bedeutung des Gewinnens und Verlierens verringern. Wenn Sie sagen: »Mal sehen, wer als erster im Bett ist«, dann beginnen die Kinder untereinander zu konkurrieren. Eines gewinnt, und alle anderen verlieren. Eine weniger kämpferische Methode wäre es, zu sagen: »Wir stellen jetzt den Wecker auf acht Uhr und schauen mal, ob wir es schaffen, im Bett zu sein, bevor er klingelt.«

Was tun mit Kindern, die beim Spielen mogeln?

Wenn das Gewinnen erst einmal einen gewissen Stellenwert bekommen hat, so ist es unvermeidlich mit dem Selbstwertgefühl des Kindes verbunden. Für Kinder, die eine gute Selbsteinschätzung besitzen, die sich geliebt fühlen und ihren Fähigkeiten vertrauen, ist es nicht schlimm, beim Spiel zu verlieren. Sie können sogar ihrem Gegenüber gratulieren und sein gutes Spiel loben. Solche Kinder genießen die Herausforderung des Spiels und den Spaß, den sie dabei haben. Wie das Ganze ausgeht, ist nicht so wichtig. Kinder, die sich nicht so sicher fühlen, sind oft »schlechte Verlierer«. Es kann sogar sein, daß sie so ängstlich darauf bedacht sind, nicht zu verlieren, daß sie anfangen zu mogeln. Für sie ist es so wichtig, zu gewinnen, daß sie ihre Beliebtheit bei den anderen aufs Spiel setzen, indem sie die Regeln übertreten, nur um zu gewinnen.

Durch das Mogeln vermitteln Kinder ihr Bedürfnis nach Unterstützung, um mit Gefühlen von Inkompetenz fertig zu werden. Fängt ein Kind beim Spiel an zu mogeln, können Sie ihm helfen, mit seinen ängstlichen und unsicheren Gefühlen umzugehen. In solchen Situationen können Sie das Spiel nutzbringend in eine Therapiesitzung umwandeln und ein »ernsthaftes« Spiel vergessen. Kinder, die mogeln, sind nicht in der Lage, ihre Strategien zu verbessern oder etwas zu lernen. Sie benutzen das Spiel in erster Linie, um ihre aufgestauten Gefühle zu lösen, so daß sie sich nachher besser fühlen. Kinder wollen keine ängstlichen Gefühle des Versagens mit sich herumtragen, und sie wissen intuitiv, daß eben die Situation, die sie ängstigt, auch die Quelle der Heilung in sich tragen kann. Sie werden so lange mit ihrem Bemühen nach Unterstützung fortfahren, bis jemand genug Aufmerksamkeit und Verständnis hat, ihnen zu helfen. Wie schon in Kapitel 2 erwähnt, ist das Lachen ein wichtiger Spannungslösungs-Mechanismus, wenn es sich um Ängstlichkeiten handelt. Das folgende Beispiel verdeutlicht, wie sich eine Mogelsituation in therapeutisches Lachen verwandeln kann:

Ich spielte mit einem sechsjährigen Jungen Dame, aber jedesmal, wenn ich seine Steinchen überspringen wollte, behauptete er, daß die Regeln mir das nicht erlauben würden. Auch baute er sich immer Königinnen, wenn er dachte, daß ich wegschaute. Als er weiterhin die Spielregeln veränderte, hielt ich mich einfach an das, was er sagte, und übertrieb noch die Schwierigkeiten, indem ich sagte: »Das ist ganz schön schwierig, ich glaube nicht, daß ich gewinne.« Er fing an zu kichern, und jedesmal, wenn eine neue Königin auf dem Brett erschien, tat ich sehr überrascht und sagte: »Ach du liebe Zeit, wo kommt die denn her? Wie hast du das denn gemacht?« Er lachte laut und mogelte immer offensichtlicher. Es blieb während des ganzen Spiels so, und ich ließ ihn gewinnen.

Wie schon weiter oben beschrieben, verändern auch Kinder mit hohem Selbstvertrauen manchmal gern die Spielregeln. Wenn die Erwachsenen das zulassen und spielerisches Lachen ermutigen, können die Kinder ihre Spannungen und Ängste lösen, die durch den ständigen Druck, daß sie Dinge richtig machen müssen, entstanden sind. Die meisten Kinder erleben Gefühle von Machtlosigkeit, die ihren Ursprung in der frühen Kindheit haben, als sie noch hilflos und abhängig waren, und die Durchführung eines Spiels, nach ihren eigenen Regeln, gibt ihnen im gleichen Maße ein Gefühl von Macht wie die Phantasiespiele. Kinder genießen es sehr, wenn Erwachsene so tun, als wären sie hilflos, unwissend oder enttäuscht, weil hierdurch eine so sichere Situation geschaffen wird, daß sie ihre eigenen Gefühle von Machtlosigkeit ausdrücken können.
Nicht alle Regeländerungen kann man jedoch als Mogeln oder als das Bedürfnis, schmerzhafte Gefühle zu lösen, betrachten. Kinder sind sehr kreativ und lieben es, Spiele zu variieren. Die Entdeckung neuer Spiele ist eine wichtige Form der Kreativität und beinhaltet logisches Denken und Planen. Wenn Sie sich den Erfindungen Ihres Kindes anschließen, finden Sie sich vielleicht in vergnüglicheren Spielen wieder, als Sie sie je in einem Geschäft kaufen könnten.

Übungen

Entdecken Sie Ihre eigene Kindheit

1. Hatten Sie als Kind genug Zeit und Platz zum Spielen? Hatten Sie genug (oder zuviel) Spielzeug?
2. Erinnern Sie sich daran, daß Ihre Eltern mit Ihnen gespielt haben? Haben sie so oft mit Ihnen gespielt, wie Sie es wollten?
3. Versuchen Sie sich an ein oder zwei der schönsten Spielerfahrungen zu erinnern.

Welche Gefühle haben Sie gegenüber Ihrem Kind?

1. Wie geht es Ihnen damit, wie Ihr Kind spielt? Sind Sie manchmal irritiert, wie es spielt? Wünschen Sie sich manchmal, daß Ihr Kind mit anderem Spielzeug spielen würde oder weniger laut, unordentlich oder albern wäre?
2. Verbringen Sie eine Stunde mit Ihrem Kind, und machen Sie genau das, was es möchte. Sprechen sie nachher mit einem anderen Erwachsenen über Ihre Gefühle. Hat es Ihnen gefallen? Waren Sie frustriert oder gelangweilt? Waren Sie versucht, die Handlungen Ihres Kindes zu dirigieren oder ihm etwas beizubringen?

Sorgen Sie für sich selbst

1. Kaufen Sie sich selbst ein Spielzeug oder ein Spiel, vielleicht etwas, was Sie schon als Kind immer haben wollten.
2. Besuchen Sie ein Kostümfest oder einen Vergnügungspark, Jahrmarkt oder Karneval.
3. Widmen Sie sich einem Hobby oder etwas, was Sie ganz allein interessiert.

5 Konflikte und Herausforderungen

Kinder handeln oft in einer Art und Weise, die für Eltern unangenehm, schwierig, ärgerlich oder besorgniserregend, für sie selbst und andere gefährlich oder ungesund ist. Solche Probleme würden normalerweise »Disziplin« erfordern. Dieses Kapitel konzentriert sich nun auf die unterschwelligen Gründe des nicht-akzeptablen Verhaltens und bietet Lösungen für Konflikte an, die weder Belohnungen noch Bestrafungen mit sich bringen. Geschwisterrivalität und Probleme mit anderen Kindern werden im Kapitel 6 besprochen.

Sind Kinder ihrer Natur nach schlecht?

Die Annahme, daß Menschen mit einem »bösen« Anteil auf die Welt kommen, bestimmt die Haltung der westlichen Zivilisation gegenüber Kindern. Die Vorstellung ist, daß Kinder mit inakzeptablen Impulsen und Neigungen geboren werden, die erst dann wieder verschwinden, wenn ihnen Selbstkontrolle beigebracht worden ist, durch die sie ihre innere Natur verleugnen müssen. Die Vertreter dieser Theorie sehen die Aufgabe der Eltern darin, die barbarische Natur der Kinder zu zivilisieren und zu zähmen.

Diese Theorie beinhaltet, daß Kinder normalerweise andere Menschen schlagen und beißen würden, nie die Toilette benutzen wollten, nie lernen würden, zu teilen, zu kooperieren oder anderen Menschen zu helfen, daß sie lügen, stehlen und Eigentum zerstören würden, bis sie diszipliniert und ihnen die moralischen Werte und Gesellschaftsregeln beigebracht worden wären. Eltern werden bedrängt, ihre Kinder wegen »Fehlverhalten« zu bestrafen, so daß die Kinder sich schlecht und schuldig fühlen. Schuld wird als die große motivierende Kraft betrachtet, die hinter sozial akzeptiertem Verhalten steht. Erst dann geben die Kinder ihre garstige, unzivilisierte Art auf, weil sie ihre Eltern lieben, ihnen gefällig sein und von ihnen geliebt werden wollen.

Dieser Glaube hat mehr Schaden angerichtet als jede andere von Menschen erfundene Annahme. Er ist einer der Hauptgründe, warum die Welt im derzeitigen Zustand ist. Er rechtfertigt Gewalt, Zwang, Liebesentzug, Isolation, Bedrohung und Erniedrigung unter dem Mantel der »Disziplin«. Er hat ganze Völker veranlaßt, blind einigen Autoritätsfiguren zu gehorchen, und hat das klare Denken über die eigenen Handlungsweisen ausgeschaltet. Er hat Generationen von Erwachsenen hervorgebracht, die mit Schuldgefühlen, Angst und Scham belastet sind. Er ist Ursache dafür, daß die realen Bedürfnisse der Kinder nicht befriedigt werden, die hierdurch zu Erwachsenen werden, die verzweifelt und erfolglos versuchen, diese frühen Bedürfnisse zu erfüllen, indem sie jemanden suchen, der sie liebt, akzeptiert und versteht.

Wenn wir uns selbst von dieser zutiefst verinnerlichten Annahme befreien könnten, wenn wir einem Baby von Anfang an mit einer offenen und akzeptierenden Haltung begegnen könnten, könnten wir einen Einblick bekommen in das wirkliche menschliche Sein mit seinem enormen Potential für das Gute. Wir könnten ein uns innewohnendes Streben nach körperlichem, geistigem und emotionalem Wachstum erkennen, ein Verlangen, die Welt zu verstehen und Liebe zu geben und zu nehmen. Wir sähen das Bestreben, mit anderen Menschen zu kooperieren, neue Fähigkeiten zu erlernen und Wissen zu erlangen. Wir könnten die Möglichkeit erkennen, wie wir die höheren Ebenen des menschlichen Daseins erreichen könnten.

Wenn wir in der Lage wären, die Bedürfnisse des Säuglings nach Liebe, Verständnis, Anregung, Nähe und Nahrung zu erfüllen, und wenn wir ihm mit äußerstem Respekt und Vertrauen begegnen könnten, so könnten wir einen Heranwachsenden beobachten, der nicht etwa zu einem zerstörerischen, selbstbezogenen Ungeheuer wird, sondern zu einem gedankenvollen, intelligenten, kooperativen und liebevollen Erwachsenen.

Wenn Erwachsene dazu neigen, zerstörerisch und gewalttätig zu handeln, so können wir davon ausgehen, daß sie als Kinder mißhandelt wurden. Menschen handeln nur dann böse, dumm oder verletzend, wenn sie selbst ein verletzendes Verhalten von anderen erfahren haben oder wenn ihre Bedürfnisse als Kind nicht befriedigt wurden. Bei Kriminellen wurden wiederholt ernste und frühe Mißhandlungen aufgedeckt, die in einer Umgebung ohne Verständnis für ihre Gefühle und Bedürfnisse herangewachsen waren.

Wie wirken sich Strafen auf kleine Kinder aus?

Eine Strafe wird hier definiert als etwas Schmerzhaftes oder Unangenehmes, das einem Kind zugefügt wird in dem Bemühen, sein Verhalten zu verändern. Es gibt zwei Kategorien von Bestrafungen: erstens körperliche Schmerzen wie Schlagen, Prügeln und Ohrfeigen, und zweitens der Entzug von Aufmerksamkeit, Freiheit oder Privilegien wie Isolation oder die Verweigerung der Nachspeise oder einer Gute-Nacht-Geschichte.

In einem Artikel über das Schlagen wurden mehrere negative Folgen aufgelistet:[1]

- Das langfristige Verhalten des Kindes ändert sich nicht.
- Wird geschlagen, um das Lernen zu fördern, so entsteht eine gegenteilige Wirkung, indem Nervosität und Angst hervorgerufen werden, die wiederum das Lernen verzögern.
- Das Schlagen führt zu einem verminderten Selbstbewußtsein.
- Geschlagene Kinder lernen, daß sie auf Macht und Gewalt nur mit noch mehr Macht und Gewalt reagieren können. Mit anderen Worten, geschlagene Kinder reagieren wahrscheinlich gewalttätiger als andere. Jungen werden bei uns dreimal häufiger körperlich bestraft als Mädchen, und das mag ein Grund dafür sein, daß Männer gewalttätiger sind als Frauen. Untersuchungen haben gezeigt, daß Kinder, die zu Hause häufig geschlagen werden, in der Schule eher zu Kämpfen und anderem aggressivem Verhalten neigen.
- Körperliche Strafen können dazu führen, daß die Familienmitglieder sich sozial voneinander entfernen, das heißt, daß Kinder, die geschlagen werden, sich von ihren Eltern entfremden, sich weniger gut verstanden fühlen und weniger mit ihnen über ihre Angelegenheiten sprechen.
- Geschlagene Kinder werden übermäßig abhängig von äußeren Kontrollformen. Das kann zu mangelnder Selbstdisziplin führen.
- Schläge in der Kindheit können eine Wurzel für sadomasochistische sexuelle Neigungen im späteren Leben darstellen.

- Geschlagene Kinder können allen Autoritätspersonen gegenüber mißtrauisch und ärgerlich werden.

Eine ausführliche Studie über die Praktiken der Kindererziehung kam zu dem Ergebnis, daß das Strafen von Fünfjährigen wegen aggressiver Handlungen den gegenteiligen Effekt hatte: Die Kinder wurden nur noch aggressiver. Die Autoren faßten zusammen, daß »Bestrafungen ... nur mehr Feindseligkeit im Kind hervorzurufen scheinen und zu weiteren aggressiven Ausbrüchen an anderer Stelle führen würden. Wenn die Eltern strafen, insbesondere durch körperliche Bestrafungen, stellen sie genau in dem Moment ein lebendiges Beispiel für Aggression dar, in welchem sie versuchen, dem Kind beizubringen, nicht aggressiv zu sein.«[2]

Wenn der Gehorsam schon sehr früh durch körperliche Strafen erzwungen wird und der Ausdruck von Wut und Schmerz bestraft wird, kann das gefährliche Auswirkungen haben. Das Kind kann zu einem Erwachsenen werden, der blind allen Autoritätspersonen gehorcht. Dieses frühe Training, anderen zu gehorchen, kann zu seiner zweiten Natur werden. Er verliert die Fähigkeit, für sich selbst zu denken. Alice Miller hat die Kindheit von Naziführern analysiert und faßt zusammen: »Unter allen Führungspersonen des Dritten Reiches habe ich nicht einen gefunden, der nicht eine strenge und rigide Erziehung erfahren hat.« Bis zum Ende ihres Lebens führten diese Menschen jeden einzelnen Befehl, der ihnen gegeben wurde, ohne Zögern aus.[3]

Auch wenn Strafe keine Gewalt beinhaltet, wie zum Beispiel das Kind in die Ecke zu stellen, bleibt das Problem des Erzwingens bestehen. Hierin liegt immer die unterschwellige Androhung einer schlimmeren Konsequenz, wenn es nicht gehorcht, vielleicht sogar eine Gewaltandrohung wie das Schlagen. Auch wenn das noch nie geschehen ist, ist das Kind sich dieser Möglichkeit bewußt und unterwirft sich der geringeren Strafe. Jedes Kind, das mit Selbstrespekt und einem Sinn für seinen eigenen Wert aufwächst, wird sich weigern, in der Ecke zu stehen oder auf sein Zimmer zu gehen, es sei denn, es muß etwas Schlimmes befürchten, wenn es nicht tut, was ihm gesagt wird. So ist die zugrundeliegende Gewaltandrohung oft vorhanden, wenn diese Art der Strafe angewendet wird, auch wenn sie von Verhaltenstherapeuten mit unschuldig klingenden Namen versehen wurde.

Auch der Entzug von Liebe und Aufmerksamkeit ist für Kinder

schmerzvoll. Kinder sind sehr verletzlich und existentiell abhängig von Erwachsenen. Jeder Entzug von Aufmerksamkeit kann Ängstlichkeit, Verwirrung und Gefühle von Unsicherheit auslösen. Kinder brauchen das Wissen, daß sie von ihren Eltern tief und bedingungslos geliebt werden. Auch wenn die Eltern einen Unterschied machen zwischen dem Kind und seinem Verhalten, können die Kinder diesen Unterschied noch nicht nachvollziehen. Der Erwachsene denkt vielleicht, daß er nur das Verhalten des Kindes zurückweist, aber das Kind wird sich unvermeidlich ungeliebt und zurückgestoßen fühlen. Es ist vielmehr so, daß inakzeptables Verhalten einen Hilferuf darstellt und Kinder zu solchen Zeiten mehr Liebe und Verständnis brauchen, nicht weniger. Entzüge anderer Art, wie zum Beispiel das Verbot, die Lieblingssendung im Fernsehen anzuschauen, können zu Gefühlen von Empörung und Ärger führen. Eine Studie zeigte, daß weder körperliche Strafe noch der Entzug von Liebe die moralische Entwicklung des Kindes positiv beeinflußte. Wirksamer für die Stärkung moralischer Werte waren Appelle an die Gefühle anderer Menschen und Informationen über deren Gefühle.[4]

Alle Formen des Strafens, ob sie nun offen Gewalt verwenden oder nicht, entstammen einer autoritären Methode, in der die Eltern ihre größere Macht einsetzen, um dem Kind eine unangenehme Situation zu bereiten. Die meisten Eltern wenden die Strafen in guter Absicht an, und der Schmerz, der vom Kind empfunden wird, wird als unvermeidlich angesehen, um sein Verhalten zu ändern und es zu einem »besseren« Menschen zu machen. Keine der Eltern, mit denen ich gesprochen habe, haben es genossen, dem Kind Schmerz zuzufügen, aber sie wußten keinen anderen Weg.

Ohne Zweifel hat das Strafen so viele negative Konsequenzen, daß wir seinen Gebrauch nicht länger rechtfertigen können. Es ist ein Irrglaube, daß Kinder Schmerzen oder irgendeine Art von Entzug brauchen würden, um ihr Verhalten zu verändern, und doch ist diese Annahme so sehr in unserer Gesellschaft verwachsen, daß es schwierig ist, sich davon zu lösen. Kinder erleben schon in ihrem täglichen Leben so viele Verletzungen, und das ist der Hauptgrund für ihr zeitweise inakzeptables Verhalten. Zusätzliche Schmerzen in Form von Strafen fügen der Verletzung nur noch eine Beleidigung hinzu, die, langfristig, nur noch mehr inakzeptables Verhalten mit sich bringt.

Wie sieht es mit Belohnungen aus?

Da Bestrafungen als Disziplinierungsmaßnahme immer unpopulärer werden, suchen viele Eltern einen Ausweg in der Anwendung von Belohnungen. Es ist leicht vorstellbar, daß Kinder durch Belohnungen lernen, sich sauber, ordentlich, gehorsam und kooperativ zu verhalten, und daß diese Methode menschlicher ist als der Gebrauch von Strafen. Tatsächlich hat sie jedoch einige versteckte Haken.

Belohnungen sind Bestrafungen in gewisser Weise recht ähnlich. Wenn erst einmal ein Belohnungssystem existiert, wird schon das Fehlen einer Belohnung bei Fehlverhalten des Kindes als Strafe empfunden. Es ist eine unangenehme, unglückliche Erfahrung, die dieselben negativen Auswirkungen haben kann wie das Strafen, also eine verminderte Selbsteinschätzung oder Ärger.

Belohnungen können irreführend sein. Wenn wir das Verhalten unserer Kinder durch Belohnungen kontrollieren, haben wir keine Garantie, irgendwelche Werte zu vermitteln. Ein Junge mag sein Zimmer aufräumen, wenn er dafür ein Stück Schokolade bekommt, aber wird sich dadurch sein Ordnungssinn oder sein Bewußtsein für die Umwelt steigern? Wenn Angst oder Eifersucht der Grund für inakzeptables Verhalten ist, werden Belohnungen die Probleme nicht befriedigend lösen und auch dem Kind ist bei der Bewältigung dieser Schwierigkeit nicht geholfen.

Belohnungen können zu Konkurrenzverhalten führen. Wenn für bestimmte Handlungen Belohnungen angeboten werden, kann sich unter Geschwistern Konkurrenz entwickeln. Eltern sehen sich mit der Entscheidung konfrontiert, ob die älteren Kinder mehr oder weniger belohnt werden sollten als die jüngeren, wie lange diese Belohnungen beibehalten werden sollten usw. Solange das kindliche Verhalten bewertet und belohnt wird, solange wird jede Ungerechtigkeit bei der Vergabe der Belohnung von den Kindern bemerkt und hinterfragt werden.

Belohnungen können die gewünschte Wirkung ins Gegenteil verkehren. Ein interessantes Experiment zeigte, daß Vorschulkinder, denen für eine Zeichnung eine Belohnung versprochen wurde, auf die Dauer ihr Interesse verloren, als die Belohnungen ausblieben. Auf der anderen Seite behielten die Kinder ihr Interesse, die nicht im direkten

Zusammenhang mit dem Zeichnen belohnt wurden.[5] Es scheint so zu sein, daß Kinder, die belohnt werden, nur aktiv werden, um die Belohnung zu erhalten, und den Kontakt zu ihrem ursprünglichen Interesse und dem Wunsch zu lernen verlieren. Ähnliche Ergebnisse können bei der Hilfe im Haushalt auftreten. Ebenso können Belohnungen dazu führen, daß Kinder sich bewußt »schlecht« benehmen, um die Eltern spüren zu lassen, daß sie eine Belohnung brauchen. Wie ein kleiner Junge es erklärte: »Ich kriege das, was ich brauche, weil ich mich so verhalte, daß meine Mutter denkt, ich sei böse. Natürlich muß ich oft genug böse sein, um sie zu überzeugen, daß sie mich nicht für nichts bezahlt.«[6]

Durch Belohnungen folgen Kinder einem Lust-Schmerz-Prinzip. Verhaltensänderungsmethoden, die auf Belohnungsversprechung oder Strafandrohung basieren, lehren Kinder, daß es akzeptiert ist, alles für ein angenehmes Erlebnis zu tun oder alles zu vermeiden, was unangenehme Folgen haben könnte. Diese Konditionierung ersetzt die Fähigkeit, klar über eigene Handlungen nachzudenken und langfristige Konsequenzen in Betracht zu ziehen. Wenn Erwachsene ihre Handlungen auf dem Lust-Schmerz-Prinzip aufbauen würden, würden sie das tun, was eine direkte Belohnung zur Folge hätte. Momentane Reize, die zum Beispiel durch Drogen oder neuen Besitz verursacht werden, können für die Menschen eine Versuchung darstellen, die in ihrer Kindheit einer solchen Konditionierung ausgesetzt waren. Unsere Aufgabe als Eltern sollte es sein, unseren Kindern beizubringen, wie man durch nichts und niemanden manipuliert werden kann – Werbung, Drogen, Spielkameraden, Autoritätspersonen und uns selbst inbegriffen, unabhängig davon, wie verführerisch die Belohnungen auch zu sein scheinen. Unsere Aufgabe ist es, unseren Kindern dabei zu helfen, ihre eigene Denkfähigkeit in bezug auf ihr Handeln zu entwickeln und weiter zu denken, wenn andere versuchen, sie mit verführerischen Belohnungen zu manipulieren. Der Gebrauch von Süßigkeiten, Fernsehen, Geld und anderen beeinflussenden Mitteln, unschuldig, wie sie uns erscheinen mögen, ist eine klare Botschaft an unsere Kinder, daß es in Ordnung ist, andere über ihr Verhalten und ihr Leben entscheiden zu lassen.

Eine letzte negative Auswirkung liegt in der Beleidigung, die Sie Ihrem Kind zufügen. Menschen haben die Fähigkeit, sich kreativ und intelligent über ihre Handlungen Gedanken zu machen. Auch schon sehr kleine Kinder können gut über ihr Verhalten nachdenken, wenn all ihre Bedürfnisse beachtet werden. Versuchen wir jetzt durch Belohnungen das Verhalten der Kinder zu verändern, so vermitteln wir ihnen, daß wir sie nicht für klug genug halten, selbst den richtigen Weg zu finden oder unseren logischen Erklärungen zu folgen. Es zeigt ihnen, daß wir ihrer angeborenen Fähigkeit zu wachsen und zu lernen nicht vertrauen.

In manchen Situationen genießen Kinder es jedoch durchaus, belohnt zu werden. Einige Jugendgruppen verleihen für die Durchführung bestimmter Aufgaben »Verdienstorden«, und auch manche Kinderbibliotheken vergeben Anstecknadeln oder kleine Preise für jedes gelesene Buch. Solange die Kinder selbst entscheiden können, ob sie sich in eine solche Situation begeben wollen, ist es für sie mehr wie ein Spiel und hat nicht die negativen Konsequenzen, die bisher besprochen wurden. Wenn die Kinder keine Wahl haben und das Belohnungssystem von einer Autoritätsfigur zur Kontrolle des kindlichen Verhaltens eingesetzt wird, tauchen die verschiedenen Nachteile wahrscheinlich eher auf.

Die folgenden Abschnitte dieses Kapitels bieten mehrere Vorschläge im Umgang mit inakzeptablem Verhalten an. Hierbei werden weder Belohnungen noch Strafen angewendet, um Kooperation zu erzielen. Unsere Rolle als Eltern besteht nicht darin, unsere Kinder wie Zirkustiere abzurichten, sondern sie mit Respekt und Integrität zu behandeln, so daß sich ihre natürliche Denkfähigkeit und ihr Selbstvertrauen entfalten können.

Was sagt uns das Fehlverhalten von Kindern?

Kinder sind nicht an und für sich »schlecht«. Trotzdem handeln sie manchmal unkooperativ, beunruhigend, verletzend, destruktiv oder sogar gefährlich. Hieran können wir erkennen, daß etwas falsch läuft. Es gibt drei Hauptgründe für inakzeptables Verhalten.

Das Kind hat ein Bedürfnis. Unerkannte und unerfüllte Bedürfnisse können zu einem Verhalten führen, daß andere nicht akzeptieren können. Ein hungriges kleines Mädchen, dessen Vater gerade die Zeitung liest, kann nach mehreren erfolglosen Versuchen, seine Aufmerksamkeit auf sich zu lenken, damit anfangen, seinen kleinen Bruder so zu ärgern, daß er anfängt zu weinen. Körperliche Bedürfnisse wie zum Beispiel Hunger können von kleinen Kindern nicht so einfach zur Seite geschoben werden.

Das Bedürfnis nach Aufmerksamkeit ist ein weiteres legitimes Bedürfnis, und ein Kind, das nicht genügend beachtet wird, findet Wege, sich bemerkbar zu machen. Bringt sein Verhalten erhöhte Aufmerksamkeit mit sich, so hat es sein Ziel erreicht, auch wenn es für die Eltern nicht akzeptabel ist.

Neben Nahrung und Aufmerksamkeit bestehen natürlich noch andere wichtige Bedürfnisse. Kinder sind sehr neugierig und wollen Dinge erforschen, berühren und beeinflussen. Nimmt man die Kinder mit an Orte, wo das Berühren und Entdecken nicht erlaubt sind, wird dieses Bedürfnis also wiederholt enttäuscht, und so kann sich ein Verhalten einstellen, das nicht zu akzeptieren ist.

Leider ziehen die meisten öffentlichen Orte dieses kindliche Bedürfnis nicht in ihre Überlegungen mit ein, und beim Warten im Restaurant, in Geschäften, in Post und Bank erfahren die Eltern wenig Unterstützung. Die Kinder langweilen sich und suchen sich eine Beschäftigung mit dem, was dort zur Verfügung steht. Wird dieses Bedürfnis nach Anregung jedoch wahrgenommen, ist es eher möglich, es auch in von Erwachsenen akzeptierter Weise zu erfüllen. Vorschläge hierzu werden in einem späteren Abschnitt beschrieben.

Das Kind hat ungenügende Informationen. Oft entstehen Konflikte, weil die Kinder nicht genug Information über die Konsequenzen ihres Verhaltens haben. Wenn ein Kind mit schmutzigen Schuhen ins Haus kommt, weiß es vielleicht nicht, daß der Schmutz von den Schuhen fällt, wie schwierig es ist, einen Teppich zu reinigen, oder nicht einmal, daß seine Schuhe überhaupt schmutzig sind. Bevor wir davon ausgehen, daß das Kind »ungezogen« ist, sollten wir erst einmal mögliche Mißverständnisse klären oder Informationslücken füllen.

Das Kind hortet schmerzliche, angespannte Gefühle. Wenn ein Kind absichtlich andere Leute schlägt oder beißt, um ihnen weh zu tun, haben wir es mit der dritten Hauptursache für Fehlverhalten zu tun: Kinder, die sich unkooperativ, trotzig, brutal und destruktiv verhalten, fühlen sich schlecht. Sie haben angestaute Gefühle von Ärger, Angst

oder Trauer, die durch vorangegangene schmerzvolle Erfahrungen hervorgerufen wurden.
Sogar in der liebevollsten Umgebung erleben Kinder täglich Verletzungen, erschrecken sich und werden enttäuscht. Werden diese schmerzlichen Gefühle unterdrückt, kann sehr leicht ein inakzeptables Verhalten entstehen (siehe Tabelle auf Seite 28). Diese Gefühle wollen ausgedrückt werden, und die Kinder brauchen Aufmerksamkeit, damit sich die aufgestauten Spannungen durch Weinen und Wüten lösen können. Weder Strafen und Predigten noch Ablenkungen können die Ursachen für dieses Verhalten wirklich heilen. Nur die freie Äußerung der Gefühle bringt hier eine positive Veränderung. Kinder, die ihren Schmerz auf gewalttätige Weise ausdrücken, sind oft den Tränen sehr nahe, und eine eindeutige, aber liebevolle Unterbrechung des unannehmbaren Verhaltens genügt manchmal, so daß die darunter verborgenen Gefühle wieder ins Fließen kommen. Beispiele hierfür werden im weiteren Verlauf des Kapitels gegeben.
Dieses nicht zu akzeptierende Verhalten können wir häufig als eine Bitte um Hilfe verstehen. Das Kind kann in dem Moment, in dem es diese überwältigenden Gefühle erlebt, über keine andere Art der Hilfestellung nachdenken. Selbst wenn es manchmal bewußt diesen Weg einschlägt, ist der Zweck des Verhaltens oft der, auf sich aufmerksam zu machen, zu zeigen, wie schlecht es sich fühlt, und hierdurch jemanden zu finden, der eine sichere Situation schafft, so daß es seine aufgestauten Gefühle lösen kann.
Im allgemeinen können Eltern davon ausgehen, daß sie diejenigen sind, die ihre Kinder in ihrer schlechtesten Verfassung erleben, da Kinder sich mit den Menschen ausagieren, bei denen sie sich am sichersten fühlen. Eigentlich sagen sie zu ihren Eltern: »Ihr seid diejenigen, die sich mehr um mich sorgen als alle anderen Menschen, und ich winke mit dieser roten Fahne, um euch zu zeigen, wie schlecht ich mich fühlen, damit ihr mir helft, die Gefühle zu lösen und zu überwinden.« Von einem Kind, dessen Ängste nachts auftauchen, kann man nicht erwarten, daß es sagt: »Ich habe Todesangst, und nachts, wenn ich allein im Bett bin, fühle ich sie am stärksten.« Das Leben wäre bedeutend einfacher, wenn Kinder sich so verständlich machen könnten. Statt dessen werden sie unkooperativ, aggressiv oder stellen abends übermäßige Anforderungen. Für die Eltern ist dieses Benehmen

ein Hinweis dafür, daß das Kind bei seinen Gefühlen Unterstützung braucht, da hier eine Verletzung zugrunde zu liegen scheint.
In solchen Situationen bekommen Kinder häufig nicht die Aufmerksamkeit, die sie brauchen, da ihr Verhalten für die Eltern verständlicherweise anstrengend und entnervend ist. So ist es verführerisch, das Verhalten um jeden Preis zu stoppen, weil man leicht vergißt, daß das Kind sich verletzt oder ängstlich fühlt. Es ist wichtig, inakzeptables Verhalten zu unterbrechen, aber wenn dem Kind hierbei keine Gelegenheit gegeben wird, seine Gefühle auszudrücken, wird es sich weiterhin schlecht fühlen, und das Verhalten wird wahrscheinlich wieder auftreten.

Kann inakzeptables Verhalten verhindert werden?

Ich will hier einige Vorschläge anbieten, die Konflikte verringern können und nicht zu akzeptierendes Verhalten verhindern helfen:
1. *Sorgen Sie für viel Nähe und individuelle Aufmerksamkeit.* Wenn diese lebensnotwendigen Bedürfnisse erfüllt werden, sind Kinder weniger fordernd und aufrührerisch.
2. *Ermutigen Sie Ihr Kind, seine Gefühle regelmäßig durch Weinen und Wüten zu lösen.* Viele Probleme tauchen einfach nicht auf, wenn schmerzhafte Gefühle ihren Ausdruck gefunden haben.
3. *Schaffen Sie eine kindersichere und kinderfreundliche Umgebung.* Besonders für Klein- und Krabbelkinder ist äußere Sicherheit sehr wichtig. Aber auch in den Vorschuljahren bleibt ein gewisser Grad dieser Sicherheit hilfreich und notwendig. Giftige Chemikalien und Reinigungsmaterial sollten außerhalb der Reichweite aufbewahrt werden, ebenso wertvolle und zerbrechliche Gegenstände. Ein Fernsehgerät, das in einem Schrank oder einem selten benutzten Raum steht, ist weniger verlockend.
Kinder brauchen Beschäftigung. In Wartezimmern, Geschäften und auf langen Reisen können Konflikte vermieden werden, wenn kleineres Spielzeug und kleine Mahlzeiten zur Verfügung stehen. Sogar zu Hause können die Kinder sich manchmal mit ihrem eigenen Spielzeug langweilen. So könnten Sie dem Kind einige Spiele nur dann geben, wenn es neue Anreize braucht. Ich reservierte immer spezielles Spiel-

zeug, wenn ich wichtige Telefongespräche zu erledigen hatte und konnte so eine Unterbrechung vermeiden.
Auch die kindgerechte Gestaltung der Umgebung hilft Kindern, genügsamer zu werden. So hängen sie ihre Mäntel sicher eher auf, wenn sie die Kleiderhaken selbst erreichen können. Ebenso versorgen sie sich mit Müsli und Milch, wenn Schalen und Löffel in Reichweite sind.
Schließlich beinhaltet eine kinderfreundliche Umgebung auch, daß das Kind nicht sehr lange auf Nahrung und Getränke warten muß, wenn es hungrig und durstig ist.
4. *Bereiten Sie Ihr Kind auf anstehende Ereignisse vor.* Planen Sie zum Beispiel eine Abendgesellschaft, teilen Sie Ihrem Kind mit, was es erwartet und was Sie von ihm erwarten. Neue Situationen wie einen Besuch beim Zahnarzt, den ersten Schultag, einen neuen Babysitter oder eine Zugfahrt können Sie im voraus üben.
5. *Wenden Sie Befehle so selten wie möglich an.* Anordnungen und Befehle verursachen bei Kindern gewöhnlich einen starken Widerstand, weil sie ihre Entscheidungsfreiheit völlig einschränken. Zusätzlich kann man Befehle, die dem Wunsch des Kindes nicht entsprechen, nur durch Belohnungen oder Strafen durchsetzen, und wie schon weiter oben beschrieben, beinhalten diese Techniken einige Fallen und negative Konsequenzen. Es ist durchaus möglich, ein Kind dahin zu bringen, etwas Bestimmtes zu tun, ohne auf irgendeine Weise unterdrükkend zu sein. Auf der anderen Seite sind Verbote leichter durchzusetzen und werden von Kindern auch eher akzeptiert, da sie ihnen einen gewissen Grad an Wahlfreiheit lassen. Konflikte können eher durch Verbote als durch Befehle vermieden werden. Anstatt Ihrem Kind zu sagen, daß es eine Stunde lang in seinem Zimmer spielen muß, können Sie ihm mitteilen, daß Sie für eine Stunde in Ihrem Zimmer ungestört arbeiten möchten. So kann es jedes andere Zimmer zum Spielen benutzen.
6. *Bieten Sie verschiedene Entscheidungsmöglichkeiten an.* Eine weitere Alternative zu Befehlen ist die Wahlfreiheit: »Sollen wir die Geschichte vor oder nach dem Zähneputzen lesen?« »Möchtest du heute deine rote oder blaue Hose anziehen?« Kinder arbeiten eher mit den elterlichen Wünschen zusammen, wenn ihnen eine Wahlmöglichkeit angeboten wird.

Was kann ich machen, wenn ich das Verhalten meines Kindes nicht akzeptieren kann?

Es ist selbstverständlich nicht möglich, alle Konflikte zu vermeiden. Den Kindern fehlen wichtige Informationen, es geschehen unvorhersehbare Ereignisse, neue Bedürfnisse stellen sich ein, wir überfordern die Fähigkeit unserer Kinder, Regeln zu verstehen und sich daran zu erinnern, und Gefühle wie Angst, Enttäuschung, Trauer und Eifersucht beeinträchtigen ihre Fähigkeit, klar über ihr Verhalten nachzudenken. Wie schon weiter oben erwähnt, gibt es drei Hauptgründe für Fehlverhalten: Das Kind hat ein bestimmtes Bedürfnis, es fehlen ihm Informationen, und es empfindet schmerzhafte Gefühle. Der erste Schritt bei inakzeptablem Verhalten ist, zu entscheiden, welcher der drei Gründe vorliegt.
Sie können sich selbst fragen: »Was braucht mein Kind jetzt im Moment?« Wenn Sie sich einmal hierzu entschlossen haben, können Sie versuchen, alternative Handlungen vorzuschlagen, die Ihrem Kind ermöglichen, seine Bedürfnisse auf eine Weise zu erfüllen, die von Ihnen akzeptiert wird. Manchmal erfordert es nicht viel, die Bedürfnisse zu erfüllen, wie das folgende Beispiel mit meiner Tochter verdeutlicht:

Als Sarah drei Jahre alt war, kam sie oft zum Essen, ohne vorher ihre Hände gewaschen zu haben, und sie weigerte sich auch, sie zu waschen, wenn ich sie darum bat. Ich hätte ihr das Essen jetzt vorenthalten können, bis sie mir gehorcht, oder ihr jedesmal einen Groschen geben können, wenn sie sich daran erinnert hätte. Aber das wäre eine autoritäre Methode gewesen, die mich in eine kontrollierende und manipulierende Position gebracht hätte. Statt dessen versuchte ich mich in sie hineinzuversetzen. Oft war sie so hungrig, daß sie nicht mehr durch das Händewaschen vom Essen abgehalten werden wollte. Wenn sie es erst einmal gesehen hatte, war es schwierig für sie, es aufzuschieben. Ebenso wichtig war es wohl, daß sie sich meiner Autorität nicht unterordnen wollte, sondern ihren eigenen Weg gehen konnte. Die Lösung, die ich fand, bestand darin, ihr zu sagen, daß sie einen Bissen haben könnte, bevor sie sich die Hände wusch. Das funktionierte immer, und sie wusch ihre Hände ohne weiteren Protest. Nach und nach erinnerte sie sich auch daran, ihre Hände vor dem Essen zu waschen.

Ich wunderte mich darüber, warum diese Methode so gut funktionierte. Ich glaube, daß die Wirkung in der Tatsache liegt, daß ein Aufeinanderprallen zweier Meinungen sich in eine Situation verwandelte, in der niemand verlieren konnte. Sie konnte »ihr Gesicht wahren«. Und obwohl ich ihren Wünschen beinahe nur symbolisch entgegenkam, reichte es aus, daß sie sich verstanden fühlte und zufrieden war.

Manchmal sind Lösungen nicht so einfach zu finden, da die legitimen Bedürfnisse des Kindes auf die ebenso legitimen Bedürfnisse der Eltern treffen. Hierfür gibt es zwei traditionelle Handlungsmuster. In der autoritären Methode benutzen die Eltern Belohnungen oder Strafen, Versprechen oder Drohungen, die das Kind dazu zwingen, sich so zu verhalten, daß die Bedürfnisse der Eltern befriedigt werden. Das Kind ist der Verlierer, die Eltern sind die Gewinner des Konflikts. Beim nachgiebigen Ansatz dagegen stecken die Eltern zurück, so daß das Kind seine Bedürfnisse erfüllen kann. Das Kind gewinnt, und die Eltern verlieren. Keines dieser Handlungsmuster ist befriedigend, da die autoritäre Methode die Kinder verärgert, die übermäßig nachgiebige die Eltern.

Die Lösung liegt darin, zu versuchen, beide Bedürfnisse zu erfüllen. Die Eltern können das Kind wissen lassen, daß seine Bedürfnisse wahrgenommen und verstanden werden, ebenso können sie ihm ihre eigenen Bedürfnisse mitteilen. So kann sich das Kind am Nachdenken über eine alle befriedigende Lösung beteiligen. Auch schon sehr kleine Kinder können zu kreativen Konfliktlösungen beitragen. Das Buch *Familienkonferenz* von Thomas Gordon zeigt viele Konfliktsituationen, die auf diese Art und Weise gelöst werden.[7]

Das folgende Beispiel verdeutlicht, wie mein erster autoritärer Ansatz einer Konfliktlösung zu Ärger und Aggressionen auf seiten meiner Tochter führte:

Als Sarah sechs Jahre alt war, wollte sie sich morgens, wenn es kalt war, im Badezimmer nur dann anziehen, wenn ein Heizofen angestellt war. Sie trödelte herum, so daß der Heizer eine lange Zeit anbleiben mußte. Ich wurde gereizt, weil ich die Stromkosten scheute. So ging ich nach fünf Minuten herein und stellte den Heizer einfach ab. Da sie noch nicht fertig angezogen war, fing sie wütend an zu schreien, und meine Erklärungen der Stromkosten halfen überhaupt nicht. Sie trödelte weiter. Einmal war sie so wütend auf mich, nachdem ich den Heizer abgestellt hatte, daß sie mich schlug. Von ihrem Standpunkt aus betrachtet war ich wirklich gemein. Ich merkte, daß ich mich ihr gegenüber sehr autoritär und respektlos verhielt und dachte über eine Lösung nach. Wir besprachen das Problem, und da sie mir keine Lösung anbieten konnte, machte ich den Vorschlag, einen Wecker auf fünf Minuten zu stellen, und den Heizer so lange anzulassen, bis er klingelte. Sie fand die Idee gut, genau zu wissen, wieviel Zeit sie hätte, wollte aber noch über die Länge der Zeit verhandeln. So einigten wir uns schließlich auf fünfeinhalb Minuten. Sie zog sich jetzt schnell an und beklagte sich nie, wenn ich den Heizer abstellte. Oft war sie sogar vor dem Klingeln fertig angezogen und sagte: »Du kannst den Heizer jetzt abstellen.«

Ein verbreitetes Problem mit kleinen Kindern besteht in ihrer häufigen Forderung nach Aufmerksamkeit – einem legitimen Bedürfnis. Aber auch Eltern haben Bedürfnisse. Zwischen zwei und acht Jahren entwickeln Kinder allmählich ein Verständnis dafür, daß auch andere Menschen Bedürfnisse haben. Wir können sie ihnen erklären, während wir zur gleichen Zeit ihr Bedürfnis nach Aufmerksamkeit wahrnehmen. Wenn die Bedürfnisse aller wahrgenommen werden, können oft auch Wege gefunden werden, die diese Bedürfnisse erfüllen. Eine Vereinbarung könnte beinhalten, daß das Kind bei der Hausarbeit hilft, so daß die Eltern mehr Zeit zum Spielen oder Vorlesen haben. Hierzu werden die Kinder nicht gezwungen, sondern die Lösung wird durch eine gegenseitige Vereinbarung erreicht. (Bei Kindern unter vier Jahren kann man jedoch nicht erwarten, daß diese Methode gut funktioniert.)
Der zweite mögliche Grund für inakzeptables Verhalten ist die mangelnde Information kleiner Kinder. Wir vergessen leicht, wie wenig informiert sie wirklich sind. Sie wissen gar nichts über unsere komplexe Welt, bis sie sie erleben oder bis ihnen Tatsachen erklärt werden. Das konnte ich durch meinen Sohn erfahren:

Eines Tages, als Nicky zwei Jahre alt war, spielte er ruhig für sich, und ich ging zu ihm, um zu sehen, was er machte. Zu meinem Entsetzen bemalte er eifrig die Wand mit seinen Kreidestiften. Obwohl ich ziemlich aufgebracht war, konnte ich doch sehen, daß er nicht mein Wissen über Kreide und Wände hatte. Ich teilte ihm also mit, daß die Tapeten besser weiß bleiben sollten, und mit seiner bereitwilligen Unterstützung hatten wir mehr als eine Stunde zu tun, bis alles wieder sauber war. Ich erklärte ihm jetzt, daß wir nur auf Papier malen und nicht auf Wände, und ab jetzt sorgte ich auch dafür, daß er immer Papier zur Verfügung hatte. So bemalte er nie wieder die Wände.

Zu keinem Zeitpunkt beschämte oder beschuldigte ich meinen Sohn. Ich gab ihm lediglich die ihm fehlende Information, indem ich ihn erfahren ließ, wieviel Arbeit es bedeutete, die Kreidezeichnungen von der Wand zu entfernen. Das geschah in der Absicht, ihn diese Tatsache erkennen zu lassen, und wurde mit Freude durchgeführt.
Hier war mein Sohn alt genug, den Begriff einer Regel zu verstehen: Was an diesem Tag Gültigkeit hatte, galt für jeden Tag und jede Wand. Von Kindern unter zwei Jahren kann man jedoch noch nicht erwarten, daß sie ihr Verhalten von Regeln beherrschen lassen, und so muß jeder Konflikt als vollkommen neue Erfahrung betrachtet werden. (Vorschläge hierzu finden Sie in meinen Buch *Warum Babys weinen.*)
Kinder können notwendige Informationen auch dadurch erlangen, indem sie die natürlichen Konsequenzen ihrer Handlungen erleben. Hier ein Beispiel:

Als Sarah vier Jahre alt war, nahm sie einige Wochen lang täglich Schwimmunterricht. Es störte mich, daß sie ihren Badeanzug und das Handtuch nie aufhängte, sondern auf dem Boden liegenließ. Normalerweise hängte ich ihre Sachen dann auf, merkte aber bald, daß es eigentlich ihre Aufgabe wäre. Vielleicht kümmerte sie sich nicht darum, weil sie noch nie erlebt hatte, wie es ist, einen nassen Badeanzug anzuziehen? Ich erklärte ihr also, daß ihr Badeanzug am nächsten Tag noch naß wäre, wenn sie ihn nicht aufhängen würde. Sie kümmerte sich nicht weiter darum, und ich ließ alles so liegen. Am nächsten Tag war sie aufgebracht über ihre noch nassen Sachen, und seitdem hängte sie sie selber auf.

In dieser Situation schien es so, als könne meine Tochter die notwendige Information nur aufnehmen, indem sie die unangenehme Erfahrung machen mußte. Manchmal ist es nicht angenehm, neue Informationen zu erlernen, und wir Eltern müssen unsere Kinder nicht immer vor den Folgen ihrer Handlungen beschützen, wenn wir meinen, daß als Ergebnis ein wichtiger Lernschritt erreicht wird. In solchen Situationen ist es sinnvoll, nichts weiter zu tun, als die Konsequenzen geschehen zu lassen. Natürlich ist die Haltung der Eltern hier sehr wichtig. Wenn ich gesagt hätte: »Ich habe es dir doch gesagt«, hätte meine Tochter sich vielleicht als Verliererin gefühlt und wäre wütend geworden. Hilfreicher ist es wirklich, mit dem Kind mitzufühlen, wenn es eine unangenehme Konsequenz aus seiner eigenen Erfahrung heraus

erlebt. Jedes Weinen und Wüten sollte akzeptiert und die Gefühle liebevoll angenommen werden.
Selbstverständlich gibt es Situationen, in denen natürliche Konsequenzen zu gefährlich sind, und hier müssen andere Wege gefunden werden, die nötigen Informationen zu vermitteln. Läuft ein kleines Kind trotz Erklärungen weiterhin einfach in den Straßenverkehr, können Sie ihm vielleicht ein Photo eines verunglückten Kindes zeigen oder ein Tier, das überfahren wurde. Versteht Ihr Kind es dann immer noch nicht, so muß es anders geschützt werden. Wenn es bestraft wird, lernt es vielleicht, zu gehorchen und Regeln zu befolgen, aber Sie wollen wahrscheinlich in Situationen, die so gefährlich sind wie der Straßenverkehr, nicht allein seinem Gehorsam vertrauen. Da Sie es also in jedem Fall überwachen müssen, ist es besser, Bestrafungen überhaupt zu vermeiden und so lange zu warten, bis das Kind alt genug ist, die Gefahren zu verstehen, bevor Sie ihm vertrauen, daß es auf dem Bürgersteig bleibt.

Wie kann ich mit inakzeptablem Verhalten umgehen, das durch aufgestaute Gefühle entstanden ist?

Wenn ein Kind sich auch weiterhin nicht akzeptabel verhält, obwohl Sie alle möglichen Bedürfnisse in Betracht gezogen und alle notwendigen Informationen gegeben haben, dann ist es sehr wahrscheinlich, daß es schmerzhafte Gefühle in sich trägt. Aufgestaute Ängste und Frustration veranlassen Kinder oft, sich destruktiv und aufsässig zu verhalten.
Diesem Verhalten wird üblicherweise mit dem Entzug von Liebe und Aufmerksamkeit begegnet. Man geht davon aus, daß das Kind, wenn es nicht beachtet wird, lernt, daß es die Aufmerksamkeit, die es sucht, durch ein solches Verhalten nicht bekommt. Gerade zu solchen Zeiten brauchen Kinder dringend Aufmerksamkeit, und die Probleme verschwinden nicht, wenn das Kind ignoriert wird. Aber auch nicht jede Art von Aufmerksamkeit erfüllt hier seinen Zweck. Sie muß das Thema auf eine solche Art und Weise ansprechen, daß das Kind nicht länger gezwungen ist, sich inakzeptabel zu verhalten.
Es gibt zwei Richtlinien, die Sie in solchen Situationen berücksichtigen

können. Erstens sollten Sie das Verhalten des Kindes so unterbrechen, daß es weder verletzt noch erniedrigt wird. Schreien und Schlagen hat auf lange Sicht keine Wirkung, und beides fügt dem Kind nur weitere schmerzhafte Gefühle zu. Eine klare Grenzsetzung reicht manchmal schon aus, zum Beispiel: »Tritt nicht gegen das Fenster.« Manchmal müssen Sie vielleicht auch Ihre größere Kraft (aber nicht Gewalt!) einsetzen, wenn Sie Ihr Kind eindeutig davon abhalten wollen, ein anderes Kind zu schlagen, oder ihm einen Gegenstand aus der Hand nehmen wollen, den es benutzt, um etwas kaputtzumachen.

Zweitens sollten Sie den Ausdruck der Gefühle erlauben und ermutigen. Wenn ein Kind sich aus schmerzhaften Gefühlen heraus inakzeptabel verhält, fängt es oft spontan an, zu weinen oder wütend zu werden, wenn sein Verhalten unterbrochen wird, und hierin liegt die Heilung.

Kinder brauchen jemanden, der ihnen bei ihren Gefühlsausbrüchen geduldig zuhört, ohne sich dabei zu erschrecken oder ärgerlich zu werden. Manchmal brauchen sie jemanden, der groß und stark ist, mit dem sie kämpfen können, der sie fest hält und ihre Wut aufnehmen kann. Wenn der Sturm vorbei ist, halten die Eltern dann einen erleichterten und entspannten kleinen Menschen in ihren Armen, der liebevoll und kooperativ ist und keine Spur eines destruktiven Verhaltens zeigt. Diese Methode wurde sehr erfolgreich bei schwer gestörten Kindern angewendet, die ihren Ärger gewalttätig ausdrückten. Sie waren in ihrer Kindheit mißbraucht oder vernachlässigt worden. Der Therapeut hält dabei das Kind fest, um eine Wutreaktion mit Weinen und Schreien zu erreichen. Hierdurch wurden tiefgreifende Veränderungen beobachtet, die manchmal schon innerhalb von Stunden sichtbar wurden. Auch wenn ein Kind nicht mißbraucht oder vernachlässigt wurde, sammelt es doch schmerzhafte Gefühle an, die dazu führen, daß es sich gewalttätig, aufsässig und unkooperativ verhält. Liebevolles, aber festes Halten kann sowohl das Verhalten unterbrechen, als auch dem Kind helfen, seine aufgestauten Gefühle zu lösen. Hierzu ein Beispiel mit meinem Sohn:

Nicky war vier Jahre alt, als er sich eines Tages sehr aufsässig verhielt. Er störte seinen Vater ständig beim Zeitunglesen und kam dann zu mir und fing an mich zu schlagen. Ganz offensichtlich brauchte er bei irgendwelchen schmerzhaften Gefühlen Unterstützung, und so brachte ich ihn ins Schlafzimmer und hielt ihn fest. Er kämpfte und fing bald an zu weinen. Ich hielt ihn und streichelte sein Gesicht liebevoll, während er weinte und schrie. Ständig bat er um irgend etwas, zum Beispiel wollte er etwas essen oder auf die Toilette gehen. Ich sagte ihm ganz sanft, daß all diese Dinge warten könnten und daß ich ihn noch eine Zeitlang halten würde. Er weinte eine Viertelstunde lang heftig, beruhigte sich dann und schlief beinahe ein. Dann erzählte er mir einen Alptraum, den er in der letzten Nacht gehabt hatte: Diebe, die ins Haus eingedrungen waren. Danach wollte er noch ein bißchen mit mir schmusen. Den Rest des Tages war er völlig entspannt und in keinster Weise mehr aufsässig.

Das feste Halten ist etwas völlig anderes als eine Strafe. Es besteht keinerlei Absicht, das Kind zu verletzen, zu erniedrigen, zu bedrohen oder ihm die Liebe zu entziehen. Die Haltung ist voller Respekt, während zur gleichen Zeit das inakzeptable Verhalten des Kindes wahrgenommen wird. Die Sprache ihm gegenüber ist sanft, und seine Gefühle werden wahrgenommen und akzeptiert. Die Eltern vermitteln die Haltung, daß ihr Kind eine gute und liebenswerte Person ist. Das feste Halten schafft eine sichere Atmosphäre, in der das Kind seine Gefühle ohne Schaden äußern kann, und es sollten keine Bestrafungsabsichten dahinterstehen.
Es gibt noch weitere Möglichkeiten, Kindern dabei zu helfen, ihre Gefühle auszudrücken, wenn sie sich zerstörerisch oder im weiteren Sinne inakzeptabel verhalten, beispielsweise ein spielerischer Umgang, der das Lachen ermutigt. Das ist besonders sinnvoll, wenn das Kind erst einmal nicht weinen kann. Häufig folgt dem Gelächter dann ein spontanes Weinen. Eine Frau schrieb mir von ihren Erfahrungen mit dieser spielerischen Methode mit einem zweijährigen Jungen, den sie regelmäßig betreute und der sich ihr gegenüber ziemlich aufsässig verhielt:

Um die Weihnachtszeit herum haben wir uns eine Woche nicht gesehen, und als wir dann wieder zusammen waren, schien Jason irgendwie zerrissen, und er weinte auch gar nicht mehr. Wenn ich ihn hielt, weinte er nicht. Er war nörgelig und unzufrieden und forderte oft ärgerlich irgendwelche Dinge, die ihn dann auch nicht zufriedenstellten. Manchmal versuchte er mich auch zu schlagen. Ich hatte das Gefühl, daß er viele schmerzliche Gefühle zurückhielt und zu ängstlich war, sie in meiner Gegenwart zu äußern. Sein Vater war vorübergehend ausgezogen, und wahrscheinlich fühlte Jason sich zutiefst

erschreckt. Ich entschied mich, eine spielerische Methode einzusetzen, um sein Lachen hervorzurufen. Eines Tages waren wir an einer Rollschuhbahn, und es war Zeit, aufzubrechen, aber Jason wollte nicht gehen. Im Auto sage er dann sehr verärgert: »Ich will aber hier bleiben!« Ich verhielt mich albern, machte ihn nach und verzog mein Gesicht, versuchte aber soviel Akzeptanz wie nur irgend möglich zu vermitteln. Ich wollte ihm zeigen, daß sein Ärger mich nicht aus der Fassung brachte, daß genug Raum dafür war und daß ich ihn nicht gegen mich gerichtet sah. Schon nach einigen Augenblicken fing er an zu lachen und schien so entspannt mit mir wie schon lange nicht mehr. Sein weinerliches Verhalten wurde weniger, und er wirkte weniger verärgert. Jedesmal, wenn er erneut ärgerlich wurde, blieb ich leicht, spielerisch und albern.
Am nächsten Tag waren wir draußen im Schnee. Er war sehr frustriert, als wir den Hügel hinaufliefen, und wurde wieder weinerlich. Ich blieb albern und leicht, und plötzlich fing er an, zu jammern und zu klagen, und alles kam heraus! Ich setzte mich neben ihn und hörte ihm nur zu. Sein Schluchzen hörte sich mehr nach Trauer als nach Ärger an. Vor Freude hätte ich beinahe mitgeweint, weil es ihn so sehr befreite. Es war das erstemal seit sechs Wochen, daß er wieder weinte. Ich war mir ganz sicher, daß er das gebraucht, sich aber einfach nicht sicher genug gefühlt hatte. Die Veränderung seiner Verfassung direkt danach war einfach phänomenal. Er wurde ruhig, natürlich, friedlich und glücklich. Das Anklammern und Fordern war verschwunden. Es war wundervoll.

Wenn man einen spielerischen Ansatz anwendet, muß man sehr vorsichtig sein, damit das Kind versteht, daß man sich nicht lustig über es macht. Viele Eltern suchen ihre Zuflucht in Strafen, wenn ihr Kind sich in der oben beschriebenen Weise verhält. Eine Ohrfeige unterbricht oft das aufsässige Verhalten und gibt dem Kind die Möglichkeit zu weinen, aber nur auf Kosten des Selbstwertgefühls des Kindes und der Eltern-Kind-Beziehung. Manchmal entsteht ein inakzeptables Verhalten auch, weil Kinder sich aktiv der Autorität der Erwachsenen oder einer übermäßigen Kontrolle widersetzen. Man kann von Kindern erwarten, daß sie vernünftigen und gelegentlichen Verboten gehorchen, die auf der größeren Erfahrung und dem größeren Wissen der Eltern beruhen. Aber ein Kind, das in autoritärer Weise behandelt wird oder das in Situationen eingeschränkt wird, die nicht wirklich gefährlich sind, kann aufhören, die elterlichen Warnungen zu beachten, selbst wenn diese tatsächlich berechtigt sind. In solchen Situationen passieren

rebellische und sich selbst gefährdende Handlungen, weil das Kind nicht klar denkt. Es ist zu sehr beschäftigt mit seinen Frustrationen und seinem verzweifelten Verlangen, seine Unabhängigkeit sicherzustellen. Bei diesen Kindern muß das inakzeptable Verhalten unterbrochen werden, und meist brauchen sie Unterstützung für ihre aufgestauten Gefühle. Trotzdem führt das oft nur zu vorübergehender Besserung, weil die Eltern sich verändern und ihre Kinder im allgemeinen mehr akzeptieren müssen.
Wenn Ihr Kind sich häufig Ihren Warnungen oder Verboten widersetzt, könnten Sie sich fragen, ob Sie sich vielleicht im allgemeinen zu einschränkend ihm gegenüber verhalten. Sollte das der Fall sein, könnte Ihnen eine Beratung oder Therapie helfen, die Situation zu verbessern. Es könnte sein, daß Sie Ihre Ängste in bezug auf die Sicherheit Ihres Kindes überprüfen sollten oder auch Ihr Bedürfnis, es zu kontrollieren, so wie Sie selbst kontrolliert worden sind, als Sie jung waren. Das wird Ihnen schließlich helfen, sich entspannter und weniger einschränkend Ihrem Kind gegenüber zu verhalten, und es wird auch seine Neigung, sich in gefährlicher und eindeutig unangemessener Art durchsetzen zu wollen, verringern.

Manchmal verletze ich mein Kind und bedauere es dann. Wie kann ich mich anders verhalten?

Es gibt verschiedene Gründe, warum Eltern wütend werden und ihre Kinder bestrafen und verletzen. Der Hauptgrund besteht darin, daß die meisten von uns selbst bestraft wurden, als wir Kinder waren, und daß uns das Gefühl vermittelt wurde, daß es »zu unserem Besten« geschehe.
Nachdem wir bestraft worden sind, wurde der Ausdruck von Wut und Schmerz unterdrückt. Das ist der zweite Grund. Das Ergebnis ist ein doppelter Schmerz: die ursprüngliche Strafe und die Unmöglichkeit, die schmerzlichen Gefühle, die aus der Strafe resultieren, auszudrükken. Wir hatten keine andere Wahl, als diese negativen Gefühle zu unterdrücken. Die Folge ist, daß wir jetzt den Gebrauch von Strafen rechtfertigen und unsere Kinder in genau der gleichen Weise behandeln. Auch wenn wir unsere eigenen Bestrafungen als ungerechtfertigt

betrachten, besteht so lange ein starker Drang in uns, in ähnlich verletzender Weise zu handeln, wenn unsere Kinder uns ärgern, bis wir unsere eigenen Gefühle von Schmerz, Empörung, Angst und Ärger vollständig zugelassen und überwunden haben.
Diese Kindheitserfahrung führt zu der weitverbreiteten Annahme, daß Kinder nicht gut auf das richtige Leben vorbereitet sind, wenn sie nicht schon früh an Frustration, Entfremdung und Mißhandlung gewöhnt werden. Es sei besser, wir wurden als Kinder von jemandem verletzt, der uns liebt, als heranzuwachsen und von einer Erfahrung mit jemandem umgeworfen zu werden, der uns nicht liebt.
Obwohl gutgemeint und aus tiefer elterlicher Liebe und Besorgnis herrührend, ist diese Argumentation nicht richtig, da sie auf der Annahme basiert, daß die beste Vorbereitung für eine schlechte Erfahrung ebenfalls eine schlechte Erfahrung sei. Wenn man eine Hungersnot voraussagen würde, so würden die Eltern, die dieser Logik folgen, ihrem Kind das Essen vorenthalten, noch bevor die Hungersnot eintritt. Das ist ganz offensichtlich nicht der Fall. Der richtige Ansatz wäre wohl der, dem Kind die bestmögliche Nahrung zukommen zu lassen, so daß sein Körper gesund und stark würde, und hierdurch eine bessere Chance bestünde, die Hungersnot zu überleben.
Dasselbe kann man auf psychologische Bedürfnisse übertragen. Wenn Sie sich über die Zukunft Ihres Kindes in einer rauhen Welt Sorgen machen, so ist die beste Vorbereitung, daß Sie ihm psychologische Gesundheit mitgeben, und die kann nur mit Liebe, Vertrauen und Respekt vermittelt werden. Kinder, die Selbstvertrauen, Stolz und Macht verspüren, haben eine viel bessere Chance, zu überleben, glücklich zu sein und sogar unsere unterdrückende Gesellschaft zu verändern, als diejenigen, die durch den Einsatz von Strafen verletzt und erniedrigt wurden.
Für gewisse Menschen mag dies besonders schwierig sein. Jede religiöse oder ethnische Gruppe, die eine Geschichte der Unterdrückung oder Sklaverei hat, kann eine tief verwurzelte Angst haben, die ihr von den eigenen Eltern vermittelt wurde, daß ihre Kinder nicht überleben werden, wenn sie stolz, selbstbewußt und mutig genug sind, Autorität zu hinterfragen. In der Vergangenheit mögen strafende Methoden in der Kindererziehung nötig gewesen sein, da das Überleben der Kinder von ihrem Gehorsam und ihrer Unterwerfung abhing. Der Terror und

die autoritären Muster der Erziehung können so von Generation zu Generation weitergegeben werden, auch wenn die gegenwärtigen Bedingungen weniger unterdrückend sind.
Ein weiterer Grund für unser verletzendes Verhalten besteht in der Tatsache, daß wir Eltern oft einfach emotional und körperlich erschöpft sind. Diese Gründe beinhalten unter anderem finanzielle Probleme, Haushalt und Ehekonflikte. Zusätzlich haben wir gewöhnlich nicht viel Unterstützung bei unserer täglichen Arbeit als Eltern. In einer idealen Gesellschaft würde man von keinem Menschen verlangen, daß er sich um ein Kind kümmert, wenn er selbst krank, müde oder emotional erschöpft ist. Von Eltern wird aber erwartet, daß sie perfekt sind, und das ist der Grund für Schuldgefühle und Sorge. Wenn Kinder Verhaltensprobleme oder emotionale Schwierigkeiten haben, sind es die Eltern, die als erste dafür beschuldigt werden. Und gleichzeitig bietet die Gesellschaft den Eltern weder ein Training noch Unterstützung an, damit sie ihre Aufgaben besser bewältigen können.
Trotz dieser unterschiedlichen Schwierigkeiten bin ich der festen Überzeugung, daß es möglich ist, die eigenen Kinder besser zu behandeln, als man selbst behandelt wurde. Hierfür kämpfen alle Eltern, weil niemand seinen Kindern Schmerz zufügen möchte. Ich bin immer wieder überrascht über die innere Stärke der Eltern, mit denen ich arbeite, die alles unternehmen, um ihren Kindern eine wunderschöne Kindheit zu gestalten, trotz ihrer eigenen Vergangenheit, in der sie bestraft, mißbraucht oder vernachlässigt wurden, und trotz großer finanzieller Probleme.
Wenn Sie merken, daß Sie Ihr Kind häufig verletzen, so können Sie Schritte dagegen unternehmen. Sie können eine Unterstützungsgruppe, eine Beratungsstelle oder Therapie aufsuchen, um Ihre eigenen Gefühle auszudrücken, oder einen Menschen finden, dem Sie Ihre Gefühle mitteilen können, ebenso gibt es eine telefonische Beratung für Kindesmißbrauch. Es kann auch sehr hilfreich sein, wenn Sie versuchen, sich an Ihre eigene Kindheit zu erinnern und offen Ihre Entrüstung oder Ihren Ärger darüber ausdrücken, wie Sie selbst behandelt wurden. Ein nächster Schritt könnte darin bestehen, bei Ihrer tatsächlichen Arbeit als Eltern Unterstützung zu suchen. Sie müssen nicht alles allein machen. Wenn das Geld knapp ist, besteht immer die Möglichkeit, die Kinderbetreuung mit anderen Familien abzuwechseln,

so daß Sie auch Zeit für sich haben. Wenn das alles nicht hilft und Sie kurz davor stehen, Ihr Kind zu verletzen, können Sie das Zimmer verlassen, auf ein Kissen schlagen, in ein Kissen hineinschreien, weinen oder jemanden anrufen, mit dem Sie über Ihre Gefühle sprechen können. Manche Menschen halten ihren Atem an und zählen bis zehn. Das kann vorübergehend helfen, aber es ist viel besser für Sie, wenn Sie Ihre Gefühle ausdrücken, anstatt sie zurückzuhalten. Kinder können in ihren Eltern starke Gefühle auslösen, die extrem verwirrend sein können. Wenn die Eltern diese Gefühle von Ärger auf unschädliche Weise lösen, sind sie eher in der Lage, klar zu denken und für inakzeptables Verhalten eine kreative und wirkungsvolle Lösung zu finden, die dem Kind keinen Schaden zufügt.

Wenn Sie Ihr Kind im Ärger geschlagen haben und Schuld und Reue empfinden, nehmen Sie es in den Arm, sagen Sie ihm, daß Sie es liebhaben, und erklären ihm, daß Sie manchmal Dinge tun, die Sie nicht wirklich wollen, da Sie sich nicht immer voll unter Kontrolle haben. Sie können ihm erklären, daß es nicht verdient hat, geschlagen zu werden, und daß es ein guter Mensch ist. Geben Sie ihm auch die Gelegenheit, Ihnen mitzuteilen, wie es sich gefühlt hat, und, wenn nötig, seine Wut und Trauer auszudrücken. Seien Sie nicht überrascht, wenn es Ihnen sagt, daß es Sie haßt und gemein findet. Das ist eine notwendige und heilende Reaktion. Auch Ihre Gefühle brauchen wahrscheinlich ihren Ausdruck, und anstatt Ihre Schuld für sich zu behalten, können auch Sie weinen. Das ist auch für Sie viel gesünder, als Ihre Schuldgefühle in sich eingesperrt zu lassen. Am besten suchen Sie sich einen anderen Erwachsenen, der bereit ist, Ihnen zuzuhören, und Sie nicht verurteilt, weil Sie Ihr Kind geschlagen haben. Eine Mutter erzählte ihre Erfahrung, als sie ihre vierjährige Tochter geschlagen hatte:

> Ich erinnere mich, daß ich ihr gerade ein Kartenspiel gekauft hatte, mit dem wir spielten, als sie anfing, die Karten zu zerknittern. Ich war so schockiert, daß ich ihr auf die Finger schlug. Sie wurde ganz hysterisch und fing heftig an zu weinen. Nachher redeten wir miteinander, und ich erklärte ihr, während mir die Tränen übers Gesicht liefen, daß ich auch Worte hätte benutzen können. Sie schien mich wirklich zu verstehen. Mir fielen einfach keine Worte ein, und Worte sind doch so viel besser als Schläge.

Vergessen Sie nicht, sich jedesmal selbst dafür zu loben, wenn Sie Ihr Kind nicht geschlagen haben, auch wenn Sie nahe davorstanden. Für diese Selbstkontrolle gebührt Ihnen Beifall.

Wie kann ich mein Kind dazu bringen, bei der Hausarbeit zu helfen?

Normalerweise imitieren kleine Kinder ihre Eltern bei allem, auch bei der Hausarbeit. Wenn Sie diese Neigung schon früh unterstützen, indem Sie einen kleinen Besen, Handfeger und Schaufel oder anderes Werkzeug, das Sie in Haus und Garten benutzen, zur Verfügung stellen, so hilft Ihr Kind Ihnen später wahrscheinlich lieber. Zuerst sind die Bemühungen eines Zweijährigen, den Flur zu wischen, wahrscheinlich nicht sehr hilfreich, und die Hausarbeit dauert vielleicht sogar etwas länger, wenn Ihr Kind Ihnen hilft. Aber Ihre Geduld wird sich auf lange Sicht bezahlt machen. Kleinkinder, denen gesagt wird, daß sie nur im Weg stehen, oder die getadelt werden, wenn sie die Fenster abfegen anstatt den Flur, hören bald auf, bei der Hausarbeit zu helfen.

Wenn die Kinder etwas älter sind, ist es eine Unterstützung für Sie, wenn sie die Arbeit gemeinsam mit ihnen machen: »Mal sehen, wie schnell wir den Rasen zusammen rechen.« Auch ein gemeinsames Ziel verleiht der Arbeit mehr Spaß und Bedeutung: »Komm, wir überraschen Papa heute und putzen alle Fenster.« Geben Sie dem Kind auch Wahlmöglichkeiten zwischen bestimmten Aufgaben, dann weiß es genau, was zu tun ist, und kann sich seine Arbeit aussuchen, was die Zusammenarbeit erleichtert: »Laß uns heute dein Zimmer aufräumen. Möchtest du die Klötzchen oder die Puppenkleider zusammensuchen?«

Hausarbeit macht mehr Spaß, wenn man dabei singt, erzählt oder ein Spiel daraus macht. Sie können einen Wecker stellen und versuchen, vor dem Klingeln fertig zu sein, oder eine Platte auflegen und eine kleine Aufgabe beenden, bevor die Musik aufhört. Lassen Sie Ihr Kind auch wissen, wie wichtig seine Hilfe ist. Als meine Tochter vier Jahre alt war, paßte ihr kleiner Schrubber hinter die Toilette, mein großer aber nicht. Ich sagte ihr das auch, und sie wollte dann immer den Badezimmerboden wischen, während ich mit dem Küchenboden be-

schäftigt war. Loben Sie Ihre Kinder für ihre Hilfe, und teilen Sie ihnen mit, daß Sie hierdurch mehr Zeit und Energie haben, andere Dinge mit ihnen zu unternehmen.
Kinder haben am Beginn ihres Lebens keinen Begriff von einem Unterschied zwischen Arbeit und Spiel. Für sie ist alles erst einmal ein Spaß, auch die Aufgaben, die für uns Arbeit und Haushalt bedeuten. Wir Erwachsenen haben der Hausarbeit gegenüber oft eine negative Haltung, vielleicht weil wir als Kinder dazu gezwungen wurden und uns die Zusammenarbeit mit den Eltern fehlte oder wir keine Freude dabei empfunden haben. Ebenfalls wurde den Frauen die Hausarbeit traditionell auferlegt, ohne irgendeine Art der Anerkennung oder finanziellen Vergütung. Hausarbeit bedeutet für viele Erwachsene unangenehme Arbeit. Wenn Sie selbst die Hausarbeit hassen, ist es verständlicherweise schwierig, Ihren Kindern eine entspannte, freudige Haltung zu vermitteln, und Sie finden sich vielleicht manchmal in einer Situation, in der Sie mit Ihren Kindern herumnörgeln, daß Sie Ihnen doch helfen sollen, und drohen Ihnen mit irgend etwas, wenn das nicht passiert. So entwickeln die Kinder möglicherweise ebenfalls eine Abneigung gegen Hausarbeit. Diesen Teufelskreis zu verlassen, ist nicht einfach, es sei denn, Sie bearbeiten Ihre eigenen, den Haushalt betreffenden Gefühle. Ich hatte auch Schwierigkeiten mit einer bestimmten Arbeit, die mit meinen Kindheitserfahrungen in Zusammenhang stand:

Das Schlimmste an der Hausarbeit ist für mich das Bettenmachen. Als ich klein war, mußte ich immer beim Bettenmachen helfen, und meine Mutter hatte ganz genaue Vorstellungen, wie das zu geschehen hatte, zusätzlich war sie auch noch sehr kritisch. Es machte absolut keinen Spaß. Es ist also keine Überraschung, daß ich bei den ersten ungeschickten Versuchen meiner Kinder, mir zu helfen, sehr ungeduldig war. Meine Gereiztheit veranlaßte sie, völlig überdreht zu reagieren, wenn ich versuchte, die Betten zu machen. Sie sprangen auf dem Bett herum, versteckten sich unter den Laken usw. Ich konnte diese Arbeit, ohne in einen Konflikt mit den Kindern zu geraten, nur erledigen, wenn ich sie aus dem Zimmer schickte oder wenn sie nicht zu Hause waren. Es war mir klar, daß ich irgendwelche schmerzlichen Gefühle aus meiner Kindheit hatte, die ich ausdrücken mußte, was ich mit einem Berater auch tat. Danach war ich entspannter beim Bettenmachen.

Zusammenfassend will ich sagen, daß wir unsere Kinder nur dazu bringen, uns bei der Hausarbeit zu helfen, wenn wir sie auf »unsere Seite« ziehen können. Wenn Kinder zu Hause respektiert und gleichwertig behandelt werden, wenn nicht von ihnen erwartet wird, daß sie sich der Macht und Autorität der Erwachsenen unterwerfen müssen, und wenn das Reinigen und Organisieren mit einer freudigen Haltung vermittelt wird, dann kann eine Zusammenarbeit entstehen, die auf Liebe und Vertrauen basiert, und ein gemeinsamer Wunsch, das Zuhause sauber, ordentlich und schön zu halten. Kinder nehmen dann die Art der Verantwortung auf sich, die wir ihnen geben wollen.

Probleme mit dem Mittagsschlaf und dem Ins-Bett-Gehen! Wie kann ich damit umgehen?

Die Probleme des Zu-Bett-Gehens stehen ganz oben auf der Liste der Schwierigkeiten mit kleinen Kindern. Viele dieser Probleme können vermieden werden, wenn wir die Bedürfnisse der Kinder beachten. Die meisten Kinder im Vorschulalter brauchen noch immer die Gegenwart einer anderen Person, um einschlafen zu können. Das ist eine uns innewohnende Haltung, die wir mit allen Säugetieren gemeinsam haben. Junge Säugetiere können ohne ihre Mutter nicht einschlafen, sondern bleiben nah bei ihr, um gewärmt und geschützt zu sein. Es ist also nichts Falsches daran, dieses Bedürfnis zu erfüllen, wenn Ihr Kind Sie bittet, bei ihm zu bleiben, bis es eingeschlafen ist. Wie schon im Kapitel 2 erwähnt, sind Ängste in diesem Alter sehr verbreitet und treten besonders dann in Erscheinung, wenn das Kind allein in einem dunklen Zimmer liegt.
In meinem Buch *Warum Babys weinen* empfehle ich den Eltern, bei ihren Babys zu schlafen. Diese Praxis des gemeinsamen Schlafens kann durchaus auch im Vorschulalter beibehalten werden, wenn die Eltern nichts dagegen haben. Eine verbreitete Sorge besteht darin, daß das Kind das Elternschlafzimmer dann niemals verlassen wird, dabei haben die meisten Kinder irgendwann den Wunsch nach einem eigenen Zimmer. Wenn Sie denken, Ihr Kind sei bereit, in einem anderen Zimmer zu schlafen, machen Sie ihm diesen Vorschlag und bereiten ihm ein kleines Bett. Auch wenn Ihr Kind dieser Idee zustimmt, seien

Sie nicht überrascht, wenn es mitten in der Nacht wieder zu Ihnen kommt:

Seit ihrer Geburt schlief Sarah neben mir in meinem Bett. Als sie etwas älter wurde, hatte sie ihre kleine Matratze neben unserer auf dem Boden. Mit dreieinhalb Jahren wollte sie gern mit ihrem achtjährigen Bruder zusammen in seinem Zimmer schlafen. Zuerst kam sie noch jede Nacht zu mir, bis sie irgendwann die ganze Nacht in ihrem Bett blieb. Als sie vier war, wurde ich überraschend zu einer Operation ins Krankenhaus eingeliefert, und als ich zurück war, kam sie wieder jede Nacht zu mir. Es dauerte mehrere Monate, bis sie dann wieder in ihrem Bett durchschlief. Als sie dann viereinhalb Jahre alt war, fing der Kindergarten an, und sie kam wieder jede Nacht in mein Bett. Mit fünf war sie überglücklich, ein eigenes Zimmer zu bekommen, indem sie auch gern schlief. Trotzdem brauchte sie noch jemanden, der bei ihr blieb, bis sie eingeschlafen war, und kam auch immer noch manchmal, um den Rest der Nacht bei mir zu schlafen.

Dieses Beispiel verdeutlicht, wie die Umstellung der Abhängigkeit zur Unabhängigkeit sporadisch verläuft und auch von äußeren Ereignissen beeinflußt wird. Jedesmal wenn sich im Leben meiner Tochter eine Art von Belastung einstellte, hatte sie das Bedürfnis nach nächtlicher Geborgenheit.
Nicht nur Ängste können einen Widerstand gegen das Alleinsein erzeugen, sondern auch angesammelte schmerzhafte Gefühle. Die meisten Babys weinen jeden Abend, bevor sie einschlafen, und dieses Bedürfnis, die Spannungen durch Weinen vor dem Zu-Bett-Gehen zu lösen, setzt sich für viele Kinder auch im Vorschulalter fort. Manchmal suchen Kinder hierfür nach einem Anlaß: Ihr Lieblingsschlafanzug ist in der Wäsche, Sie haben eine falsche Zahnpasta gekauft usw. Wenn Sie also ein zugrundeliegendes Frustrationsgefühl vermuten, das ausgedrückt werden will, brauchen Sie auf die Forderungen nicht einzugehen. Wichtig ist es dann, das Weinen und den Zornausbruch zu akzeptieren und zu unterstützen.
Manchmal weinen Kinder nicht spontan, sondern werden hyperaktiv und überdreht. Das zeigt sich in fiebrigem und oft inakzeptablem Verhalten, das mit der Müdigkeit des Kindes noch zunimmt. Diese Handlungen stellen meist ein Bedürfnis zu weinen und zu wüten dar. Durch körperliche Grenzsetzung kann dem Kind hier geholfen werden. Nehmen Sie es mit ins Badezimmer, schließen Sie die Tür und bleiben

Sie bei ihm. Oder Sie können es fest halten und so seine wilden Bewegungen begrenzen. Anstatt durch Hyperaktivität können die Spannungen im Weinen kanalisiert werden. Wenn Sie Ihr Kind allein lassen, findet es eventuell einen Weg, allein zu weinen, indem es sich »zufällig« verletzt oder ein Geschwister so provoziert, daß es verletzt wird. Wenn das Kind genug geweint hat, wird es sich entspannen, ruhig werden und schlafen können.

Auch der Mittagsschlaf kann eine Quelle ähnlicher Probleme darstellen, die ähnlich gelöst werden können: Gehen Sie auf das Bedürfnis nach Nähe ein, und unterstützen Sie die Lösung der Gefühle. Viele Eltern empfinden es als angenehm, aber nicht alle Kinder brauchen einen Mittagsschlaf. Das individuelle Schlafbedürfnis variiert sehr stark. Erbfaktoren, Wachstum, Gesundheit und Aktivitäten spielen dabei eine Rolle, wieviel Schlaf Ihr Kind braucht. Einen zusätzlichen Faktor stellt auch das Weinen dar: Kinder, die genug weinen, brauchen meist weniger Schlaf als die, deren Gefühle unterdrückt sind. Wenn Ihr Kind keinen Mittagsschlaf mehr braucht, tut es ihm nicht gut, wenn es dazu gezwungen wird.

Übungen

Entdecken Sie Ihre eigene Kindheit

1. Wurden Sie als Kind bestraft? Wie? Erinnern Sie sich an einige spezifische Situationen und sprechen Sie darüber. Wurden Sie für »gutes« Verhalten belohnt? Wie haben Sie sich dabei gefühlt?
2. Wurde von Ihnen erwartet, daß Sie den elterlichen Befehlen vorbehaltlos gehorchten? Wenn ja, wie haben Sie sich dabei gefühlt?
3. Welche Erinnerungen haben Sie an Hausarbeit und die Zeit des Zu-Bett-Gehens? Drücken Sie Ihre Gefühle dazu aus. Haben Sie den Wunsch, daß Ihre Eltern sich anders verhalten hätten?

Welche Gefühle haben Sie gegenüber Ihrem Kind?

1. Schreiben Sie eine Liste mit den Hauptkonflikten, die Sie mit Ihrem Kind haben. Welches Gefühl begleitet jeden einzelnen dieser Konflikte? Was würden Sie in diesen Situationen am liebsten mit Ihrem Kind machen? (Das ist nicht notwendigerweise das, was Sie tun sollten!)
2. Verlieren Sie häufig die Geduld mit Ihrem Kind und schlagen oder schreien Sie? Wie fühlen Sie sich nachher?
3. Wie fühlen Sie sich, wenn Ihr Kind sich aufsässig, unkooperativ oder ganz allgemein »unerträglich« verhält?

Sorgen Sie für sich selbst

1. Sind Ihre Grundbedürfnisse erfüllt (Nahrung, Ruhe, Entspannung usw.)? Wenn nicht, wie können Sie sich Hilfe besorgen und besser auf sich achten?
2. Haben Sie einen autoritären Chef oder einen Ehepartner, der Sie mißbraucht? Wenn ja, wie geht es Ihnen damit? Wie können Sie gemeinsam die Situation verbessern?
3. Fühlen Sie im Moment die Auswirkungen von Unterdrückung oder Stereotypisierung in Ihrem Leben (als Frau, als Ausländer, als Jude, als Sozialhilfeempfänger, als körperlich Behinderter usw.)? Wenn ja, unternehmen Sie Schritte, um emotionale Unterstützung zu finden, die Ihnen hilft, sich selbst zu akzeptieren, und Ihnen die Kraft gibt, andere mit deren unterdrückenden Haltung zu konfrontieren.

6 Freunde und Feinde

In diesem Kapitel wird die Beziehung der Kinder zu anderen Menschen angesprochen. Eine Aufgabe der frühen Kindheit besteht darin, den Umgang mit anderen zu erlernen. Die Familie stellt hierfür einen ausgezeichneten Übungsrahmen dar, da das fortwährende Zusammentreffen der Geschwister und ihrer Bedürfnisse die notwendige Erfahrung für die Entwicklung sozialer Fähigkeiten anbietet. So gibt es auch in der gesündesten Familie Diskussionen und Kämpfe, wenn Kinder lernen, zu teilen und über die Bedürfnisse anderer Menschen nachzudenken. Die Art und Weise, wie mit Geschwisterkonflikten umgegangen wird, kann tiefe Auswirkungen auf die späteren zwischenmenschlichen Beziehungen der Kinder haben.
Ebenfalls wird in diesem Kapitel der sexuelle Mißbrauch kleiner Kinder angesprochen, der ein viel bedeutenderes Thema darstellt als lange Zeit angenommen. Jede Familie sollte sich Gedanken darüber machen, wie die Kinder hiervor zu schützen sind. Ein letzter Abschnitt behandelt die Beziehung der Kinder zu Stiefeltern.

Wie kann ich mein Kind auf einen neuen Bruder oder eine neue Schwester vorbereiten?

Es ist wichtig, ein Kind auf die Geburt eines neues Geschwisterchens vorzubereiten. Abhängig vom Alter des Kindes können hierzu Bücher, Bilder, Puppenspiele oder Gespräche verwendet werden. Ist das Kind alt genug, Fragen zu stellen, sollten diese in offener Weise beantwortet werden. Sie sollten nicht den Eindruck vermitteln, daß das ältere Kind einen Bruder oder eine Schwester »zum Spielen« bekommt. Hierdurch vermeiden Sie eine Enttäuschung, wenn das Kind entdeckt, wie wenig das kleine Baby überhaupt erst machen kann. Statt dessen können Sie erwähnen, daß es ziemlich hilflos sein wird und viel Fürsorge benötigt. Die Fragen des Kindes können Themen berühren wie »Wo kommt das

Baby her?« und »Wie fängt es an zu wachsen?« Das kann ein günstiger Zeitpunkt sein, grundsätzlich über menschliche Sexualität und Fortpflanzung zu sprechen. Wichtig hierbei ist es, nicht mehr Informationen zu geben, als das Kind im Augenblick braucht oder verarbeiten kann. Kurz vor der Geburt will das Kind wahrscheinlich ganz genau wissen, was geschehen wird: Wann und wie das Baby auf die Welt kommt, wo die Mutter sein wird, wo es selbst sein wird, wer bei ihm ist usw. All diese Fragen sollten mehrere Male besprochen werden. Immer gibt es viele Unsicherheiten, was die Geburt betrifft: das Geschlecht des Babys, Tag und Zeitpunkt der Geburt und auch die Möglichkeit eines unvorhergesehenen Kaiserschnitts. Es ist besser, diese Unsicherheiten zu erklären, als Informationen zu geben, die sich nachher als falsch erweisen. Sie können Ihrem Kind sagen, daß es Dinge gibt, die niemand vorher wissen kann.

Viele Familien erlauben inzwischen ihren Kindern, bei der Geburt des Geschwisters anwesend zu sein. Für diesen Fall sind einige zusätzliche Vorbereitungen empfehlenswert. Das Kind sollte über die Wehen und deren unterschiedliche Stadien informiert sein, und es sollte ihm genau erklärt werden, was von ihm erwartet wird. Um mögliche Enttäuschungen zu vermeiden, sollten Sie sowohl alles beschreiben, was passieren wird, als auch alles, was passieren könnte. Erwähnen Sie auch die Blutungen und die Nachgeburt. Die Geburt selbst kann in Anwesenheit des Kindes geübt werden, so daß es weiß, was es erwartet. Ebenso sollte es vorbereitet sein, daß seine Mutter sehr beschäftigt sein wird und nicht auf seine Bedürfnisse eingehen kann, daß sie während der Wehen und der Geburt weder mit ihm sprechen, noch es in den Arm nehmen kann. Auch sollte es wissen, daß die Mutter ungewöhnliche Geräusche machen und eine ungewöhnliche Position einnehmen wird, was jedoch nicht bedeutet, daß sie krank ist. Ich empfehle, daß ein Erwachsener während des Geburtsvorgangs ständig bei Ihrem Kind ist und ihm uneingeschränkt zur Seite steht.

Wenn all diese Vorbereitungen berücksichtigt wurden, kann es für Ihr Kind, sowohl emotional als auch intellektuell, eine wundervolle Erfahrung sein, die Geburt des Geschwisters mitzuerleben. Die Teilnahme an der Geburt erlaubt Ihrem älteren Kind gleich vom ersten Augenblick an, eine Bindung mit dem Geschwister einzugehen. Jeder, der eine Geburt beobachtet, ist mehr mit dem Baby verbunden, als

Menschen, die nicht anwesend sein konnten.[1] Der Anblick von Blut oder das Erleben des Schmerzes der Mutter ängstigt ein Kind nicht, wenn es gut darauf vorbereitet ist. Unsere Gesellschaft neigt dazu, Kinder von intensiven Erfahrungen wie Geburt und Tod fernzuhalten. Tatsächlich können sie aber mit diesen Ereignissen sehr gut umgehen, vorausgesetzt, es gibt jemanden, der ihre Fragen beantwortet und ihre Gefühle wahrnimmt und sie akzeptiert. Mein Sohn war bei der Geburt seiner Schwester dabei:

Nicky war vier Jahre und elf Monate alt, als meine Tochter Sarah geboren wurde. Während der gesamten Schwangerschaft stellte er viele Fragen, und wir liehen uns Bücher aus der Bibliothek, die das Wachstum des Babys und den Geburtsvorgang beschrieben. Als der Geburtstermin kurz bevorstand, war Nicky dabei, als mein Mann und ich die verschiedenen Wehenstadien und die Atemtechniken übten. Wir erzählten ihm alles über den Geburtsablauf, sagten ihm aber auch, daß der Arzt manchmal den Bauch aufschneiden muß, damit das Baby zur Welt kommen kann. (Ich wollte nicht, daß Nicky enttäuscht oder verwirrt ist, wenn es zu einem Kaiserschnitt kommen würde.) Wir verabredeten ein Signal, wenn er still sein sollte: Ich wollte den rechten Zeigefinger in die Luft strecken, um den Beginn einer Kontraktion anzuzeigen. Die Geburt sollte in einem Krankenhaus stattfinden. Meine Mutter war darauf vorbereitet, während der Geburt für Nicky dazusein: Sie sollte ihn ins Krankenhaus bringen und ihn beschäftigen, wenn er sich langweilte.
Die Geburt verlief reibungslos. Nicky war sehr aufmerksam und interessiert, gehorchte meinen Signalen genau und war beim Anblick des Blutes nicht im geringsten erschreckt. Er unterhielt sich mit dem Arzt und stellte viele Fragen. So konnte er seine kleine Schwester auf dem Arm halten, noch bevor sie eine Stunde alt war. Gleich von Anfang an war er sehr nah mit ihr verbunden, wollte sie oft halten und wünschte sich sogar, daß sie in seinem Zimmer schliefe. Er hatte großes Interesse an ihrem Wachstum und ihrer Entwicklung und fühlte sich verantwortlich für ihre Sicherheit und ihr Wohlbefinden. Ich bin davon überzeugt, daß seine Anwesenheit bei ihrer Geburt die enge Bindung zwischen ihnen gefördert hat. Obwohl er, als sie älter wurde, manchmal starke Eifersucht und Ablehnung empfand, hat er nie versucht, sie zu verletzen.

Wie kann mit den Widerständen des Kindes gegen das neugeborene Baby umgegangen werden?

Nachdem das Kind jahrelang ein Einzelkind war, dem beide Eltern zur Verfügung standen, wenn es sie brauchte, ist die Geburt eines Babys eine äußerst schwierige Veränderung. Stellen Sie sich vor, Ihr Mann sagt zu Ihnen: »Liebling, ich liebe dich sehr, aber ich möchte noch so eine Frau wie dich haben, und ich bringe bald eine mit nach Hause. Wir alle leben dann glücklich zusammen. Ich hoffe, daß du meine neue Frau auch lieben wirst. Sie kann dir Gesellschaft leisten, und ihr habt bestimmt viel Spaß zusammen.« Wie würden Sie sich fühlen? (Wenn Sie ein Mann sind, stellen Sie sich entsprechend die Pläne Ihrer Frau vor, einen anderen Mann mit nach Hause zu bringen.)
Auch wenn alle möglichen Vorbereitungen und Vorsichten getroffen wurden, können Widerstände und Ärger gegen das Baby auftreten, die sich in aggressiven Handlungen gegen die Eltern oder das Baby richten können. Weitere Manifestationen des kindlichen Kummers können unkooperative oder fordernde Haltungen sowie ein Zurückfallen in kindlichere Verhaltensweisen sein. Nach der Geburt des Babys kann das ältere Kind sich weigern, selbständig zu essen, sich anzuziehen oder wieder in die Hosen machen, obwohl es schon seit Monaten die Toilette benutzt hat. Auch das nächtliche Aufwachen kann wieder auftreten. Selbst das Verlangen, wieder gestillt zu werden oder ein Fläschchen zu benutzen, ist nicht selten.
Wenn Kinder diese Notsignale senden, kann die Situation für die Eltern sehr verzweifelt werden. Sie haben nicht nur ein neues Baby, das sie fordert, sondern auch noch ein »Problemkind«. Schimpfen, Schlagen oder Isolierung machen das Problem nur schlimmer, da das Kind sowieso schon ängstlich und verunsichert ist. Es ist sich nicht mehr sicher, ob es geliebt wird, und fühlt sich durch das Baby bedroht.
Die beiden Bedürfnisse des Kindes in dieser Zeit sind einerseits Liebe und Bestätigung, und andererseits Lösung von Ablehnung und Ärger. Das erste Bedürfnis kann dadurch erfüllt werden, daß Sie Ihrem Kind individuelle Aufmerksamkeit schenken. Setzen Sie jeden Tag eine gewisse Zeit fest, auch wenn es nur zehn Minuten sind, in der Sie sich ausschließlich Ihrem älteren Kind widmen und all seinen Wünschen nachkommen. Abhängig vom Alter will es vielleicht spielen, schmusen

oder so tun, als ob es ein Baby wäre. Wonach es jetzt auch immer verlangt, es ist das, was es von Ihnen braucht. Sie können ihm seine Babyphotos zeigen, ihm von seiner Geburt und von den Dingen erzählen, die es als Baby gemacht hat.
Das Bedürfnis, die Gefühle von Ablehnung und Ärger zu lösen, kann dadurch erfüllt werden, indem Sie Weinen und Zornausbrüche so erlauben und akzeptieren, wie es schon beschrieben wurde. Der geringste Vorwand kann einen Wutausbruch auslösen, der akzeptiert werden sollte. Das folgende Beispiel zeigt die intensive Wut meines Sohnes, die durch Eifersucht ausgelöst wurde:

Als Nicky sechseinhalb Jahre alt war, erreichte seine Eifersucht auf Sarah ihren Höhepunkt, wahrscheinlich weil seine Großmutter, die ihm sonst viel Aufmerksamkeit gab, den Sommer über weggefahren war. Er hing mir ständig am Rockzipfel und wollte immer besonders dann mit mir schmusen, wenn ich Sarah hielt. Eines Tages, nachdem ich ihm eine Stunde lang vorgelesen hatte, schlug er sich aus Versehen seinen Kopf an und fing an zu weinen. Genau in dem Moment wachte Sarah auf, und ich nahm sie und fing an, sie zu stillen. Das war einfach zuviel für Nicky, und er schrie: »Ich will nicht, daß du Sarah hältst!« Er schrie und weinte und fing an, nach mir zu treten. Das Weinen war akzeptabel, das Treten jedoch nicht, und so ging ich mit Sarah in ein anderes Zimmer, machte die Tür zu, während Nicky weiterweinte. Nachdem er versprochen hatte, mich nicht mehr zu treten, machte ich die Tür auf, und er kam herein. Er weinte weiter, und nachdem Sarah genug getrunken hatte, krabbelte er auf meinen Schoß und weinte zu Ende. Danach ging es ihm gut, und er spielte zufrieden.

Auch spielerisches Kämpfen kann hilfreich sein, daß Kinder ihre Abneigung und ihren Ärger ausdrücken. Im folgenden Beispiel beschreibt eine Mutter, die ich interviewte, wie sie ihrem älteren Kind mit Hilfe eines spielerischen Ringkampfs und Lachen dabei half, seinen Ärger über das neue Baby auszudrücken:

Als Nancy fünf oder sechs Monate alt war und Jimmy etwas über zwei Jahre, fing er an, mich zu schlagen, wenn ich sie stillte, oder Dinge zu zerreißen, so daß ich sie nicht in Ruhe stillen konnte. Es war ganz offensichtlich, daß er meine Aufmerksamkeit auf sich lenken wollte. An einem Tag, als er wieder anfing, gab ich ihm, sobald es ging, meine Aufmerksamkeit und begann spielerisch und leicht mit ihm zu kämpfen. Er gebrauchte all seine Kraft, und ich ließ ihn »gewinnen«. Wir kabbelten uns eine halbe Stunde lang, und er lachte viel und genoß es sehr. Danach war er ganz entspannt, lehnte sich an mich und sagte: »Mami, ich hab' dich lieb!« Es war unglaublich! Normalerweise zeigt er seine Liebe nicht so offensichtlich.

Wenn Ihr Kind absichtlich versucht, das Baby zu verletzen, muß dieses Verhalten sofort unterbunden werden. Damit Ihr Kind sich nicht zurückgewiesen fühlt, können Sie es sanft, aber eindeutig fest in den Arm nehmen. Wahrscheinlich wird es weinen und toben, sobald Sie sein aggressives Verhalten auf diese Weise unterbrechen. Das heißt jedoch nicht, daß Sie Ihr Kind verletzen, im Gegenteil: Sie geben ihm die Möglichkeit, seinen Ärger auszudrücken. Auch wenn es protestiert und versucht wegzukommen, kann zu einem solchen Zeitpunkt ein festes Halten erforderlich sein. Sie können ihm erklären, daß Sie es festhalten müssen, damit es das Baby nicht verletzt. Lassen Sie es nach einiger Zeit los, und beobachten Sie sein Verhalten. Fährt es mit seinen aggressiven Handlungen fort, halten Sie es noch etwas länger fest. Das Halten sollte nicht im Sinne einer Strafe oder Rache angewendet werden, sondern mit Liebe – das ist sehr wichtig. Wenn die Wut vorbei ist, ist das Kind meist sehr erleichtert und verhält sich dem Baby gegenüber viel liebevoller.
Wenn Ihr Kind seine Gefühle verbal äußert, sollte das ebenfalls akzeptiert werden. Ausbrüche wie »Ich hasse dich« oder »Ich hasse meinen kleinen Bruder« sollten eher akzeptiert, als abgelehnt oder beschimpft werden. Da es für Eltern so schmerzvoll ist, zu sehen, wie eines ihrer Kinder das andere haßt, ist es verführerisch, zu sagen: »Du haßt ihn ja nicht wirklich« oder: »Ich will so etwas nicht wieder hören.« Sinnvoller wäre zum Beispiel folgende Antwort: »Ich verstehe deine Gefühle. Es muß ganz schön schwierig für dich sein, daß das Baby die ganze Zeit bei uns ist. Ich kann mir vorstellen, daß du dir wünscht, daß es wieder dahin zurückgeht, wo es hergekommen ist, damit wir wieder zu zweit sind, wie vorher.« Durch eine solche Antwort fühlt sich ein Kind wirklich verstanden, seine Gefühle werden wahrgenommen und akzeptiert.
Auch durch das Spiel mit Puppen können Kinder ihre Gefühle dem Baby gegenüber Ausdruck verleihen. Wenn das Baby geboren wird, können Sie Ihrem älteren Kind eine Puppe schenken. Seien Sie nicht überrascht, wenn die Puppe an einem Tag geliebt und versorgt, am

nächsten geschlagen und in die Ecke geworfen wird. Hierdurch werden Gefühle ausgedrückt. Indem es die Puppe schlägt, wird vielleicht verhindert, daß es das Baby schlägt. Wenn Ihr Kind dem Baby gegenüber Aggressionen zeigt, können Sie ihm die Puppe geben und es bitten, Ihnen zu zeigen, was es gerne tun möchte. Machen Sie ihm klar, daß es das Baby nicht schlagen kann, daß ihm die Puppe für seine Gefühle jedoch zur Verfügung steht.

Erziehungsmethoden, die auf Verhaltensänderungen basieren, sind besonders trügerisch, wenn sie in solchen Situationen angewendet werden. Durch fortwährende Belohnung oder Bestrafung ist es möglich, das Kind dazu zu bringen, so zu tun, als hätte es den Bruder oder die Schwester gern, aber die eigentlichen Gefühle werden dabei überhaupt nicht berührt. Ärger und Ablehnung sind aber noch da und schwelen so lange, bis sie ausgelebt werden durften. Wenn sie nicht harmlos durch Spielen, Lachen, Weinen und Wutanfälle ausgedrückt werden können, kann Ihr Kind veranlaßt werden, andere Kinder oder Tiere zu verletzen oder, wenn die Eltern gerade nicht aufpassen, auch das Baby auf versteckte Weise zu quälen. Auch wenn es verführerisch sein kann, ein Kind, wenn es Sie oder das Baby schlägt, zu bestrafen, oder ihm als Belohnung etwas Süßes zu geben, wenn es sich »lieb« verhält, so werden damit die zugrundeliegenden Probleme nicht gelöst.

Warum kämpfen Geschwister miteinander, und wie kann man damit umgehen?

Ein Grund, warum Geschwister miteinander kämpfen, sind chronische Gefühle von Ärger gegeneinander. Je mehr Kinder es in einer Familie gibt, desto wahrscheinlicher ist der Kampf um die elterliche Aufmerksamkeit und Anerkennung – zumindest bis zu dem Zeitpunkt, an dem sie alt genug sind, bei der Umsorgung der jüngeren Kinder zu helfen. Es ist äußerst schwierig für ein Elternpaar, mehr als zwei Kindern täglich die notwendige Aufmerksamkeit zu widmen. Und da Kinder sehr viel Aufmerksamkeit auf einer gleichberechtigten Basis benötigen, bekommen die wenigsten wirklich genug. In früheren Stadien der menschlichen Geschichte lebten Tanten, Onkel und Großeltern ganz selbstverständlich sehr nah zusammen. Die Kinder konnten mit vielen

Erwachsenen interagieren oder sogar zeitweilig mit ihnen zusammenleben, wenn in ihrer direkten häuslichen Umgebung Konflikte entstanden. Ebenso hatten sie auch andere Kinder neben ihren Geschwistern, mit denen sie spielen konnten. Heutzutage ist die Kernfamilie oft sehr isoliert, und Kinder haben das Gefühl, daß sie um die Aufmerksamkeit des einen oder der zwei zur Verfügung stehenden Erwachsenen kämpfen müssen.

Eltern bekommen oft den Rat, nicht in die Kämpfe ihrer Kinder einzugreifen, da die Einmischung und Aufmerksamkeit den Streit nur verstärken würden. Wir können uns dem Problem jedoch etwas detaillierter zuwenden! Manchmal kämpfen Kinder nur aus einem Grund, nämlich um die elterliche Aufmerksamkeit sofort auf sich zu ziehen. Wird der Streit nicht beachtet, sind die Kinder gezwungen, einen Ausweg zu suchen. Aber das zugrundeliegende Problem ist immer noch vorhanden: Die Kinder brauchen mehr Aufmerksamkeit, als sie bekommen. Ich empfehle, nur dann sich nicht in die Kämpfe einzumischen, wenn es ganz offensichtlich darum geht, Ihre Aufmerksamkeit zu erhaschen. Um die Schwierigkeit zu lösen, können Sie dann mehr Zeit mit den Kindern verbringen, wenn sie nicht streiten.

Es ist wichtig, daß jedes Kind in einer Familie jeden Tag ganz persönliche Aufmerksamkeit bekommt. Ebenso braucht jedes Kind einen Raum, den es als seinen eigenen betrachten kann (auch wenn es nur ein Teil eines Zimmers ist), sowie Spielzeug, das ausschließlich ihm gehört. Dies sind wichtige Voraussetzungen, um den Sinn für seine Individualität zu entwickeln. Jedes Kind braucht das Gefühl, daß es ein besonderes und geachtetes Familienmitglied ist, mit seinen eigenen Interessen und seiner eigenen Persönlichkeit, und daß es so, wie es ist, geliebt und geschätzt wird. Hilfreich ist hier, wenn Sie andere Erwachsene finden, die mit Ihren Kindern zusammensein wollen, besonders dann, wenn die Verwandtschaft nicht in der Nähe lebt.

Es gibt noch verschiedene weitere Gründe, aus denen Geschwister miteinander kämpfen, und in diese Situationen kann man hilfreich eingreifen. Beispielsweise wollen zwei Kinder mit demselben Spielzeug spielen, sind aber noch nicht alt genug, um Begriffe wie Teilen oder Sich-Abwechseln zu verstehen. Das zu lernen, ist für sehr kleine Kinder schwierig. Noch können sie die Sichtweise einer anderen Person nicht begreifen oder folgern, was andere Menschen denken oder fühlen. Die Fähigkeit, die Bedürfnisse anderer in sein Denken einzubeziehen und Lösungen zu finden, die für alle akzeptabel sind, wächst allmählich im Vorschulalter, zum einen durch soziale Interaktion, zum anderen aber auch durch die Reifung des Nervensystems.[2] Ein vierjähriges Kind stellt sich vielleicht genau vor den Fernseher, ohne zu bemerken, daß es die Sicht der anderen behindert, bis man es darauf aufmerksam macht. Bei einem Achtjährigen ist das viel unwahrscheinlicher, weil er spontan die Sichtweise und Bedürfnisse der anderen in Betracht zieht.

Wenn zwei Kinder um ein Spielzeug kämpfen, können die Eltern folgende Unterstützung anbieten: Erstens ermutigen Sie die Kinder, ihre Gefühle durch Weinen zu lösen, und zweitens helfen Sie ihnen, miteinander über das Problem zu sprechen und zu einer, für beide, akzeptablen Lösung zu kommen. Nachdem Sie beiden Kindern zugehört haben, könnten Sie so reagieren: »Ihr beide habt also ein Problem. John ist wütend, weil Karen ihm immer wieder das Feuerwehrauto wegnimmt, und Karen ist wütend, weil sie zuerst damit gespielt hat und noch nicht fertig war. Ihr möchtet beide zur selben Zeit mit dem Feuerwehrauto spielen. Wie könnt ihr euch jetzt eine Lösung vorstellen?« Diese einfache Beschreibung des Problems sollte am besten ohne Anklage oder Parteinahme geschehen.

Es kann nötig sein, daß Sie keines der Kinder mit diesem Spielzeug weiterspielen lassen, bis sie eine für beide annehmbare Lösung gefunden haben. Ziemlich wahrscheinlich wird es Tränen geben. Bei Konflikten, bei denen das Weinen erlaubt und keine Lösung von außen aufgezwungen wird, einigen die Kinder sich meist und häufig auf eine sehr kreative Art, an die die Eltern nie gedacht hätten.

Wenn Eltern auf eine autoritäre Weise eine Lösung erzwingen, rauben sie den Kindern die Möglichkeit, über die Bedürfnisse einer anderen Person nachzudenken und Konfliktlösungen zu erlernen. Gewöhnlich sind elterliche Lösungen sowieso nicht zufriedenstellend, und eins oder beide Kinder fühlen sich betrogen. Verschiedene Beispiele, wie man Geschwistern dabei helfen kann, ihre eigenen, von beiden akzeptierten Lösungen zu finden, sind in dem Buch *Hilfe, meine Kinder streiten* beschrieben.[3] Ein anderer Grund für Kämpfe taucht auf, wenn ein jüngeres Kind frustriert ist, weil es bestimmte Fähigkeiten, die das ältere Geschwister schon beherrscht, noch nicht kann. Das folgende Beispiel verdeutlicht das an meinen eigenen Kindern:

Nicky hatte im Alter von sieben Jahren große Freude am Klavierspielen und lernte einfache Melodien. Immer jedoch, wenn er sich ans Klavier setzte und spielen wollte, ging die zweijährige Sarah ebenfalls zum Klavier und schlug auf die Tasten. Ich mischte mich nicht ein, weil ich sehen wollte, ob sie selbst eine Lösung finden würden. Nicky hatte mehrere geniale Einfälle: Er ließ sie eine Zeitlang spielen; er spielte einige Lieder, zu denen sie singen konnte; er gab ihr etwas anderes zu tun. Aber es half alles nichts. Sie störte ihn weiter beim Spielen, und es endete damit, daß er sie anschrie. Jetzt war meine Unterstützung angebracht. Für mich sah es so aus, als ob es Sarah nicht klar war, wie sie handeln könnte, wahrscheinlich weil sie sich frustriert fühlte, da sie noch nicht Klavier spielen konnte. Das nächstemal nahm ich sie liebevoll, aber fest in den Arm und hielt sie so davon ab, Nicky zu stören. Sie weinte heftig, störte ihn jedoch nachher nicht mehr beim Üben, sondern spielte für sich. Trotzdem tauchte das Problem zeitweilig wieder auf, obwohl ich sie bei verschiedenen Gelegenheiten ermutigte zu weinen. So entschied ich mich, Zeit mit ihr am Klavier zu verbringen, wenn Nicky nicht spielte, um ihr dabei zu helfen, Klavier spielen zu lernen. Sie fing an, kleine Melodien zu spielen, und als sie merkte, daß auch sie »Klavier spielen« konnte, störte sie ihn kaum noch, wenn er spielte.

In diesem Beispiel tauchten die Frustrationsgefühle so lange immer wieder auf, bis das jüngere Kind ähnliche Fähigkeiten erlernt hatte. Frustrationen dieser Art sind unvermeidbar, da Kinder natürlicherweise alles lernen wollen, was sie andere tun sehen.
Immer wenn ein jüngeres Geschwister von einer Aktivität ausgeschlossen wird, ist ein Streit möglich. Hier können Eltern helfen, indem sie das jüngere Kind, wenn möglich, auf seiner Kompetenzebene teilhaben lassen, wodurch der Gegensatz der Geschwister verringert wird. Wenn der Vater und der große Bruder einen Geburtstagskuchen für die Mutter backen, kann die kleine Schwester helfen, indem sie das Mehl rührt oder die Formen einfettet.
Wenn die älteren Kinder mit ihren Freunden spielen, wollen sie die jüngeren Geschwister an ihren Aktivitäten jedoch nicht immer teilnehmen lassen, und sie sollten auch nicht dazu gezwungen werden. Es ist nicht die Aufgabe von uns Eltern, die Dinge für unsere Kinder immer perfekt zu gestalten. Wenn Eltern darauf bestehen, daß die jüngeren

Kinder dabeisein müssen, funktioniert das meist überhaupt nicht, und niemand hat etwas davon. Hier ist es hilfreich, die Gefühle des jüngeren Kindes wahrzunehmen und es zu ermutigen, seinen Ärger und seine Frustration auszudrücken.
Wahrscheinlich der häufigste, aber am wenigsten beachtete Grund für Geschwisterkämpfe: Oft wollen Kinder den Eltern durch ihren Streit vermitteln, daß es etwas gibt, was sie beschäftigt, und so kämpfen sie miteinander, um einen Vorwand zu haben, ihre aufgestauten Gefühle zu lösen. Sie wählen sich sozusagen mit Bedacht aus und brauchen sich so gegenseitig. Ein Junge, der in der Schule geärgert wurde, kann nach Hause kommen und absichtlich mit seinem Bruder einen Streit anfangen, so daß der Bruder ihn schlägt. Hierdurch schafft er sich einen Vorwand, um weinen zu können.
Geschwisterkämpfe, die zu Tränen führen, kann man in vielen Fällen also als eine produktive Gelegenheit betrachten, schmerzhafte Gefühle zu entlasten. So befremdend sich das auch anhören mag, Geschwister, die sich gegenseitig bis zu Tränen ärgern, profitieren wahrscheinlich durch das Weinen. In solchen Fällen können die Eltern helfen, indem sie das Weinen akzeptieren. Eine Mutter, die ich interviewte, berichtete folgendes über ihren fünf Jahre alten Sohn und ihre dreijährige Tochter:

> Sie schreien sich viel an und werden über alles mögliche wütend. Wenn er sie ärgert, ist sie total frustriert. Viel Rivalität wird durch Spielzeug ausgelöst, mit dem sie beide gleichzeitig spielen wollen. Doch auch als Greg eine Woche lang nicht da war, weinte Julie sehr häufig. Sie hatte auch dann noch Wutanfälle, wenn sich alles um sie und ihre Bedürfnisse drehte. Sie warf sich auf den Küchenboden und schrie. Das zeigte mir eindeutig, daß sie ihr tägliches Pensum an Tränen brauchte!

Wenn Kinder bis zu dem Punkt kämpfen, an dem sie sich gegenseitig ernsthaften Schaden zufügen, ist selbstverständlich eine sofortige Einmischung notwendig. Es kann unvermeidlich sein, die Kinder körperlich zu trennen oder eines von beiden festzuhalten, damit sie sich nicht schlagen. Dann können die Eltern auf die Gefühle eingehen. Meist reicht das schon aus, damit der »Angreifer« seine Gefühle fühlt und nicht ausagiert, so kann er weinen und braucht nicht mehr zu schlagen. Das Ziel ist, die Gewalt zu unterbrechen, aber nicht unbedingt den

Lärm. Lautes Weinen kann zu diesem Zeitpunkt genau das Richtige sein.

Ebenso wichtig ist es, einzugreifen, wenn immer dasselbe Kind geärgert wird. Das verletzende Kind muß unterbrochen werden und braucht Unterstützung für seine Gefühle. Es kann auch hilfreich sein, das Problem dann mit dem Kind zu besprechen, wenn es sein Geschwister gerade nicht ärgert. Wenn Sie es nicht bloßstellen, sondern unterstützen, erwähnt es vielleicht etwas, was die Situation erklärt. Vielleicht haben die Eltern, ohne es zu bemerken, ein Kind vorgezogen, oder ein Kind wurde auf einem Gebiet als Vorbild hingestellt, so daß das andere sich minderwertig oder unsicher fühlt. Chronisches Hänseln, Kritisieren oder Unterbrechen können Verhaltensmuster werden, die durch unspezifische Eifersucht und Unsicherheitsgefühle entstehen können. Eine leichte, lustige Unterbrechung kann das Verhalten verändern und die Spannungen durch Lachen lösen. Hier die Beschreibung, wie eine Familie mit diesem Problem umging:

Jerry (fünf Jahre) hatte die Angewohnheit angenommen, Heather (drei Jahre) häufig zu ärgern, indem er, einfach um sie zu irritieren, immer »triri-trara« und »didel-didel-dum« zu ihr sagte. Nachdem ich das einmal angesprochen hatte, merkte er, daß es nur eine dumme Gewohnheit war, und ich wollte ihm helfen, das zu ändern. Wir verabredeten, daß ich jedesmal, wenn er damit anfing, »Melonen, Jerry!« sagen sollte (und Heather fügte dem noch »Erdbeeren!« hinzu). Es funktionierte wirklich gut. Er hörte immer sofort wieder damit auf, sie zu ärgern, und mußte dann sogar lachen. Wir mußten nicht sagen: »Jerry, mach das nicht. Du sollst das doch nicht tun.« Wir brauchten ihn überhaupt nicht zu kritisieren. Es schien für ihn in Ordnung zu sein, selbst wenn Heather es sagte. Wir erinnerten ihn lediglich daran, daß er diese Angewohnheit hatte, und halfen ihm dabei, sie wieder aufzugeben. Er hatte nicht das Gefühl, daß wir ihm böse wären oder ihm Vorwürfe machten.

Ein weiterer Faktor, der an Geschwisterkämpfen beteiligt ist, resultiert eher aus der generellen Haltung der Konkurrenz innerhalb unserer Gesellschaft als aus einem aktuellen Anlaß. Im Kapitel 4 beschrieb ich, in welch großem Ausmaß viele Industrienationen sich dem Konkurrenzkampf verschrieben haben und welche Auswirkung das auf das Spielen unserer Kinder hat. Diese Wettbewerbswerte tragen auch zur Geschwisterrivalität bei.

In dem Buch *Das gehetzte Kind* wird beschrieben, daß diese Werte unseren Kindern dadurch vermittelt werden, indem sie schon in sehr frühem Alter dazu angehalten werden, bestimmte Aufgaben zu erfüllen.[4] Das ist eine logische Folge der Wettbewerbskultur, und viele Eltern fühlen den enormen Druck, daß ihre Kinder schon sehr früh lesen, schreiben, ein Musikinstrument spielen oder mathematische Genies werden sollen. Eltern sind ängstlich besorgt, was aus ihren Kindern einmal werden soll, und das wiederum beeinflußt die Kinder. Jede Entwicklung, die langsam zu sein scheint, ist Quelle von Spannungen und Sorge für die ganze Familie. All diese Faktoren tragen zur Geschwisterrivalität bei, da die Kinder, was ihre Fähigkeiten betrifft, verunsichert werden.

Wir können versuchen, dem Sog, unsere Kinder schon sehr früh unter diesen Erfolgsdruck zu bringen, zu widerstehen, was jedoch nicht einfach sein wird, da die gesamte Gesellschaft uns das Gefühl vermittelt: »Je früher, je besser.« Ebenso können wir versuchen, unser Zuhause weniger konkurrenzfördernd zu gestalten, indem wie alle Vergleiche weglassen. Auch das kann schwieriger sein, als wir denken. Es ist sehr verlockend, Kinder miteinander zu vergleichen. Oft kommen Worte aus unserem Mund, bevor wir merken, was wir sagen: »Warum bist du noch nicht fertig? Susan ist immer schon zeitig genug angezogen.« »Matthew ist unser Künstler, und Mary ist unsere kleine Tänzerin.«

Wenn wir Kinder miteinander vergleichen oder ihnen Rollen zuschreiben, was sie gut können, so verletzen wir sie unabsichtlich. Was ist, wenn Matthew nichts sehnlicher wünscht, als zu tanzen, sich aber nicht traut, weil seine kleine Schwester alle Unterstützung und Ermutigung bekommt? Wenn wir ein Kind als langsam oder unordentlich festlegen im Vergleich zu seinen Geschwistern, kann es sein, daß es sich tatsächlich weiterhin so verhält, weil seine Eltern es so sehen. Wenn seine Errungenschaften auf anderen Gebieten nicht wahrgenommen werden, kann es sogar sein, daß es versucht, besonders langsam und unordentlich zu werden. Zusätzlich führt eine solche Festlegung unvermeidlich zu Ärger, der sich als Widerstreit und Kampf zwischen den Geschwistern zeigen wird.

Kinder, die diesen Wettbewerbswerten ausgesetzt sind, neigen natürlicherweise dazu, wütend und ärgerlich zu werden, wenn eines ihrer Geschwister mehr Zeit, Aufmerksamkeit oder Geschenke erhält. Weil

diese Tendenz besteht, die erhaltene Menge zu vergleichen, machen viele Eltern ungeheure Anstrengungen, allen Kindern das gleiche zu geben. Das ist jedoch nicht notwendig. Kinder brauchen nicht genau die gleiche Anzahl von Geschenken oder Minuten an Aufmerksamkeit von ihren Eltern. Anstatt Buch zu führen, ist es hilfreicher, sein Augenmerk auf die individuellen Bedürfnisse jedes Kindes zu richten: »Michelle brauchte heute neue Schuhe, und wenn du welche brauchst, kaufe ich dir welche.« Wenn Eltern diese Neigung, allen Kinder dasselbe zu geben, reduzieren, vergleichen die Kinder sich (hoffentlich) weniger mit ihren Geschwistern und merken, daß jedes von ihnen nach seinen eigenen individuellen Bedürfnissen behandelt wird.
Um es noch einmal zusammenzufassen: Es gibt mehrere Faktoren, die Geschwisterkämpfe verursachen können: Gefühle von Entrüstung und Eifersucht, das Bedürfnis nach Aufmerksamkeit, die Unfähigkeit, den Standpunkt einer anderen Person zu verstehen, Frustration, weniger geschickt zu sein als ein Geschwister, Gefühle des Ausgeschlossenseins, das Bedürfnis, aufgestaute Gefühle zu lösen, und allgemeine Konkurrenz. Eltern können sowohl dabei behilflich sein, Konflikte zu vermeiden, als auch bestehende Konflikte zu lösen.

Wie kann ich objektiv bleiben, wenn meine Kinder kämpfen?

Die meisten Eltern finden die Diskussionen und Kämpfe ihrer Kinder äußerst unangenehm und ärgerlich. Es ist schmerzlich, daß die so geliebten Kinder wütend aufeinander sind. Wegen dieser Gefühle und dem Bedürfnis nach einem friedlichen Zuhause ist es manchmal verführerisch, fertige Lösungen durchzusetzen, die dann, hoffentlich, alle glücklich machen. Ebenso verführerisch ist es, Partei zu ergreifen und ein Kind zu beschuldigen und das andere zu verteidigen. Diese Einmischungen sind nicht besonders hilfreich, da das wirkliche Problem nicht immer das ist, was es zu sein scheint.
Manche Eltern finden die Kämpfe ihrer Kinder so unerträglich, daß sie Zuflucht suchen in Schlagen, Schreien und Strafen. Das gibt den Kindern natürlich ein Modell für genau das Verhalten, das die Eltern verhindern wollen. Es zeigt den Kindern, daß Konflikte durch Gewalt gelöst werden können, und sie lernen, daß die mächtigere Person

immer gewinnt. Das angeschriene oder geschlagene Kind wird verletzt, und wenn diese Gefühle nicht entlastet werden, bieten sie einen Anlaß für das Kind, andere auf ähnlich verletzende Weise zu behandeln.

Für viele Eltern ist es schwierig, ruhig und objektiv zu bleiben, wenn ihre Kinder kämpfen, da sie das Gefühl entwickeln, sie hätten auf irgendeine Art versagt. Ebenso können Erinnerungen an die eigenen Geschwisterkämpfe ausgelöst werden. Vielleicht gibt es da noch ungelösten Ärger auf das ältere Geschwister oder Schuldgefühle, das jüngere falsch behandelt zu haben. Wenn die eigenen Eltern häufig gestritten haben, kann jeder Streit zu Hause Terrorgefühle auslösen und den zwanghaften Wunsch hervorrufen, den Streit um jeden Preis zu beenden. Im folgenden beschreibt ein Vater seine Gefühle, wenn die dreijährige Tochter ihre kleine Schwester schlägt:

Wenn Nancy Sandra schlägt, sehe ich rot. Ich werde wütend und möchte schlagen. Ich weiß, daß es nicht gut wäre, aber das möchte ich am liebsten machen. Es ist der erste Impuls. Oder ich schreie, was auch nicht gut ist. Ich habe versucht zu lernen, ruhig zu bleiben und mitfühlend zuzuhören und all das. Ich bin Berater, ich sollte dazu in der Lage sein, aber ich werde sehr emotional, wenn ich sehe, wie eines meiner Kinder das andere verletzt. Dann ist es schwierig, mich zu kontrollieren. Ich erinnere mich an meine Kindheit, wie meine ältere Schwester mich schlug und dann zu meinen Eltern lief und ihnen erzählte, ich hätte angefangen. Ich habe noch heute Narben auf meinem Arm, wo die Bisse und Kratzer meiner Schwester zu sehen sind.

Wenn Ihre Kinder streiten und Sie Ihr Verhalten unangemessen finden und es verändern möchten, kann ein erster Schritt darin bestehen, Gefühle aus Ihren eigenen vergangenen Erfahrungen mit Gewalt und Streit zu entdecken und diese schmerzvollen Gefühle durch Lachen, Weinen und Wüten zu lösen (wenn möglich, mit einem Menschen, der Sie unterstützt und Ihnen zuhört). Wenn Sie Ihre Gefühle ausgedrückt haben, ist es meist leichter, ruhig und objektiv zu bleiben, wenn Ihre Kinder streiten. Sie können die Situation dann kreativer und wirksamer handhaben.

Wie kann ich meinem Kind helfen, mit Freunden zurechtzukommen?

Kinder probieren mit anderen Menschen verschiedene Verhaltensweisen aus. So lernen sie etwas über die Gefühle anderer Menschen und die Auswirkungen ihrer eigenen Handlungen. Sie werden nicht mit dem Wissen geboren, daß andere Kinder es gar nicht gern haben, wenn man ihnen ihr Spielzeug wegnimmt oder ihnen sagt, was sie tun sollen. Das muß erst erlernt werden.

Kleine Kinder gehen nicht immer taktvoll miteinander um, und manchmal tauschen sie barsche Behauptungen aus. Vielleicht hört man Sätze wie: »Ich hasse dich«, »Du bist gemein« oder: »Jetzt bin ich nicht mehr dein Freund.« Aber fünf Minuten später spielen sie wieder glücklich miteinander! Durch diese schnellen Behauptungen drücken Kinder ihre momentanen, aber intensiven Gefühle von Ärger oder Unwillen aus. Bei solchen Gelegenheiten besteht keinerlei Notwendigkeit, sich einzumischen. Wenn während des Spiels ein Mißverständnis auftritt, können Sie hilfreich vermitteln, wenn die Kinder das Problem nicht selbständig lösen können:

Sarah (sechs Jahre) und Helen (fünf Jahre) spielten eines Tages mit ihren Puppen, als ich hörte, wie sie sich anschrien. Da das sehr ungewöhnlich war, ging ich zu ihnen. Beide hatten unterschiedliche Vorstellungen darüber, was eine bestimmte Puppe zu der geplanten Party anziehen sollte. Es war für sie ganz offensichtlich ein bedeutsames Thema, über das sie keine Einigung erzielen konnten. Nachdem jede mir ihre Sichtweise dargestellt hatte, wiederholte ich, was ich gehört hatte: »Sarah, du möchtest, daß sie das grüne Kleid anzieht, weil es für diesen heißen Tag ideal wäre, und Helen, du möchtest ihr das weiße anziehen, weil das grüne für diese Party nicht chic genug ist. Könnt ihr beide jetzt einmal darüber nachdenken, wie eine Lösung aussehen könnte, die euch beiden gefällt?« Helen sagte: »Wir können uns nicht einigen, weil wir beide etwas Unterschiedliches wollen«, und zog der Puppe das weiße Kleid an. Sarah nahm ihr die Puppe weg, und das Schreien ging weiter. Dann versuchte ich Lösungen anzubieten, aber alle meine Ideen wurden zurückgewiesen. Schließlich sagte ich: »Ich laß' euch jetzt mal allein. Ihr könnt sicher eine Lösung finden, mit der ihr beide einverstanden seid.« Ich verließ sie, hörte aber kein Geschrei mehr. Als ich nach ein paar Minuten zurückkam, zeigten sie mir die Puppe, die beide Kleidchen übereinander trug (daran hätte ich wirklich nie gedacht)! Beide waren glücklich über diese Lösung und schienen stolz darauf zu sein, den Konflikt bewältigt zu haben.

Schlagen und Beißen sind im allgemeinen ein Anzeichen für schmerzliche Gefühle (was auch der Fall ist, wenn es zwischen Geschwistern auftritt). Das Kind, das andere häufig schlägt, fühlt sich unsicher, verletzt, ärgerlich oder ängstlich und braucht Hilfe, seine Gefühle auszudrücken, ohne daß es andere damit verletzt. Durch Tränen und harmlose Wutausbrüche werden solche Probleme meist sehr erleichtert. Eine Kindergärtnerin beschrieb diesen Ansatz mit Kindern, die sich streiten:

Im Kindergarten streiten die Kinder sich oft wegen Spielzeug. Erst halten sie es beide fest und kämpfen, der nächste Schritt wäre dann, daß sie anfangen, zu schlagen oder zu beißen, um es zu bekommen. Wenn ich in der Nähe bin, strecke ich einfach meine Hand zwischen sie und sage: »Nein.« Oder manchmal, wenn ein Kind gerade zuschlagen will, oder der Mund ist schon offen und die Zähne wollen in ein Ohrläppchen oder ein Handgelenk beißen, dann schnappe ich mir das Kind ganz sanft und halte es so davon ab, noch weiter zu gehen. Meist öffnen sich dann die Schleusen, und die Tränen fangen an zu fließen. All die Intensität und Gefühle dieses Moments kommen so heraus, nur weil ich ihm den Widerstand entgegengesetzt habe, einfach nur »nein« gesagt oder es zurückgehalten habe. Oft weinen die Kinder recht lange, aber meist ist nachher keinerlei Aggression mehr übrig.

Ein Einzelkind kann am Anfang mit Gleichaltrigen Schwierigkeiten haben, besonders wenn es von seinen Eltern beim Spielen viel Aufmerksamkeit bekommen hat. Vielleicht erwartet es von seinen Freunden, daß auch sie jede Rolle annehmen, die es ihnen vorschlägt, da es durch seine Eltern an diese Spiele gewöhnt ist. Oft wird so ein Kind für altklug gehalten. Durch die mangelnde Erfahrung dieser Art der Interaktion kann es für ein Einzelkind schwierig sein, mit Neckereien und Offenheit seiner Spielkameraden umzugehen; ebenso ungewohnt sind sehr rauhe Umgangsweisen. Diese eher kleineren Probleme werden meist durch wiederholte Begegnungen mit anderen Kindern überwunden.

Wie kann ich mein Kind vor sexuellem Mißbrauch schützen?

In einer Befragung wurde festgestellt, daß eine von fünf Studentinnen auf irgendeine Weise vor dem 13. Lebensjahr sexuell mißbraucht worden war.[5] Der sexuelle Mißbrauch von Kindern ist eine weitverbreitete Realität, die seit vielen Jahrhunderten existiert.[6] In den letzten Jahren hat sich ein neues Bewußtsein und Verständnis hierüber entwickelt, so daß die Menschen es nicht mehr in dem Maße geheimhalten müssen.

Damit Kinder sich gegen sexuelle Angriffe wehren können, müssen sie Respekt erfahren und sich machtvoll fühlen. Wenn ein Kind von Geburt an mit Respekt behandelt worden ist und weder durch Strafen und Belohnungen manipuliert wurde, noch Schuldgefühle für sein Verhalten entwickeln mußte, hat es wahrscheinlich eher den Mut, »nein« zu sagen, wenn ein Erwachsener sich ihm gegenüber verletzend verhält. Kinder, denen beigebracht wird, blind zu gehorchen, besonders wenn zusätzlich Strafen angedroht werden, können sich gegen sexuelle Angriffe weniger gut zur Wehr setzen und werden ihren Eltern wahrscheinlich nichts davon erzählen, weil sie Angst vor den Konsequenzen haben.

Auch der Austausch von Informationen ist sehr wichtig. Kinder müssen vor menschlicher Irrationalität und verletzendem Verhalten gewarnt werden, da sie natürlicherweise jedem Vertrauen entgegenbringen. Sie können Ihrem Kind sagen, daß manche Erwachsene sich Kindern gegenüber schlecht verhalten und gemeine Dinge tun oder intime Körperpartien berühren und daß es gut ist, in solchen Situationen »nein« zu sagen, wegzugehen und jemandem davon zu erzählen. Häufig gehen Kinder von der Annahme aus, daß »schlechte« Menschen leicht zu erkennen sind, weil sie böse aussehen. In Büchern und im Fernsehen wird solch ein Bild vermittelt. Für Kinder ist es wichtig, zu wissen, daß Menschen, die aussehen wie Mama oder Papa, sie verletzen können und daß sogar Menschen, die sie kennen und denen sie vertrauen, sie mißbrauchen können. Erwachsene – selbst die eigenen Eltern – sind nicht perfekt und können Kinder manchmal verletzen. Die Diskussion braucht sich auch nicht auf den sexuellen Mißbrauch zu beschränken. Jedesmal wenn Sie sehen oder hören, daß ein Erwachsener ein Kind nicht mit ganzem Respekt behandelt, können Sie Ihre Kinder darauf aufmerksam machen. Wenn wir Eltern tatsächlich den Mut dazu haben, die Unterdrückung anderer Kinder zu unterbrechen, sind wir ein machtvolles Vorbild für unsere eigenen Kinder, die sich dann mit größerer Wahrscheinlichkeit gegen den Mißbrauch durch einen Erwachsenen zur Wehr setzen.

Wenn Sie ein »komisches« Gefühl haben bei dem Gedanken, Ihr Kind bei jemandem zu lassen, dann vertrauen Sie diesen Gefühlen, sogar wenn es sich um ein Familienmitglied handelt. Sie sollten besonders bei solchen Männern aufmerksam werden, die kleine Mädchen in sexuellen Begriffen beschreiben wie: »Sie hat Augen wie eine Geliebte« oder: »Sie würde in einem Bikini gut aussehen.« Diese Männer sehen Kinder nicht als Kinder an, sondern als potentielle Sexualobjekte, um ihre eigenen Bedürfnisse zu befriedigen. Seien Sie aufmerksam bei Tagespflegestätten, Schulen oder Klassen, in denen Sie nicht einfach vorbeikommen können, um Ihr Kind zu besuchen. Wenn Ihr Kind bei Freunden zu Hause eingeladen ist, versichern Sie sich, daß Sie den Erwachsenen kennen, der Ihr Kind betreut.
Sie können mit Ihren Kindern das »Nein«-Sagen üben, indem Sie potentiell bedrohliche Szenen spielen. So werden die Kinder informiert, ohne daß sie zu ängstlich werden, wenn sie nicht mit Ihnen zusammen sind. Informationen über sexuelle Übergriffe oder Entführungen können Sie in einer klaren, den Tatsachen entsprechenden Weise weitergeben, so wie Sie Ihrem Kind beibringen, die Straße gefahrlos zu überqueren.
Wenn Sie selbst sexuell mißbraucht worden sind, können Sie ihre Schmerzen und Ängste auf das Kind übertragen, das dann Fremden gegenüber überängstlich werden kann. Dieses Mißtrauen Menschen gegenüber begrenzt dann erheblich seine Lebensfreude, und eine Beratung oder Therapie für Sie selbst stellt eine große Hilfe dar.
Auch wenn Sie selbst von Ihren Kindern sexuell angezogen werden und einen Drang verspüren, sexuelle Spiele mit ihnen zu spielen, brauchen Sie therapeutische Hilfe. Sie brauchen sich weder Schuldgefühle noch Vorwürfe zu machen, denn diese Gefühle haben ihren Ursprung in Ihrer eigenen verletzten Kindheit.
Sexuelle Spiele von Erwachsenen sind für Kinder äußerst verwirrend, beängstigend und erniedrigend. Selbst ganz kleine Kinder sind sich schmerzlich der Tatsache bewußt, daß aus ihnen ein Nutzen gezogen wird, wenn man sie unangemessen berührt. Inzestopfer, die als Erwachsene befragt wurden, berichteten, wie beschämt und verwirrt sie sich gefühlt hatten, wenn ihr Vater oder ein anderes Familienmitglied sie unangemessen berührt hatte, selbst wenn die Berührungen sehr sanft gewesen waren. Sie hatten das Gefühl, keine Wahl zu haben, als

sich unterwerfen und den Mißbrauch erdulden zu müssen. Als Kinder fühlten sie sich nicht in der Lage, jemandem davon zu erzählen, oft weil ihnen mit schlimmeren Handlungen gedroht wurde. Einige hatten das Gefühl, daß ihnen niemand glauben würde oder daß man ihnen Vorwürfe machen würde. Andere hatten Angst, die Familie auseinanderzureißen oder in ein Kinderheim zu kommen.[7]
Sexuell mißbrauchte Kinder wachsen mit einem Gefühl der Machtlosigkeit auf und unterliegen oft dem Zwang, in späteren Beziehungen als Opfer mißbraucht zu werden, weil sie den Unterschied zwischen Liebe und Benutztwerden nicht kennen. Dann, als Eltern, wiederholen sie zwanghaft das, was ihnen angetan wurde, indem sie die mißbrauchende Rolle übernehmen, mit ihren vertrauenden und unschuldigen Kindern als Opfer.
Dieser tragische Zyklus des Mißbrauchs kann dann unterbrochen werden, wenn Erwachsene sich der Grausamkeiten und Erniedrigungen, die ihnen angetan wurden, bewußt werden und ihre Empörung darüber äußern. Hierzu ist ein unterstützender, aufmerksamer Zuhörer notwendig, der dem Erwachsenen glaubt und die intensiven Gefühle von Trauer, Ärger und Angst akzeptieren kann.

Was kann ich machen, wenn mein Kind sexuell mißbraucht worden ist?

Jede Verhaltensänderung des Kindes kann ein Zeichen für sexuellen Mißbrauch darstellen: ein Zurückfallen im Sauberkeitsverhalten, Bettnässen, Rückzug, anklammerndes Verhalten, plötzliche Schüchternheit oder Ängstlichkeit, Appetitverlust, Alpträume, Schlafstörungen oder die Weigerung, in die Schule zu gehen oder mit Freunden zu spielen. Das Kind kann versuchen, seine Verletzung durch vermehrtes Weinen zu heilen. Wenn es sich nicht sicher genug fühlt, zu weinen, kann es seine Zuflucht in Kontrollmustern suchen wie Daumenlutschen oder das Anklammern an Schmusedecke oder Stofftier. Ein offensichtlicherer Hinweis könnte eine plötzliche Überbeschäftigung mit den eigenen oder anderer Leute Genitalien sein: exzessive Masturbation, Neugierde an oder das Malen von Geschlechtsorganen. Ein sexuell mißbrauchtes Kind kann anfangen, über den Geschlechtsakt zu sprechen oder ihn mit Freunden und Puppen auszuagieren, um zu verstehen, was passiert ist. Fühlt es sich mit einer vormals vertrauten Person unwohl, kann auch das ein Zeichen für einen sexuellen Übergriff darstellen. Wenn sich irgendeines dieser Symptome ohne einen offensichtlichen Grund einstellt, wie die Geburt eines Geschwisters, ein Umzug oder die Trennung der Eltern, sollte man die Möglichkeit eines sexuellen Mißbrauchs in Betracht ziehen.

Wenn Sie entdecken, daß Ihr Kind tatsächlich sexuell mißbraucht worden ist, ist es sehr wichtig, dem Kind zu glauben, ihm zu versichern, wie richtig es ist, Ihnen davon zu erzählen, und daß das, was passiert ist, nicht sein Fehler war. Ebenso braucht es die Sicherheit, daß Sie es vor weiteren Übergriffen beschützen. Der nächste Schritt ist die Anzeige bei der Polizei und die Hilfestellung durch eine Initiative, die sich mit Kindesmißbrauch befaßt. Das ist natürlich besonders dann extrem schwierig für Sie, wenn es sich um ein Familienmitglied oder einen nahen Freund handelt. Sie können Ihrem Kind erklären, daß es nicht darum geht, diesen Menschen zu bestrafen, sondern sicherzustellen, daß er Hilfe bekommt, damit er dieses verletzende Verhalten nicht bei einem anderen Kind wiederholt.

Für Sie selbst ist es wichtig, daß Sie Ihre Gefühle ausdrücken, die eine Bandbreite haben können von Schock und Unglaube bis Angst, Schuld und Wut. Weinen und Wüten sollte nicht in Gegenwart des Kindes stattfinden, das im Moment genug mit seinen eigenen Gefühlen beschäftigt ist. Zögern Sie nicht, die Unterstützung einer professionellen Beratung aufzusuchen – Sie verdienen jede Hilfe, die Sie bekommen können.

Auch Ihr Kind muß über seine Erfahrung sprechen können, wozu Sie es ermutigen sollten. Falls es das Thema vermeidet, fühlt es sich vielleicht nicht sicher genug vor möglichen Konsequenzen. Ein erfahrener Therapeut, der mit Kindern aus sexuellen Übergriffen arbeitet, sollte hinzugezogen werden. Es ist kein Zeichen von Schwäche oder Fehlern, wenn man professionelle Hilfe in Anspruch nimmt.

Fühlen kleine Kinder sich sexuell von ihren Eltern angezogen?

Eine Hauptthese der psychoanalytischen Theorie ist die Vorstellung, daß kleine Kinder normalerweise vom gegengeschlechtlichen Elternteil sexuell angezogen werden und insgeheim den anderen Elternteil loswerden möchten, so daß sie das erwünschte Liebesobjekt ganz für sich allein haben. Bei Jungen spricht man vom »Ödipuskomplex«, bei Mädchen vom »Elektrakomplex«. Die Lösung dieses Konflikts hat eine zentrale Auswirkung auf die zukünftige emotionale Anpassung. Die Unfähigkeit, ihn zu lösen, soll eine Hauptquelle für Neurosen im Erwachsenen darstellen.

Die Anhaltspunkte für diese Theorie hatten ihren Ursprung in Berichten von Erwachsenen, die über ihre Erinnerungen an sexuelle Erfahrungen mit ihren Eltern sprachen. Freud glaubte, daß es sich hier um Phantasien handelte, die den Wunsch des Kindes nach solchen Erfahrungen aufzeigten. Er ging nicht davon aus, daß es sich um tatsächliche Erinnerungen realer Geschehnisse handelte. Das ist die Hauptkomponente von Freuds Triebtheorie. Vor seiner Triebtheorie hat Freud die »Verführungstheorie« entwickelt, bei der er von der Annahme ausging, daß Erwachsene mit verschiedenen psychologischen Problemen zu ihm kamen, weil sie frühe Traumata erlebt hatten, die auch durch realen sexuellen Mißbrauch durch Erwachsene hervorgerufen worden waren. Seine Verführungstheorie wurde kaum beachtet, weil seine Zeitgenossen die Tatsache nicht akzeptieren oder zugeben konnten, daß Erwachsene solche Perversionen Kindern antun könnten. Die spätere Triebtheorie, die die Verführungstheorie ersetzte, diskreditierte dagegen die Erinnerungen des frühen Mißbrauchs als reine Phantasien der Patienten.[8]

Nach Alice Miller diente Freuds Triebtheorie dazu, die Unterdrückung von Kindern fortzuführen, da sie die wahre Quelle psychologischer Probleme, die in frühen Mißhandlungen und traumatischen Erlebnissen begründet liegt, nicht wahrnahm.[9] Wie schon früher erwähnt, gibt es eindeutige Beweise dafür, daß der sexuelle Mißbrauch von Kindern eine weitverbreitete Tatsache ist und daß die Erinnerungen der Erwachsenen zutreffend sind. Die Vorstellung, daß Kinder eine sexuelle Beziehung mit einem Erwachsenen wünschen, stimmt nicht mit der Beobachtung kindlichen Verhaltens überein. Kinder haben normalerweise weder ein Verständnis für noch ein Verlangen nach Geschlechtsverkehr, da dieses Bedürfnis erst durch die hormonelle Umstellung in der Pubertät entsteht.

Wenn ein kleiner Junge konstatiert, daß er eines Tages seine Mutter heiraten will, geschieht das nur, weil sie in diesem Moment die wichtigste Frau in seinem Leben ist. Dasselbe gilt für ein Mädchen, das sagt, es möchte seinen Vater heiraten. Kinder, die so etwas sagen, haben begriffen, daß Menschen, die einander heiraten, von unterschiedlichem Geschlecht sind, und dieses Verständnis drücken sie hiermit aus. Ebenso mag es zutreffen, daß sie sich eine lebenslange Beziehung zu ihren Eltern wünschen. Kleine Kinder verstehen noch nicht alles über Beziehungen und Generationen, und da sie sich nicht vorstellen können, mit einem Fremden zusammenzuleben, gehen sie sozusagen natürlicherweise davon aus, daß sie ein Familienmitglied heiraten werden. Als meine Tochter drei Jahre alt war, kündigte sie eines Tages an, daß sie ihren Großvater heiraten würde, wenn sie erwachsen wäre! Es wäre doch wohl ein grundlegendes Mißverständnis, wenn wir hinter dieser unschuldigen Äußerung einen tiefen inzestuösen Wunsch vermuten wollten.

Anstatt davon auszugehen, daß Kinder sexuelles Verlangen und Todeswünsche in sich tragen, würden wir ihnen einen größeren Dienst erweisen, wenn wir uns darauf konzentrieren würden, wie sie von denen verletzt und mißbraucht werden, die mehr Macht haben als sie. Jeder Ärger gegenüber einem Elternteil, welchen Geschlechts auch immer, ist das Ergebnis einer Verletzung durch diesen Elternteil. Je eher wir diese Tatsache begreifen, um so besser können wir unseren Kindern helfen, sich zu psychologisch gesunden Erwachsenen zu entwickeln.

Obwohl Kinder normalerweise kein sexuelles Bedürfnis nach ihren Eltern haben, heißt das nicht, daß sie ohne sexuelle Gefühle wären. Viele Kinder masturbieren, und einige entdecken sogar, wie sie schon vor der Pubertät einen Orgasmus erlangen können. Aber diese sexuelle Aktivität ist von persönlicher und individueller Natur und nur ein angenehmes, rein körperliches Empfinden. Kinder masturbieren ohne ein Bewußtsein darüber, was das mit Geschlechtsverkehr, Fortpflanzung oder »Verliebtsein« zu tun hat. Es kann eine genüßliche Handlung sein, ohne jedes Gefühl von Zuneigung oder Wunsch nach einer anderen Person. Kinder sind noch nicht bereit für zwischenmenschliche sexuelle Kontakte, und jedes Kind, daß sich frei entscheiden kann, würde alle sexuellen Annäherungen von Erwachsenen eindeutig zurückweisen.

Was ist mit den kindlichen Sexspielen untereinander?

Manchmal spielen kleine Kinder gern nackt zusammen und inspizieren gegenseitig ihre Genitalien. Sie schauen sich beim Stuhlgang oder Urinieren zu oder spielen »Doktor«. Dieses Spiel wird meist von viel Gekicher begleitet.
Die Sexspiele von Kindern haben zwei Hauptgründe. Der erste ist, sie sind eine Möglichkeit, Informationen über die menschliche Physiologie und Geschlechtsunterschiede zu erhalten. Natürlich wollen Kinder alles wissen über ihren eigenen Körper und die Körper der anderen und wie sie sich davon unterscheiden. Der zweite Grund ist ein therapeutischer. In vielen Familien ist die Sexualität ein äußerst peinliches Thema, und diese Gefühle von Scham werden von Generation zu Generation weitergegeben. Kinder greifen die Tatsache auf, daß Geschlechtsorgane ein Tabuthema sind, über das nicht gesprochen wird. So entwickelt sich ein großes Bedürfnis, Peinlichkeit und Ängste durch den spannungslösenden Mechanismus des Lachens zu lösen. Deshalb lachen Kinder soviel, wenn sie nackt zusammen spielen.
Es besteht kein Grund, die Sexspiele von Kindern mit Besorgnis zu betrachten. Es ist nur eventuell nötig, Grenzen zu setzen, was Sicherheit und Hygiene betrifft. Die Kinder müssen wissen, daß sie keine Gegenstände in Vagina oder Anus stecken dürfen und daß sie sich waschen sollten, bevor und nachdem sie sich angefaßt haben. Es handelt sich um eine normale Phase, durch die die Kinder hindurchgehen, und ist ihre Neugierde einmal zufriedengestellt, interessiert sie dieses Spiel nicht weiter. Bemühungen, diese Spiele zu unterbinden, werden nicht fruchten, die Kinder werden sie heimlich spielen, und zusätzlich können Schuldgefühle entstehen, oder sie sind unfähig, ihren eigenen Körper voll und ganz zu akzeptieren.
Kinder, die sexuell mißbraucht wurden, können übermäßig interessiert sein an Sexspielen mit anderen Kindern, weil sie verstehen wollen,

was ihnen passiert ist, und so entsteht ein zwanghaftes Bedürfnis, es mit jemand anderem nachzuspielen. Dieses Verhalten kann andere Kinder verletzen, besonders wenn ein Ungleichgewicht im Alter oder in der Macht vorhanden ist. In diesem Fall, wo das Kind seinen sexuellen Schmerz ausagiert, braucht es Therapie, so daß es seine Gefühle verarbeiten kann und andere Kinder nicht verletzt werden. Auch das Kind, das zu diesem Zweck ausgenutzt wurde, braucht Hilfe und Unterstützung, um seine Gefühle darüber auszudrücken, was ihm zugestoßen ist.

Wie kann ich meinem Stiefkind helfen, mir näherzukommen?

Auch wenn im Rahmen dieses Buches nicht alle Bereiche der Stiefelternschaft besprochen werden können, möchte ich doch ein Thema berühren: Wie kann einem Kind geholfen werden, mit einem neuen Elternteil zurechtzukommen?
Wegen der häufigen Scheidungen und Zweitehen sehen viele Eltern sich mit der Herausforderung konfrontiert, sich um ein Kind zu kümmern, das nicht ihr eigenes ist. Diese Aufgabe ist nicht einfach. Die meisten Kinder sind durch die Trennung ihrer Eltern tief berührt und haben starke Schuld- und Wutgefühle. In der Zeit, die der Trennung vorausging, können extreme Spannungen und vielleicht sogar Gewaltausbrüche in der Familie stattgefunden haben, und es gab wenig Aufmerksamkeit für das Kind. Alles, was Sie als Stiefeltern tun, um dem Kind zu helfen, seine Gefühle auszudrücken, wird eine warme und liebevolle Beziehung zwischen Ihnen fördern. Seien Sie nicht überrascht und nehmen Sie es auch nicht persönlich, wenn Ihr Stiefkind seinen Ärger direkt an Sie richtet. Eine anfängliche Ablehnung der neuen Mutter oder des neuen Vaters ist ganz normal. Eine Frau erzählte mir, wie sie einem dreijährigen Jungen dabei half, seinen Ärger über sie zu überwinden:

Als mein Zusammenleben mit Matthew und seinem Sohn Carl anfing, war die Situation zuerst sehr schwierig. Carl nahm es mir übel, daß ich anstelle seiner Mutter da war, und er sagte mir wiederholt, ich solle weggehen. Die ersten Male ließ ich ihn allein und ging auf mein Zimmer, aber nachdem ich einige Tage lang, jedesmal wenn er mich sah, gehört hatte: »Geh weg!« und:

»Ich hasse dich«, merkte ich, daß ich nicht immer, wenn wir uns begegneten, verschwinden konnte. Also blieb ich eines Tages im Wohnzimmer, und Carl kam zu mir, schubste mich und sagte: »Geh weg, geh weg!« Ich sagte: »Nein, ich bleibe hier.« Er schubste mich und schrie ganz wütend, während sein Vater in der Nähe saß. Nach kurzer Zeit saßen wir alle auf dem Boden, Carl zwischen uns, der mich mit seinen Armen und seinen Vater mit den Füßen wegstieß. Er schien den Widerstand zu brauchen. Wenn wir uns zu weit weg bewegten, rutschte er hinter uns her, so daß er wieder gegen uns drücken konnte. Ich versicherte Matthew, daß es für Carl gut wäre, seinen Ärger so auszudrücken. Es ging über eine Stunde lang, und Carl weinte und schrie: »Geh weg, ich hasse dich!«, immer abwechselnd zu mir und zu Matthew, und er drückte uns mit Händen und Füßen von sich. Am nächsten Tag fing er wieder an, mich zu schubsen, und wieder sagte er: »Ich hasse dich!« Und so verbrachten wir zu dritt eine weitere Stunde, in der Carl seine Wut ausdrückte. In der Woche darauf wiederholte sich alles noch einige Male, aber seitdem hat er nie wieder gesagt, daß er mich haßt. Wir sind schnell Freunde geworden, und jetzt kommt er immer zu mir gelaufen, wenn er mich sieht und drückt mich!

Auch Ihre Gefühle dem Stiefkind gegenüber sind vielleicht nicht sofort liebevoll, und es besteht kein Grund, sich schuldig zu fühlen, wenn Sie das Kind nicht so lieben, wie sie es gern lieben würden. Wenn Sie eigene Kinder haben, ist es nur natürlich, daß Sie liebevollere Gefühle für sie empfinden. Sagen Sie Ihrem Stiefkind auch nicht, daß Sie es genauso gern haben wie Ihre eigenen Kinder, wenn es nicht so ist, weil es die Unaufrichtigkeit Ihrer Worte spüren wird.
Wie in jeder Situation als Eltern ist es wichtig, daß Sie über Ihre eigenen Gefühle sprechen können mit jemandem, der Ihnen zuhört. Der Ausdruck und das Loslassen Ihrer Ablehnung und Wut wird es Ihnen erleichtern, alle Kinder gut zu behandeln und nicht eines dem anderen vorzuziehen.

Was bewirkt ein Streit der Eltern bei den Kindern?

Wenn Eltern streiten und kämpfen, werden Kinder jeden Alters davon stark in Mitleidenschaft gezogen. Sie sind ängstlich und fühlen sich schuldig. Die Ängstlichkeit rührt daher, daß sie sehen und hören, wie ihre Eltern irrational, verletzend und gewalttätig miteinander umgehen.

Das ist bedrohlich für die Kinder, die auf den Schutz und die Liebe ihrer Eltern angewiesen sind. Die Schuldgefühle resultieren aus der Tatsache, daß sie sich für den Streit verantwortlich fühlen, auch wenn das gar nicht der Fall ist. Die Unvorhersehbarkeit eines Streits kann chronische Ängstlichkeit und Vorsicht verursachen, weil die Kinder jederzeit mit einer Auseinandersetzung rechnen müssen.
Besonders dann, wenn es sich um einen fortwährenden Konflikt der Eltern handelt, ergreift ein Kind manchmal Partei für einen Elternteil. Diese Situation ist für das Kind nicht gut, weil es beide Eltern für seine Liebe und Unterstützung braucht. Wenn es auf der Seite von einem Elternteil steht und den anderen ablehnt, wird es hierdurch von einer Identifizierung und somit vom Erlernen wichtiger Werte und Fähigkeiten abgehalten. Ebenso kann das Kind dazu veranlaßt werden, zu spionieren und zu klatschen, und die Eltern können sich gezwungen fühlen, Bestechungen, Schmeicheleien und vielleicht sogar Lügen einzusetzen, um die Liebe des Kindes, das die Partei für den anderen ergriffen hat, zurückzugewinnen.
Um dem Kind dabei zu helfen, mit den Gefühlen umzugehen, die durch den elterlichen Streit entstanden sind, ist es wichtig, ihm Aufmerksamkeit zu geben, sobald Sie sich ruhiger fühlen und der Kampf vorbei ist. Versichern Sie Ihrem Kind, daß Sie beide sich lieben, daß Sie beide Ihr Kind lieben, daß Sie aber manchmal so wütend werden, daß Sie sich gegenseitig anschreien. Geben Sie ihm die Möglichkeit, seine Gefühle auszudrücken, nehmen Sie sie an, auch wenn es Tränen sind, mit denen das Kind sein Erschrecken ausdrückt. Leben Sie ständig im Streit, und das hat einen negativen Einfluß auf Ihr Kind, kann es klug sein, eine Eheberatung aufzusuchen oder einen Therapeuten hinzuzuziehen.

Übungen

Entdecken Sie Ihre eigene Kindheit

1. Wie haben Sie sich mit Ihren Geschwistern gefühlt? Haben Sie sich als Kind mit ihnen gestritten? Wenn ja, wie haben sich Ihre Eltern verhalten?
2. Beschreiben Sie Ihren ersten Freund oder Ihre erste Freundin, an den oder die Sie sich erinnern. Was hat Ihnen beiden Spaß gemacht? Wie haben Sie sich mit ihm oder ihr gefühlt?
3. Sind Sie sexuell mißbraucht worden? Wenn ja, hatten Sie bisher die Möglichkeit, mit einem kompetenten Therapeuten über Ihre Gefühle zu sprechen?

Welche Gefühle haben Sie gegenüber Ihrem Kind?

1. Wie geht es Ihnen damit, wie Ihre Kinder miteinander auskommen? Wenn es häufig zu Auseinandersetzungen kommt, was würden Sie gern tun? (Das ist nicht notwendigerweise das, was Sie tun sollten!)
2. Ist Ihr Kind jemals der Chef, aggressiv, grob, oder zieht es sich von anderen Kindern zurück? Was empfinden Sie dabei?
3. Sind Sie ängstlich oder mißtrauisch den Menschen gegenüber, die sich um Ihr Kind kümmern? Haben Sie Grund zu der Annahme, daß Ihr Kind sexuell mißbraucht wird – oder mißbraucht worden ist? Wie fühlen Sie sich dabei? Wie geht es Ihnen dabei, Ihrem Kind Informationen über sexuellen Mißbrauch zu geben?

Sorgen Sie für sich selbst

1. Suchen Sie sich einen neuen Freund oder eine neue Freundin, oder erneuern Sie den Kontakt zu einem alten Freund beziehungsweise einer alten Freundin.
2. Unternehmen Sie Schritte zu einem Ihrer Geschwister oder einem anderen Familienmitglied, um mehr Nähe herzustellen. Gibt es etwas Ungesagtes, das Sie aussprechen müßten, um Ihre Beziehung zu intensivieren?
3. Nehmen Sie sich täglich die Zeit mit Ihrem Partner oder Ihrer Partnerin, sich gegenseitig etwas Liebevolles zu sagen. Wenn es in Ihrer Beziehung ständig Konflikte gibt, suchen Sie eine Eheberatung oder einen Therapeuten auf.

7 Essen und Krankheiten

Dieses Kapitel bietet Anregungen, wie Eltern ihren Kindern helfen können, mit den Gefühlen umzugehen, die die Bereiche Nahrung, Ärzte, Krankenhäuser, Krankheit und Schmerz betreffen. Dies ist kein Ersatz für eine eventuell notwendige medizinische Behandlung. Ich empfehle den Eltern im Falle von Unfall, Krankheit, Schmerzen und Eßstörungen immer, die bestmögliche zur Verfügung stehende medizinische Betreuung wahrzunehmen.

Schmerzen und Krankheiten sind sehr eng mit Gefühlen verbunden. Es gibt beachtenswerte Untersuchungen, daß Menschen, die unter emotionalem Streß stehen, eher zu Krankheiten neigen. Andererseits werden Gefühle wie Trauer, Angst, Ärger, Schuld und Verwirrung oft durch Krankheit und Schmerz verursacht. In den westlichen Gesellschaften wird diese Verknüpfung zwischen Gefühlen und körperlicher Gesundheit nicht unbedingt von den Medizinern vertreten, deren Ausbildung primär auf den körperlichen Aspekten von Krankheiten beruht. Aus diesem Grund spielen Eltern eine so wichtige Rolle bei der Ergänzung der medizinischen Behandlung ihrer Kinder, indem sie eine unterstützende Umgebung schaffen, in der den Kindern der volle Ausdruck ihrer Gefühle ermöglicht wird.

Wie kann ich mit Eßstörungen umgehen?

In der frühen Kindheit unterscheiden sich die Eßgewohnheiten beträchtlich von denen der Erwachsenen. Viele kleine Kinder sind mit nur drei Mahlzeiten täglich nicht zufrieden, haben wahrscheinlich Phasen, in denen sie für einige Tage nur eine bestimmte Art von Nahrung zu sich nehmen, und oft entwickeln sie eine starke Abneigung gegen bestimmte Nahrungsmittel. Die Eltern fragen sich häufig, wie sie damit umgehen können.

Es ist erwiesen, daß Babys sich eine ausgewogene und gesunde Nahrung zusammenstellen, wenn man ihnen die Möglichkeit gibt, ihr eigenes Essen auszuwählen. Eine selbsterwählte Ernährungsmethode kann von Geburt an angestrebt werden (wie in meinem Buch *Warum Babys weinen* beschrieben). Zuerst kann das Baby nach seinem Bedürfnis gestillt werden. Wird dann feste Nahrung angeboten, kann ihm ermöglicht werden, aus einer kleinen Auswahl von Nahrungsmitteln das auszusuchen, was und wieviel es davon essen möchte. Diese Methode kann auch in den ersten Lebensjahren fortgeführt werden. Ein wunderbares Buch, das diese Methode schön beschreibt, ist: *Are you Hungry?*[1] Wir können den Kindern vertrauen, daß sie eine ausgewogene Ernährung zusammenstellen, vorausgesetzt, gesunde Lebensmittel stehen zu jeder Zeit zur Verfügung. Die Eltern können wie immer ihre regelmäßigen Mahlzeiten für sich und ihre Kinder zubereiten, mag das Kind davon aber nichts essen, so besteht die einzig respektvolle Möglichkeit darin, zu fragen, was es statt dessen essen möchte. Es ist nicht nötig, eine neue Mahlzeit zu kochen, aber ein einfacher, gesunder Imbiß sollte bereitgehalten werden (der geringe oder gar keine Vorbereitung benötigt), so daß das Kind nach seinem Wunsch essen kann. Zwischen den Mahlzeiten sollte zu jeder Zeit die Gelegenheit bestehen, daß es selbst einen Imbiß zu sich nehmen kann. Wenn es sich hierbei um Früchte, Gemüse, Vollkornprodukte und eiweißreiche Nahrung handelt, besteht kein Grund zur Sorge, weil der Überlebensinstinkt die Kinder veranlaßt, solche Lebensmittel zu essen, die ihr Körper braucht, und auch in den Mengen, die ein Optimum an Gesundheit bedeuten.

Wenn Sie zu Hause Besuch bekommen, bemühen Sie sich wahrscheinlich auch, solche Nahrungsmittel im Haus zu haben, die Ihrem Gast schmecken könnten, und Sie würden ihm sicherlich nicht vorschreiben, was, wann und wieviel er zu essen hat. Sie würden ihn auch nicht überreden, alles aufzuessen, und wenn er eine halbe Stunde vor dem Abendessen hungrig zu Ihnen in die Küche kommt, sagen Sie ihm wohl kaum, daß er warten muß, sondern bieten ihm etwas an, was Sie gerade bereit haben, zum Beispiel ein Stück Obst, einen Cracker oder ein Stück Käse. Es besteht kein Grund, Kinder anders zu behandeln als einen respektierten Gast, der für einige Jahre Ihr Leben mit Ihnen teilt.

Manchmal entwickeln Kinder eine starke Abneigung gegen bestimmte

Nahrungsmittel und weigern sich hartnäckig, etwas Neues zu probieren. Dann sollte man sie auch nicht dazu überreden. Weder Vernunft, Schmeichelei, Bestechung oder Tricks bringen ein Kind dazu, Essen zu mögen, gegen das es eine Aversion hat. Es gibt wirklich keinen Grund, warum ein Kind ein bestimmtes Nahrungsmittel essen sollte. Viele Kinder weigern sich, vermischte Nahrung zu essen wie einen Eintopf, wenn aber alles klar und getrennt auf dem Teller liegt, gibt es keine Probleme. Andere wiederum machen die Abneigung fest am Aussehen oder an der Beschaffenheit: Pfeffer »sieht schmutzig aus«, Petersilie »kitzelt so« und Brotrinden »sind zu hart«.
Andere Gründe für die Verweigerung bestimmter Nahrungsmittel haben mit den gegenwärtigen Ängsten der Kinder zu tun. Wenn ein Kind Angst hat, auf die Toilette zu gehen, lehnt es vielleicht alles ab, was wie Stuhl aussieht. Andere Lebensmittel sind besonders attraktiv, weil sie einen symbolischen oder spielerischen Wert haben. Eine Scheibe Käse wird vielleicht einem ganzen Stück desselben Käses vorgezogen, weil man daraus Tiergestalten herausbeißen kann. Oder ein Kind, das gerade ein Geschwisterchen bekommen hat, möchte dasselbe essen wie das Baby. Es tut niemandem weh, diesen Geschmacksvorzügen nachzukommen. Wenn aus diesen Launen und Abneigungen kein großes Thema gemacht wird, wachsen die Kinder meist darüber hinaus und fangen spontan an, eine größere Bandbreite in ihre Vorlieben zu bringen. Es ist sogar wahrscheinlicher, daß Kinder eher neue Dinge probieren, wenn kein Problem daraus gemacht wird.
Viele Eltern gehen davon aus, daß Kinder täglich drei wohlausgewogene Mahlzeiten zu sich nehmen, und nichts zwischendurch essen sollten. Die meisten Erwachsenen folgen der festen Arbeitszeiten wegen auch diesem Muster. Folglich ist es für Erwachsene nicht ungewöhnlich, zu einer festen Zeit zu essen, ob sie hungrig sind oder nicht, weil sie genau dann ihre Mittagspause haben. Viele Erwachsene haben den Kontakt zu Körpersignalen wie Hunger und Sättigung verloren, weil sie aus Bequemlichkeit oder sozialen Gründen essen müssen. Zusätzlich machen wir uns auch häufig nicht besonders viele Gedanken um die Qualität der Nahrung und essen dann Produkte, die Krankheiten oder Verdauungsprobleme verursachen. Neuere Untersuchungen haben gezeigt, daß jeder fünfte Amerikaner 20 Prozent Übergewicht hat.[2]

Kleinere Kinder haben im allgemeinen einen besseren Kontakt zu den Nahrungsbedürfnissen ihres Körpers als Erwachsene, besonders dann, wenn ihre natürlichen Eßvorlieben noch nicht kontrolliert oder manipuliert wurden. Obwohl es schwierig sein kann, zuzugeben, daß Ihr Vierjähriger mit seinen verteilten Mahlzeiten tatsächlich eine optimale Ernährung zu sich nimmt, während Sie selbst mit Ihren drei »wohlausgewogenen« Mahlzeiten täglich entweder mehr oder weniger essen, als Ihr Körper wirklich braucht.
Kinder haben manchmal Zeiten, in denen sie nur eine bestimmte Art von Nahrung zu sich nehmen wollen. Hierüber braucht man sich keine Sorgen zu machen. Meine Tochter wollte eines Tages nur Kartoffeln essen, obwohl es zusätzlich Frikadellen und Brokkoli mit Sahne gab. Oder sie aß nur Käse. Ich beobachtete das und stellte fest, daß sie in einer Woche tatsächlich vielfältige und ausgewogene Nahrung erhielt, in der ausreichend Proteine, Kohlenhydrate, Fette und Vitamine vorhanden waren, und sie blieb äußerst gesund mit diesem ungewöhnlichen Eßverhalten.
Wenn Ihr Kind Gesundheitsprobleme hat, ist es vielleicht nicht angeraten, dieser liberalen, selbstbestimmten Eßmethode zu folgen, und medizinische Beratung ist immer einzuholen, wenn Ihr Kind Gewichts- oder Eßprobleme hat, da es ein Zeichen für Krankheit sein kann.
Eine Mutter, die ich interviewte, erzählte, wie schwierig es für sie ist, bei den Eßgewohnheiten ihrer Tochter entspannt zu bleiben:

Mein Selbstwertgefühl ist direkt damit verbunden, was Angie in ihren Mund steckt. Vor ein paar Tagen suchte sie im Gefrierschrank nach einem Eis, entdeckte dabei gefrorene Erbsen und sagte: »Oh, komm, die machen wir jetzt.« Es war drei Uhr nachmittags, und ich fiel vor Überraschung beinahe um. Natürlich kochte ich sie, und sie aß sie auch tatsächlich auf! Ich hatte das Gefühl, daß ich mich endlich als Frau bewiesen hatte, weil mein Kind wirklich etwas gegessen hatte, was ich für sie zubereitet hatte und was auch gut für sie ist. Sonst, wenn sie etwas ißt, was ich nicht für gesund halte, oder wenn sie ihren Teller nicht leer ißt, muß ich mich sehr zurückhalten, nicht zu sagen, wie wichtig es für mich ist. Aber innerlich bin ich ein Wrack, weil sie nicht das ißt, was ich mir vorstelle.

Eine etwas andere Situation stellt sich ein, wenn das Kind die Nahrung dazu benutzt, um weinen zu können. Kinder, die weinen möchten, finden oft einen guten Vorwand dazu (siehe Kapitel 1). Haben sie

dieses Gefühl während der Mahlzeiten, werden sie extrem anspruchsvoll und überkritisch, was die Nahrung betrifft. Diesen Launen braucht man nicht nachzukommen, weil das Kind es gar nicht wirklich möchte. Zu diesem Zeitpunkt braucht es eine Grenzsetzung, so daß es einen begründeten Anlaß zum Weinen hat. Wenn nichts, was Sie tun, richtig ist, vom Standpunkt Ihres Kindes aus betrachtet, wenn Sie das Gefühl haben, daß die Forderungen unvernünftig sind, oder wenn es sich wild und weinerlich gebärdet, dann ist es richtig, einfach »nein« zu sagen, welches Thema auch immer angesprochen wird: »Nein, ich schneide deine Kartoffeln nicht klein, das kannst du selbst tun.« Möglicherweise kann Ihr Kind dann anfangen zu weinen oder wütend zu sein und so seine angestauten Gefühle lösen.
Manche Eltern versuchen jede kleinste Essenslaune mit der gutgemeinten Bemühung, die Bedürfnisse des Kindes zu erfüllen, zufriedenzustellen und merken nicht, daß diese Launen keine echten Bedürfnisse sind. Wenn jeder unvernünftigen Laune nachgegeben wird, werden Sie sehr erschöpft und empfindlich werden, Ihr Kind hat keinerlei Möglichkeit, seine Gefühle zu entlasten, und es wird schwierig bleiben, mit ihm zusammenzuleben. Oder Sie werden sich mit weit größeren Problemen konfrontiert sehen, wie das folgende Beispiel zeigt:

Der zweijährige Willie wachte weinerlich und aufgedreht auf. Zum Frühstück wollte er Milch über sein Müsli, was seine Mutter auch machte. Dann beschwerte er sich, weil er Milch aus einem Glas trinken wolle. Da keine Milch mehr da war, schüttete die Mutter etwas Milch aus dem Müsli in ein Glas. Er schüttete es wieder über sein Müsli, wollte aber weiterhin Milch aus einem Glas trinken. Geduldig schüttete die Mutter wieder etwas Milch zurück ins Glas. Dann nahm er das Glas, schaute seine Mutter an und schüttete in aller Ruhe und Berechnung die Milch auf den Boden. Dann fing er an zu weinen, weil er jetzt gar keine Milch mehr hatte.

Durch dieses Beispiel wird deutlich, daß das Kind ganz offensichtlich weinen mußte. Der Junge war von Beginn an in weinerlicher Stimmung, aber er brauchte einen Grund, um damit anfangen zu können. Die Mutter nahm ihm unabsichtlich den Anlaß zu weinen, weil sie seinen Forderungen immer weiter nachkam. So gestaltete er endlich eine Situation, die seine Mutter unmöglich regeln konnte. Die verschüttete Milch hätte erspart werden können, wenn seine Mutter ihm

klar gesagt hätte, daß es keine Milch mehr gibt für ihn. Vielleicht hätte er schon dann anfangen können zu weinen.
In solchen Situationen mag es verführerisch sein, das Kind zu bestrafen, weil es sich so entnervend verhält. Aber Kinder machen diese Dinge nicht aus Trotz oder »Ungezogenheit« oder weil sie den Eltern das Leben schwermachen wollen. Sie handeln so, weil sie ihre Gefühle loslassen wollen. Eine autoritäre oder bestrafende Methode – wie Schlagen oder das Kind auf sein Zimmer schicken – wird das Kind wahrscheinlich veranlassen zu weinen. Aber dieser Heilungsprozeß passiert dann auf Kosten des Selbstwertgefühls des Kindes und der Beziehung zu den Eltern, weil er in einer neuen Verletzung endet: nämlich mißverstanden und bestraft worden zu sein.

Was kann ich machen, wenn mein Kind das Essen dazu benutzt, seine Gefühle zu unterdrücken?

Die selbstbestimmte Methode des Essens, die oben beschrieben wurde, funktioniert am besten, wenn sie mit den anderen Anregungen dieses Buches verbunden wird, besonders jedoch mit denen, die den Ausdruck der Gefühle des Kindes betreffen. Wenn das Bedürfnis zu weinen mißverstanden wird, versuchen Eltern das Weinen oft durch zusätzliches Stillen oder Füttern des Babys zu unterbrechen. Babys weinen jedoch nur manchmal, weil sie hungrig sind; sie weinen auch über emotionale Verletzungen und Frustrationen, um ihre Spannungen zu lösen und sich davon zu heilen. Bei dieser Art des Weinens nimmt man den Säugling am besten in den Arm, ohne ihn zu füttern oder von seinen Gefühlen abzulenken.
Wurde ein Kind wiederholt durch Stillen oder Nahrung vom Weinen abgehalten, kann es sehr leicht ein Eß-Kontrollmuster entwickeln: Immer wenn es sich aus irgendeinem Grund unwohl fühlt, verlangt es nach Essen, zum Beispiel bei Frustration, Langeweile, Angst, Trauer, Verwirrung oder sogar bei körperlichem Schmerz oder Müdigkeit. Da es nicht gelernt hat, seine Gefühle durch Weinen und Wüten auszudrücken, neigt es dazu, jede Art der Ablenkung zu wiederholen, die dazu benutzt wurde, sein Weinen zu unterbrechen. Handelte es sich um Nahrung, denkt das Kind, es sei hungrig, obwohl es sich in Wirk-

lichkeit emotional unwohl fühlt. Es wird abhängig vom Essen, so wie ein Raucher von Zigaretten abhängig wird, um seine schmerzhaften Gefühle zu unterdrücken.

Es ist nicht immer einfach, zu unterscheiden, ob ein Kind die Nahrung dazu benutzt, seine Gefühle zu unterdrücken, und es kann eine schwierige Entscheidung sein, ob Sie eingreifen sollten oder nicht. Ist Ihr Kind übergewichtig, ohne daß ein medizinischer Grund vorliegt, hat es wahrscheinlich ein Eß- Kontrollmuster.

Es ist nie zu spät, einem solchen Kind zu helfen. Sie können ihm verstärkt zeigen, daß Sie seine Gefühle akzeptieren. Will es einen Keks nach dem anderen essen, können Sie es ruhig fragen: »Willst du wirklich noch mehr, oder sollen wir ein bißchen rumschmusen und erzählen? Machst du dir über irgend etwas Sorgen, wobei ich dir helfen kann?« Ebenso können Sie das Weinen zu anderen Zeiten fördern und akzeptieren (wie im Kapitel 1 beschrieben).

Funktioniert diese Methode nicht und Ihr Kind hat weiterhin »Heißhunger« auf bestimmte Nahrungsmittel, obwohl seine Gesundheit darunter leidet, können Sie aktiv diese Nahrungsmittel einschränken. In diesem Fall müssen Sie damit rechnen, daß Ihr Kind anfängt zu weinen und wütend zu werden. Es beginnt also seine Gefühle loszulassen, die das Eß-Kontrollmuster unterdrückt hat.

Wie steht es mit Süßigkeiten?

Viele Eltern stellen die Frage, wieviel Süßigkeiten sie ihren Kindern erlauben sollen, und sie haben Angst, daß Kinder, die nur noch Süßes essen, krank, übergewichtig und ihre Zähne ruinieren würden, wenn man ihr Verlangen nicht einschränken würde.

Es gibt zwei Gründe, warum es Kindern schwerfällt, über Süßigkeiten klar nachzudenken, und warum sie mehr davon essen, als ihnen guttut. Auf den ersten Grund bin ich bereits im vorigen Abschnitt eingegangen. Wird das Weinen in der Säuglingszeit wiederholt durch Stillen unterbrochen, gewöhnt das Baby sich daran, immer wenn es sich schlecht fühlt, etwas Süßes im Mund zu haben. Dieses Muster wird noch dadurch unterstützt, wenn Eltern in Streßsituationen Süßigkeiten verteilen: vor einer medizinischen Behandlung, in Wartesituationen,

bei Langeweile oder wenn das Kind sich ängstigt, müde oder traurig ist. Erlebt es ein schmerzliches Gefühl und greift dann zu Süßigkeiten, werden diese Gefühle zeitweilig unterdrückt, und das Verlangen nach Zucker ist beim nächstenmal, wenn es sich unwohl fühlt, noch stärker. Viele Erwachsene haben Heißhunger auf Süßes, wenn sie deprimiert und allein oder enttäuscht sind. Diese Eßgewohnheiten werden sehr leicht an Kinder weitergegeben, die dann, wenn sie gelangweilt oder aufgebracht sind, zu Süßigkeiten greifen. Wenn Ihr Kind abhängig ist von Zucker, kann es nötig sein, den Konsum einzuschränken und es zu unterstützen, seine Gefühle durch Weinen und Wüten auszudrükken, anstatt sie durch das Essen von Süßigkeiten zu unterdrücken.
Der zweite Grund für die Zuckerabhängigkeit besteht in der Tatsache, daß unsere Gesellschaft Süßigkeiten praktisch anbetet. Sie sind ein höchst begehrenswertes Geschenk, sozusagen ein Liebessymbol, und werden oft als Belohnung eingesetzt. An vielen Feiertagen sind Süßigkeiten ein integrierter Bestandteil der Tradition. Was wäre Weihnachten ohne Plätzchen? Karneval ohne Bonbons? In der mexikanisch-amerikanischen Kultur ist das Aufregende eines Kindergeburtstags die mit Süßigkeiten gefüllte Piñata.
Zusätzlich stehen Süßigkeiten in der Fernsehwerbung im Vordergrund, im Supermarkt werden sie in Reichweite der Kinder plaziert, und sie sind bunt und attraktiv eingepackt. Es wäre äußerst überraschend, wenn Kinder dieser kulturellen Konditionierung und Anregung widerstehen könnten. Es ist nicht festzustellen, ob sie, gäbe es diese kulturelle Bedeutung nicht, Süßes in diesem Ausmaß begehren würden. Ich vermute, daß sie es gelegentlich essen würden, daß es sich aber qualitativ nicht besonders von Möhren, Bananen oder Käse unterscheiden würde.
Im folgenden Beispiel beschreibt eine Mutter ihre Gefühle und Erfahrungen mit ihrer dreijährigen Tochter:

Sie liebte es, gestillt zu werden. Regelmäßige Mahlzeiten waren nur dann von großem Interesse, wenn sie Zucker enthielten. Ich bin wirklich wütend darüber, wie man mit Nahrungsmitteln in dieser Gesellschaft umgeht. Ständig muß ich mich darum kümmern, was sie von anderen an Schund angeboten bekommt. Ich gehe gar nicht gern einkaufen, weil die Regale vollgestopft sind mit diesen Süßigkeiten. Manchmal ist es ein richtiges Kunststück, alle Regale mit Keksen und Eiscreme zu umgehen, und dann stehe ich endlich in einer langen Schlange an der Kasse und muß ihr ständig Aufmerksamkeit geben, weil sie mit dem Gefühl zu kämpfen hat: »Mama gibt mir keine Schokolade!« Dann, draußen, steht der Kaugummiautomat! Und zu Hause im Fernsehen wird ununterbrochen für Süßigkeiten geworben. Wir haben große Schwierigkeiten, mit dem Zuckerproblem fertig zu werden, und manchmal bin ich mir nicht so sicher, ob wir alles richtig machen. Ich setze mich natürlich auch mit ihr hin und sage: »Komm, wir essen einen Riegel Schokolade.« (Sie lacht.) Ich glaube, man sollte versuchen, Süßes nicht mit nach Hause zu bringen. Das würde es etwas einfacher machen. Und vielleicht sollte man Alternativen anbieten wie Obst und Nahrungsmittel, die nahrhaft sind.

Die Autoren des Buches *Are You Hungry?* gehen davon aus, daß Kinder ihren Süßigkeitenkonsum regulieren würden, wenn alle Beschränkungen wegfallen und mit Süßem nicht anders umgegangen würde als mit Möhren oder Bananen.[3] Hier steht die Idee dahinter, daß Süßes nur dann so begehrenswert erscheint, wenn es für bestimmte Gelegenheiten eingesetzt wird, als Belohnung oder anderswie beschränkt. Ist das nicht länger der Fall, und die Kinder wissen, daß sie einen unbegrenzten Zugang zu Süßigkeiten haben, verlieren sie ihr fanatisches und intensives Verlangen und können sich frei für einen ausgewogenen Ernährungsplan entscheiden. Hier sind meine Erfahrungen mit dieser Methode:

Nachdem ich jahrelang den Süßigkeitenkonsum meiner Kinder reguliert hatte, wagte ich das Experiment und ließ sie soviel essen, wie sie wollten. Die sechsjährige Sarah hatte zwei Monate lang ein großes Verlangen nach Süßem. Zu meinem Erstaunen aß sie danach aber nur noch ganz wenig, obwohl es immer zu ihrer Verfügung stand. Sie wurde immer wählerischer und hielt manches für »zu süß« oder »schlecht riechend«. Nicky, der elf Jahre alt war, als ich damit anfing, hatte kein großes Süßigkeitsverlangen und verhielt sich von Anfang an ziemlich vernünftig.

Wenn Süßigkeiten in der Kindheit zu streng beschränkt werden, kann das später zu einem Überkonsum führen, wenn das Kind älter ist und nicht länger unter täglicher elterlicher Aufsicht. Eine Mutter, die ich interviewte, vermittelte mir die Auswirkungen ihrer eigenen strengen Erziehung:

Bei uns zu Hause waren Bonbons und Kekse ganz strikt begrenzt. Ich bekam Schwierigkeiten, wenn ich welche aß. Meine Mutter fragte nie: »Wer hat die

Plätzchen gegessen?«, sondern immer: »Wer hat sie gestohlen?« Das war also eine der wundervollen Möglichkeiten, wie ich ungezogen sein konnte. Wenn ich einen Keks sehe, muß ich ihn, bis zum heutigen Tag, sofort aufessen. Da kommt dann sozusagen das kriminelle Element in mir hoch. Ich muß zusehen, wie ich davon wegkomme. Nach der Kirche, wenn ein ganzer Berg von Keksen angeboten wird, merke ich mein Adrenalin, und ich muß dann so viele essen, wie ich eben ergattern kann! Ich habe im Moment zwölf Kilo Übergewicht, weil ich über Weihnachten soviel Süßes gegessen habe.

Wie kann ich mein Kind auf einen Zahnarztbesuch vorbereiten?

Wählen Sie einen Zahnarzt für Ihr Kind, der Ihnen erlaubt, im Behandlungszimmer anwesend zu sein. Viele Zahnärzte haben anscheinend strikte Regeln, die Eltern nicht zuzulassen. Wenn Sie ihnen jedoch ruhig und vertrauensvoll begegnen, lassen sie sich aber häufig doch darauf ein. Wenn Sie dem Zahnarzt versichern, daß Sie sich nicht in die Behandlung einmischen und daß Ihr Kind mit ihm zusammenarbeiten wird, ist es eher möglich, daß Sie bei dem Kind bleiben können. Dies bedeutet auch nicht, daß Sie Ihr Kind vereinnahmen. In Zeiten der Anspannung und neuer Erfahrungen brauchen Kinder ihre Eltern. Eigentlich brauchen Menschen jeden Alters Unterstützung, wenn sie etwas Angstmachendes vor sich haben. Ärztliche und zahnärztliche Behandlungen sind unangenehm, weil sie neue Erfahrungen sind, die häufig Schmerzen oder Unannehmlichkeiten beinhalten.
Haben Sie also einen Zahnarzt ausgewählt, versuchen Sie, wenn möglich, ein vorheriges Treffen zu arrangieren, durch das Ihr Kind sowohl den Raum und die Ausstattung als auch den Arzt kennenlernen kann. Versuchen Sie auch genau herauszufinden, worin die Behandlung besteht. Eine gute Möglichkeit, Ihr Kind auf den Zahnarzttermin vorzubereiten, besteht darin, die Behandlung im voraus zu spielen. Sie können sich abwechseln in der Rolle des Zahnarztes und des Patienten. Durch dieses Rollenspiel weiß das Kind genau, was es zu erwarten hat, und es hat die Gelegenheit, seine ängstlichen Gefühle durch Lachen zu lösen. Jedes Lachen hat eine gute Auswirkung, und je lustiger Sie das Spiel gestalten können, je besser wird Ihr Kind sich fühlen. Es gibt einige kreative Möglichkeiten, die Lachen hervorrufen: Sie können sich vor Angst verkriechen, wenn Ihr Kind »Zahnarzt« ist und Sie

»Patient«, oder Sie spielen den dummen Zahnarzt, der nicht weiß, wo die Zähne sind und statt dessen die Zehen untersucht.
Manche Eltern hoffen ihrem Kind die Befürchtungen zu ersparen, indem sie nicht erzählen, daß sie zum Zahnarzt gehen wollen. Das führt jedoch unweigerlich zu einem Gefühl von Betrug, das von Ärger und Vertrauensverlust begleitet wird, ebenso kann es eine Ängstlichkeit hervorrufen, neue Orte aufzusuchen. Es ist immer besser, die Wahrheit zu sagen. Sie brauchen jedoch auch nicht Wochen vorher darüber zu sprechen. Für kleine Kinder reicht ein Tag im voraus wahrscheinlich aus, um sich vorbereiten zu können. So haben sie Zeit, Fragen zu stellen, ihre Gefühle auszudrücken und den Termin im Rollenspiel durchzugehen, aber es läßt ihnen keine Zeit, darüber zu brüten oder einen Berg von Befürchtungen aufzubauen. Hier meine eigene Erfahrung dazu:

Nachdem Sarah ein Jahr nicht beim Zahnarzt war, sollte sie jetzt, mit fünf, zu einer Routineuntersuchung und um die Zähne polieren zu lassen, wieder zu ihm. Beim letztenmal hatte sie sich geweigert, die Zähne polieren zu lassen, wahrscheinlich, weil ich sie nicht entsprechend vorbereitet hatte. Dieses Mal, so entschied ich, würde sie genau wissen, was sie zu erwarten hatte. Einen Tag vor dem Termin erzählte ich ihr davon und schlug ihr vor, den Besuch beim Zahnarzt zu simulieren. Sie war ganz eifrig dabei, und wir wechselten uns in den Rollen ab. Als ich Zahnarzt war, legte ich besonderen Wert darauf, daß sie ihren Mund offenhielt und still sitzen blieb. Dann tat ich so, als würde ich ihre Zähne mit einem elektrischen Polierer reinigen und machte dabei komische Geräusche, so daß sie lachen mußte. Also machte ich ein anderes Geräusch, als könnte ich mich nicht an das tatsächliche Geräusch erinnern, und so experimentierten wir eine Zeitlang mit allen möglichen Geräuschen herum, von denen keines wirklich stimmte. Aber sie lachte ununterbrochen eine Viertelstunde lang! Als wir am nächsten Tag zu dem Termin gingen, war sie äußerst kooperativ, hielt ganz still, und der Zahnarzt hatte keine Probleme, ihre Zähne zu polieren.

Wie kann ich meinem Kind dabei helfen, mit Impfungen oder Blutabnahmen umzugehen?

Die Vorschläge, wie Sie ein Kind auf eine Spritze oder eine Blutabnahme vorbereiten können, ähneln denen des Zahnarztbesuches. Alles sollte vorher klar erläutert, und auch die Gründe sollten verdeutlicht werden. Selbst kleine Kinder können eine Impfung verstehen, wenn sie in bekannten Begriffen beschrieben wird. Wichtig hierbei ist, daß dem Kind klar wird, daß es keine andere Wahl hat. Das macht es ihm leichter, die medizinische Behandlung zu akzeptieren, als wenn es das Gefühl hat, es könnte die Situation verändern. Gleichzeitig können Sie ihm kleinere Wahlmöglichkeiten anbieten, so daß es eine gewisse Kontrolle über die Situation behält: vielleicht die Tageszeit, oder wen es gerne mitnehmen möchte oder welcher Arm für die Injektion in Frage kommt.

Auch das Rollenspiel mit einer Spielzeugspritze kann helfen. Sie können sich beim Spritzen abwechseln und so komisch sein, wie Sie wollen, damit Ihr Kind viel lachen kann. Die Vorstellung, daß eine scharfe Nadel in den Körper eindringt, kann für ein Kind beängstigend sein, aber die Vorstellung ist oft schlimmer als die Spritze selbst.

Jedes Weinen vor, während oder nach der Spritze sollte erlaubt werden, und dem Kind sollte auch nicht das Gefühl vermittelt werden, es sei ein Schwächling, wenn es weint. Ärzte und Pflegepersonal können freundlich und klar darum gebeten werden, das Weinen nicht zu unterbrechen oder abzulenken: »Für meine Tochter ist es wichtig, zu wissen, daß sie hier weinen darf.« Dies kann für die Beteiligten sogar eine Erleichterung sein, weil sie merken, daß man nicht von ihnen erwartet, daß sie Ihr Kind glücklich machen.

Viele Erwachsene wollen, daß das Kind nach einer Spritze nicht weint, sondern glücklich ist, und so ist es verlockend, zu sagen: »Das hat doch gar nicht weh getan, oder?« oder: »Es ist ja schon alles vorbei, warum weinst du denn?« oder: »Schau mal, hier ist der Teddy.« Aber das Kind hat eine erschreckende und schmerzhafte Erfahrung gemacht und muß jetzt weinen, um darüber hinwegzukommen. Im folgenden Beispiel beschreibt eine Mutter, wie sie ihren dreijährigen Sohn erfolgreich auf eine Spritze vorbereitet hat:

Ich beschloß, ihm einen Tag vorher Bescheid zu sagen, damit er, wenn nötig, weinen könnte, aber ich machte ihm auch klar, daß er keine andere Wahl hätte. Ich erklärte ihm die schreckliche Krankheit, die er bekommen und die Probleme, die sie nachher mit sich bringen könnte, und daß einige Wissenschaftler einen Impfstoff entwickelt hätten, der ihn davor schützen würde. Er sagte aber sofort: »Nein, ich laß' mich nicht impfen«, und er weinte eine halbe

Stunde lang. Wir holten seine Doktor-Spielsachen und sein Lieblingsstofftier heraus und taten so, als würde das Tier eine Spritze brauchen; es wehrte sich und hatte Angst. Ich sagte ihm: »Es ist in Ordnung, wenn du Angst hast. Du mußt nur stillhalten, dann ist es ganz schnell vorbei.« Aber er blieb dabei: »Ich werde mich nicht impfen lassen.«
Am nächsten Morgen war es das erste, wovon er sprach. Er sagte aber nicht mehr, daß er sich nicht spritzen lassen würde, sondern: »Ich will die Spritze nicht haben.« Ich erklärte ihm noch einmal, wie wichtig es wäre und daß es sein müßte, und wir sprachen darüber, wie lange es weh tun würde. Als es soweit war, konnte er entscheiden, ob sein Vater oder ich oder wir beide ihn begleiten sollten, und er nahm mich mit. Unterwegs im Auto war er zuerst sehr still und sagte dann: »Ich habe wirklich Angst.« Und ich sagte: »Das ist in Ordnung, aber ich bleibe bei dir, und es geht ganz schnell.« Ich erwartete eigentlich, daß er weinen würde und nicht aus dem Auto heraus wollte. Aber er kam mit mir, und wir gingen hinein. Zum Glück mußten wir nicht lange warten, und die Schwester hatte die Spritze in der Tasche, so daß er sie gar nicht richtig sah. Ich hielt ihn, und er bekam die Spritze, und schon war es vorbei. Er weinte erst ein bißchen, nachdem die Schwester herausgegangen war.

Wie kann ich meinem Kind im Umgang mit körperlichen Schmerzen helfen?

Für Eltern ist es mit unglaublichen Qualen verbunden, wenn sie ihre Kinder leiden sehen, und so ist es nur natürlich, daß sie alles in ihrer Macht Stehende tun wollen, deren Schmerzen zu verringern. Ein Sinn des Schmerzes besteht jedoch darin, daß unsere ganze Aufmerksamkeit zu der verletzten oder erkrankten Stelle des Körpers hingezogen wird und hierdurch die den Schmerz betreffenden Gefühle ausgedrückt und losgelassen werden können, so daß der Körper sich an dieser Stelle wieder besser entspannen kann. Diese Entspannung ermöglicht dem Blut, das verletzte Gebiet leichter zu durchströmen, wodurch das Gewebe schneller regenerieren kann.
Die spontane Reaktion eines Kindes nach einer Verletzung besteht darin, die Aufmerksamkeit von jemandem zu suchen, ihm körperlich nahe zu sein und zu weinen. Dieses Weinen scheint notwendig zu sein. Wird das Weinen durch schmerzstillende Medikamente unterbrochen, so unterscheidet sich das durch nichts von einer Unterbrechung des

Weinens aus einem anderen Grund. Schmerz und Angst sind schon vorhanden und müssen jetzt ausgedrückt werden. Wird dem Weinen genug Platz eingeräumt, kann der Schmerz eventuell von selbst verschwinden.

Vor der Empfindung von körperlichem Schmerz, die durch kleinere Verletzungen entsteht, brauchen Kinder nicht geschützt zu werden, weil ihr Körper damit umgehen kann. Dies ist Teil des täglichen Lebens und sogar Teil des Lernprozesses über die Welt. Wenn der Schmerz einer Verletzung gefühlt und ausgedrückt werden konnte, lernt das Kind, wie es sich selbst schützen und zukünftig notwendige Vorsichtsmaßnahmen ergreifen kann. Wird der Schmerz sogleich durch Schmerzmittel überdeckt, kann das Lernen nicht so wirkungsvoll sein.

Vielfach wird Eis auf die Schrammen und Beulen gelegt. Das macht den Körper genau an der Stelle unempfindlich, die eigentlich besonders stark gefühlt werden sollte. Nur dann, wenn Eis aus medizinischen Gründen notwendig ist, vielleicht um eine Schwellung zu vermeiden oder zu reduzieren, sollte es benutzt werden, sonst ist es sinnvoller, das Kind in den Arm zu nehmen, die verletzte Stelle sanft zu berühren, und es weinen zu lassen. Kinder richten ihre Aufmerksamkeit instinktiv auf den Schmerz, indem sie die Verletzung anschauen oder berühren. Wenn die Verletzung selbst zu empfindlich für eine Berührung ist, kann die Umgebung vorsichtig berührt werden. Sofortige medizinische Behandlung sollte natürlich, wenn nötig, eingesetzt werden, ohne das Kind jedoch hierdurch am Ausdruck seiner Gefühle zu hindern.

Viele Eltern berichteten, daß ihr Kind nicht besonders viel weint, wenn sie aus einer kleinen Verletzung »keine große Sache« machten, gaben sie ihm aber volle Aufmerksamkeit, Zuneigung und Sympathie, ging das Weinen erst richtig los. Sie fragten sich nun, ob sie das Weinen irgendwie verursachten: Kinder weinen nie mehr als notwendig. Eine körperliche Verletzung bedeutet nicht nur körperlichen, sondern auch emotionalen Schmerz: Verwirrung, Wut über die Unterbrechung, Trauer über die verlorene Zeit zum Spielen oder Angst, es könnte wieder passieren. Diese Gefühle dauern manchmal länger als der körperliche Schmerz selbst.

Kinder benutzen körperliche Verletzungen auch dazu, um über andere

Dinge zu weinen: angesammelte Frustrationsgefühle, Wut oder Trauer. Das aufgeschürfte Knie oder der Schnitt in den Finger liefert den Anlaß, um alle aufgestauten Gefühle der Vergangenheit (sowohl körperliche als auch emotionale) loszulassen. Die meisten Kinder können nach physischen Verletzungen weinen, weil es von den Eltern toleriert und verstanden wird. Verlängertes Weinen nach kleinen Verletzungen passiert meist bei den Kindern, die von Geburt an nicht genug geweint haben. Sie benutzen die Situation sozusagen, um etwas aufzuholen. Kinder profitieren von jemandem, der aus einer kleinen Verletzung »eine große Sache« macht und sie zu dem wichtigen Zeitpunkt, wo die Tränen so leicht fließen, weinen läßt.

Manche Eltern befürchten, daß sie ihrem Kind beibringen, weinerlich oder schwach zu sein, wenn sie auf kleinere Schmerzen eingehen. Diese Sorge liegt meist bei Jungen vor. Die gesellschaftliche Erwartung an sie besteht darin, daß sie »zäh« sind und Schmerzen ohne Klage ertragen können. Diese Haltung ist verhängnisvoll. Weinen ist kein Zeichen für Schwäche, sondern die Quelle für Gesundheit und Stärke. Männer sind streßbedingten Krankheiten weit häufiger ausgeliefert als Frauen, und sie sterben auch früher. Wenn Jungen unterstützt würden, ihre Gefühle zu fühlen und auszudrücken, würden sie vielleicht ebenso lange leben wie Frauen.

Wie kann ich meinem Kind bei einem Notfall zur Seite stehen?

Ein medizinischer Notfall läßt keine Zeit für sorgfältige Vorbereitungen, wie sie oben beschrieben wurden. Es kann passieren, daß Sie gar nicht wissen, welche medizinischen Eingriffe notwendig werden. Wir können von kleinen Kindern unter diesen Umständen nicht erwarten, daß sie mit Ärzten und Krankenschwestern zusammenarbeiten, weil sie die Gründe für Untersuchung und Behandlung nicht verstehen. Es kann nötig sein, daß Macht (aber nicht Gewalt) eingesetzt werden muß, um das Kind ruhig zu halten.

Erklären Sie soviel wie möglich, erlauben Sie ihm zu weinen, und bleiben Sie, soweit es geht, bei Ihrem Kind. Für kleine Kinder ist es eine der erschreckendsten Erfahrungen, wenn sie in Situationen, die mit Angst und Schmerz verbunden sind, bei einem Fremden bleiben müssen.

Im folgenden Beispiel schildert eine Mutter die negativen Folgen, die dadurch entstanden, daß sie ihr Kind in einem Notfall mit Ärzten und Pflegern allein lassen mußte:

Eines Abends rannte Richard herum und fiel mit seinem Kopf auf Beton. Später sagte er, er könne nicht mehr richtig sehen, und ich machte mir große Sorgen. Vielleicht hatte er einen Bluterguß oder etwas Ähnliches. Ich wollte sofort mit ihm zur Notaufnahme, aber in letzter Minute wollte er nicht mitgehen. Er weinte und sagte, er käme nicht mit. Ich sagte ihm also, daß wir hin müßten, er könnte gar nichts haben, es könnte aber auch etwas Schlimmes sein.
Als wir ins Krankenhaus kamen, hatte ein junger Arzt Dienst. Richard fing an zu weinen und wollte nicht, daß der Arzt ihn anfaßte. Der Arzt sagte zu mir: »Meistens geht es besser, wenn die Eltern nicht im Zimmer sind.« Alles in mir sagte: »Nein, das ist falsch, ich kann jetzt nicht gehen.« Aber gleichzeitig hatte ich schreckliche Angst, daß etwas Schlimmes mit meinem Jungen ist, und war an dem Punkt, wo ich alles getan hätte, nur um sicher zu sein, daß alles in Ordnung ist. Also ging ich hinaus. Natürlich schrie er weiter, und sie mußten noch jemanden holen, um ihn festhalten zu können. Schließlich ging ich wieder hinein. Sie hatten festgestellt, daß alles in Ordnung war. Richard war wütend auf sie und auf mich. Ich hatte ihn verlassen. Er wollte nicht, daß ich ihn in den Arm nahm und schlug mich. Er war so wütend, daß ich weggegangen war. Sie meinten, alles sei in Ordnung und daß er nach Hause gehen könnte, aber er hatte ein so großes Bedürfnis, die Situation wieder mitbestimmen zu können, daß er sich weigerte, den Raum zu verlassen und anfing zu weinen, als wir weggehen wollten. Dann stieg er auch nicht ins Auto und sagte: »Ich will nicht nach Hause, ich will hier leben.« Also wartete ich, und er weinte weiter, bis er schließlich doch einstieg. Zu Hause wollte er nicht aussteigen und blieb noch zehn Minuten weinend im Wagen sitzen, bevor er hereinkam.

Obwohl seine Mutter sein Weinen und seine Wut akzeptierte, wäre sie besser bei ihm im Behandlungszimmer geblieben. Manchmal ist es äußerst schwierig, in solchen Situationen hinter den emotionalen Bedürfnissen des Kindes zu stehen.

Wie kann ich meinem Kind bei einem Krankenhausaufenthalt behilflich sein?

Trotz der Tatsache, daß die meisten Krankenhäuser inzwischen eine auf die emotionalen Bedürfnisse des Kindes abgestimmte Politik übernommen haben, ist ein Krankenhausaufenthalt für kleine Kinder immer noch äußerst verwirrend und anspannend. Eltern können folgende Schritte unternehmen, um ihrem Kind bei dieser Erfahrung zu helfen und ein Trauma möglichst gering zu halten:

1. *Bereiten Sie Ihr Kind, wenn möglich, zeitig darauf vor.* Es hat sich gezeigt, daß diese Vorbereitung die Ängste der Kinder während des Krankenhausaufenthalts und bei Operationen verringert. Erklären Sie alle beabsichtigten Eingriffe und auch, warum sie notwendig sind. Seien Sie ehrlich, was körperliche Schmerzen betrifft. Wenn genug Zeit ist, besichtigen Sie gemeinsam das Krankenhaus und das Zimmer, wo es liegen wird, und sprechen Sie mit den Schwestern. Zu Hause können Sie die Situation im Rollenspiel durchexerzieren, wie es weiter oben für den Zahnarztbesuch beschrieben wurde. Geben Sie Ihrem Kind Spielzeug, mit dem es »Doktor« spielen kann. Bücher über Kinder im Krankenhaus können auch Informationen geben und Ausgangspunkt sein für Fragen und Gespräche über Ängste und Sorgen. Wichtig ist, daß Ihr Kind Fragen stellen, Ängste verbalisieren und seine Gefühle durch Lachen und Weinen ausdrücken kann.

Trotz sorgfältiger Vorbereitungen können Kinder wegen ihrer begrenzten Informationen, ihrer Ängste und Phantasien alle möglichen falschen Auffassungen entwickeln. Das häufigste Mißverständnis betrifft den Grund des Krankenhausaufenthalts. Viele Kinder glauben, daß sie etwas falsch gemacht haben und nun bestraft werden oder daß ihre Eltern sie ablehnen. Versuchen Sie die Gründe für den Krankenhausaufenthalt zu erklären, damit sich die Ängste des Kindes reduzieren.

2. *Ein vertrautes Spielzeug kann an so einem fremden und angstmachenden Ort viel Sicherheit geben.*

3. *Verbringen Sie soviel Zeit bei Ihrem Kind, wie es das Krankenhaus erlaubt.* Viele Kinderkrankenhäuser haben erkannt, daß Kinder ihre Eltern besonders in Belastungszeiten brauchen und ermöglichen ihnen deshalb, bei ihrem Kind zu schlafen. Lassen Sie sich nicht durch die

geschäftige und unpersönliche Atmosphäre erschrecken, sondern stellen Sie sich hinter die Bedürfnisse Ihres Kindes. Da Sie es nicht in den Operationsraum begleiten können, versichern Sie ihm, daß Sie nachher dasein werden. Wenn Sie nicht die gesamte Zeit bei ihm bleiben können, sprechen Sie sich mit jemandem ab, der sich mit Ihnen abwechselt. Wichtige Zeiten, die Ihre Anwesenheit erfordern: die erste Nacht, vor und nach der Operation, während aller größeren Tests und Eingriffe und zur Schlafenszeit.

4. *Informieren Sie sich selbst und erklären Sie Ihrem Kind alle Eingriffe und Behandlungen.* Werden die Gründe nicht richtig verstanden, können Operationen als Verstümmelungen empfunden werden, und jeder therapeutische Eingriff kann falsch interpretiert werden. Hat das Kind eine Infektionskrankheit und liegt auf der Isolierstation, kann es sich abgeschoben oder unrein fühlen. Einschränkende Diäten können als große Entbehrung und Bewegungseinschränkungen als Unterdrückung erlebt werden, wenn Kinder die Gründe nicht verstehen. Je mehr Erläuterungen ein Kind bekommt, je weniger Ängste wird es haben, und um so größer wird seine Kooperationsbereitschaft sein. Die jüngeren Kinder unter drei oder vier Jahren verstehen die Erklärungen wahrscheinlich trotzdem nicht, und es ist unrealistisch, daß sie auf die Maßnahmen einer Schwester positiv reagieren.

5. *Seien Sie wachsam, und informieren Sie sich über Ihre Rechte.* Sie haben das Recht, die Karteikarte Ihres Kindes einzusehen und zu wissen, wer es untersucht und warum. Sie können Behandlungen in Frage stellen, die Sie für überflüssig halten. Ebenso können Sie alle Medikamente überprüfen und den Schwestern helfen, eventuelle Apparate, an die Ihr Kind angeschlossen ist, im Auge zu behalten, um sicherzustellen, daß sie richtig arbeiten.

6. *Geben Sie Ihrem Kind größtmögliche Entscheidungsfreiheit und Kontrolle über das, was mit ihm passiert.* Durch jede kleine Entscheidung wird es sich weniger als Opfer fühlen. So können Sie der Schwester vorschlagen, daß das Kind bestimmt, an welchem Arm es den intravenösen Tropf haben möchte oder welchen Finger es für den Bluttest zur Verfügung stellt. Vielleicht kann es auch zwischen verschiedenen Nahrungsmitteln wählen. Kinder, die über das Kleinkindalter hinausgewachsen sind, sollten selbst entscheiden, ob sie Schmerzmittel nehmen möchten.

7. *Geben Sie ihm die Möglichkeit, seine Gefühle auszudrücken.* Auch wenn lautes Weinen manchmal nicht angemessen ist, weil andere Patienten sich gestört fühlen, können Sie vielleicht mit Ihrem Kind in ein anderes Zimmer gehen, wenn es weinen muß. Ihm hierzu die Gelegenheit zu geben, ist außerordentlich wichtig. Intensive Beobachtungen von Kindern in Langzeit-Krankenhausaufenthalten haben gezeigt, daß die Kinder, die anfangs offen weinten und schrien, sich nach und nach sehr gut anpassen, die medizinische Betreuung und die ihnen auferlegten Einschränkungen leichter akzeptieren konnten. Das stand in überraschendem Gegensatz zu den anfangs sogenannten perfekten Patienten. Obwohl diese Kinder ruhig, fröhlich und kooperativ waren, zeigten sie später Anzeichen der Belastung in Form eines Zurückfallens in infantile Verhaltensweisen, Bettnässen und Einkoten, Eß- und Schlafschwierigkeiten und Lernhemmungen. Dies zeigt, daß die ungehinderte Entlastung von Angst, Verzweiflung und Wut eine gesunde und notwendige Reaktion ist für Kinder unter belastenden Umständen, wie zum Beispiel einem Krankenhausaufenthalt. Sehr kranke Kinder weinen wahrscheinlich nicht, weil der Heilungsprozeß alle Energie braucht. Wenn sie erst wieder etwas stärker geworden sind, weinen sie wahrscheinlich dann, was unterstützt werden sollte.

8. *Berühren und halten Sie Ihr Kind soviel wie möglich.* Bei Krankheiten und Schmerzen ist Körperkontakt besonders wichtig. Streicheln, Massieren und Umarmungen können den Heilungsprozeß beschleunigen. Vertrauen und Entspannung sind stärker, wenn Sie bei einer unangenehmen Untersuchung die Hand Ihres Kindes halten. Hat es körperliche Schmerzen, können Sie die betroffene Stelle leicht berühren und ihm erlauben, seine Gefühle auszudrücken.

9. *Sorgen Sie gut für sich selbst.* Vergessen Sie nicht zu essen und zu schlafen, und suchen Sie sich jemanden, mit dem Sie sprechen und, wenn nötig, bei dem Sie auch weinen können. Es hat sich gezeigt, daß es für den emotionalen Zustand von Eltern und Kind gut ist, wenn die Eltern ihre Gefühle über den Krankenhausaufenthalt ihres Kindes ausdrücken. Versuchen Sie jemanden zu finden, mit dem Ihr Kind gern zusammen ist, so daß Sie auch Pausen machen können. Es kann sowohl emotional als auch physisch äußerst anstrengend sein, die emotionalen Bedürfnisse eines Kindes zu beach-

ten, wenn es in einer gesundheitlichen Krise steckt. Eine Mutter, die ich interviewte, erzählte mir, wie sie im Krankenhaus ihrem Bedürfnis zu weinen nachgekommen ist:

Mary war erst zweieinhalb Jahre alt, als sie sich einer Augenoperation unterziehen mußte. Ich war ganz durcheinander, als die Schwester sie abholte, um sie in den Operationsraum zu bringen, und fing an zu schluchzen. Ich wollte jemanden bei mir haben, der nach mir schaute, während ich weinte. Da es ein katholisches Krankenhaus war, fragte ich nach einer Nonne. Als sie kam, bat ich sie, bei mir zu bleiben und mit mir zu beten, während ich weinte. Wir gingen in die Kapelle, und ich weinte beinahe eine halbe Stunde, und sie hielt nur meine Hand. Sie betete, und ich betete auch, beide auf unsere Art. Nachher fühlte ich mich viel besser und ging zurück, um vor dem OP zu warten.

10. *Wenn Ihr Kind wieder zu Hause ist, ermutigen Sie es, seine Gefühle über die Krankenhauserfahrung auszudrücken, und machen Sie auch Phantasiespiele über Ärzte, Krankheit, Operationen und Krankenhäuser.* Wundern Sie sich nicht, wenn Ihr Kind aus jeder kleineren Verletzung oder medizinischen Behandlung »eine große Sache« macht, wenn es wieder daheim ist. Für Kinder, die im Krankenhaus waren und eine Operation hatten, ist das eine normale Reaktion. Sie benutzen die kleinste Verletzung, um die Schmerzen zu lösen, die mit dem großen medizinischen Eingriff verbunden waren. Wenn sie im Krankenhaus besonders kooperativ und »tapfer« waren und wenig ihre starken Gefühle gezeigt haben, oder wenn sie einfach zu krank waren oder körperliche Schmerzen beim Weinen hatten, ist dieses Verhalten noch wahrscheinlicher.

Wie kann ich mich verhalten, wenn die Gesundheit meines Kindes durch Streß beeinträchtigt ist?

Die Gründe für kindlichen Streß haben sich in den letzten Jahren sehr stark verändert. Früher kamen die Belastungen hauptsächlich zustande durch schlechte Wohnungen und Ernährung, Kinderarbeit und strenge und rigide Erziehungsmethoden mit körperlichen Strafen, in einer Umgebung, wo man Kinder »sehen durfte, aber nicht hören«. Heutzutage werden die Kinder mehr und mehr durch Faktoren wie Scheidung der Eltern und hohe akademische Leistungsanforderungen in sehr frühem Alter belastet.[4] Viele andere Streßquellen im Leben junger Menschen sind ausgiebig untersucht worden und sind im Kapitel 1 angeführt.[5]

Belastungen können zu unbegründeten Ängsten führen, die sich an Ruhelosigkeit, Ablenkbarkeit, Unglücklichsein und Konzentrationsschwäche festmachen lassen. Ebenso kann Streß Funktionsveränderungen der Körpergewebe, Organe und Systeme hervorrufen.[6] Dies wiederum kann zu einer Abwehrschwäche des Körpers führen. Kinder, die unter Belastungen stehen und die Spannungen nicht durch die Entlastungsmechanismen Lachen, Weinen und Wutäußerungen lösen können, neigen eher zu Krankheiten als Kinder mit weniger Streß. Kinderärzte nehmen einen Anstieg an streßverbundenen Bauch- und Kopfschmerzen bei Kindern wahr.[7]

Wenn Sie den Eindruck haben, daß die Gesundheit Ihres Kindes durch Belastungen beeinträchtigt wird, sollten Sie als erstes die Ursache suchen. Wird es durch Schule oder Tagespflegestätte zu sehr eingeschränkt? Ist der Tagesablauf zu unruhig? Braucht es mehr individuelle Beachtung? Schaut es zuviel fern? Wird es von anderen Kindern gehänselt? Trägt es zuviel Verantwortung? Manchmal ist die Quelle von außen nicht eindeutig einsehbar, und es kann notwendig sein, die innere Gefühlswelt des Kindes zu erforschen. Hat es neue Ängste, Fehleinschätzungen oder Schuldgefühle?

Wenn Sie die Ursache soweit wie möglich verringert haben, sollten Sie ihm helfen, seine Gefühle auszudrücken durch Gespräche, Spiele, Lachen, Weinen und Wutäußerungen, indem Sie den vielfältigen Anregungen dieses Buches folgen. Haben Kinder die Möglichkeit zu weinen und ihre Wut zu zeigen, so werden die belastenden Erfahrungen keine negativen Auswirkungen haben.

Kinder, die eine Grippe oder eine andere Krankheit haben, benutzen die verstärkte Aufmerksamkeit der Erwachsenen oft dazu, angesammelte Spannungen und Gefühle zu lösen. Daher sollte es Sie nicht überraschen, wenn Ihr krankes Kind mehr weint als sonst. Jede Entlastung seiner Gefühle wird ihm guttun und dafür sorgen, daß sich die Spannungen, die zu seiner Krankheit beigetragen haben, lösen können.

Gibt es Heilung für Bettnässen?

Das Alter von fünf Jahren wird als Grenze betrachtet zwischen normalem und möglicherweise problematischem Bettnässen, das eine medizinische Untersuchung erfordert.[8] Wenn Ihr Kind über diese Altersgrenze hinaus nachts ins Bett macht, kann das ein Zeichen sein für körperliche oder psychologische Schwierigkeiten.

Mögliche physische Gründe können in anatomischen Mißbildungen – die einen operativen Eingriff erfordern – und Allergien liegen. Allerdings liegen diese körperlichen Gründe nur bei einem sehr geringen Prozentsatz vor. Bei 98 Prozent der Bettnässer gibt es keine organischen Gründe.

Einiges spricht dafür, daß Bettnässen durch zurückgehaltene Gefühle entstehen kann. Es konnte beobachtet werden, daß es sich oft um Kinder handelt, die ihre Gefühle nicht offen ausdrücken. In dem Buch *Gestalttherapie mit Kindern und Jugendlichen* wird erwähnt, daß diese Kinder, würden sie nicht ins Bett machen, Asthma oder Ekzeme haben könnten.[9]

Das Bettnässen ist bei den Kindern verbreiteter, die man als »hyperaktiv« bezeichnet. Das überrascht nicht, da sowohl Bettnässen als auch Hyperaktivität ein Ergebnis ungelöster Anspannungen sein können. Bedeutsam ist ebenfalls, daß es häufiger bei Jungen vorkommt als bei Mädchen. Sieben Prozent der fünfjährigen Jungen und nur drei Prozent der Mädchen dieses Alters sind Bettnässer.[10] Dies könnte man der Tatsache zuordnen, daß der Gefühlsausdruck bei Jungen in unserer Gesellschaft kaum akzeptiert wird. Jungen stehen unter dem Druck, daß sie zäh, stark und wettbewerbsfreudig sein sollen, und so bleibt ihnen oft nur die Möglichkeit, ihre Ängste und andere schmerzhafte Gefühle zu unterdrücken. In ihrem Buch *Growing Up Free* vermutet Pogrebin, daß das Bettnässen ein direktes Ergebnis dieses geschlechtsspezifischen Drucks auf Jungen darstellt.[11]

Wenn Ihr Kind ins Bett macht, sollten Sie als erstes eine vollständige medizinische Untersuchung veranlassen, um mögliche organische Ursachen auszuschließen. Scheint es sich um ein psychisches Problem zu handeln, könnten Sie versuchen, mit Ihrem Kind in einem Bett zu schlafen. Durch dieses Gefühl von Nähe und Sicherheit löst sich das Problem vielleicht schon. Falls sich nichts verändert, versuchen Sie die Gründe für Belastungen und Ängste herauszufinden. Ist der Tag zu strukturiert? Sind die Anforderungen in der Schule oder beim Sport zu hoch? Unterliegt es auf anderen Gebieten einem Perfektionsdruck? Darf es seinen Gefühlen Ausdruck verleihen? Gibt es zu, manchmal ängstlich zu sein? Kann es offen weinen und wütend sein, wenn es ängstlich oder frustriert ist? Oft wollen Eltern ihrem Jungen vermitteln, daß er tapfer sein und seine Ängste nicht zeigen sollte, dabei ist Angst durchaus nicht unmännlich. Jungen sind zuallererst einmal Menschen, und hierdurch haben sie ein Recht, die ganze Breite menschlicher Emotionen zu fühlen und auszudrücken. Ihre Gesundheit und ihr Wohlbefinden hängen davon ab.

Oft sind Belastungen und Veränderungen Auslöser für das Bettnässen: ein Umzug, die Geburt eines Geschwisterchens oder ein bevorstehender Krankenhausaufenthalt. Hier sollte dem Kind geholfen werden, seine Gefühle verbal, durch Spielen und Lachen, Weinen und Wüten auszudrücken. Welcher Grund für das Bettnässen auch vorliegen mag, ist es doch *niemals* sinnvoll, sich darüber lustig zu machen, zu schimpfen, das Kind zu erniedrigen, zu bestrafen oder ihm zu drohen. Das Bettnässen geschieht unfreiwillig, und Kinder würden sofort damit aufhören, wenn sie könnten.

Eltern von Bettnässern verspüren oft Gefühle von Schuld, Scham, Sorge, Ablehnung oder sogar Ärger ihrem Kind gegenüber, und bevor sie ihm helfen können, kann es notwendig sein, diesen Gefühlen Ausdruck zu verleihen.[12] Suchen Sie sich jemanden, mit dem Sie über diese Probleme sprechen können, der Sie unterstützt, ohne daß er Ihre Situation bewertet oder Ihnen Ratschläge gibt.

Mein Kind ist hyperaktiv

Die offizielle Definition des Hyperaktiven Syndroms ist: Auffälligkeit in der kindlichen Entwicklung mit Konzentrationsstörungen, erhöhter Ablenkbarkeit, psychomotorischer Unruhe und damit verbundener Leistungsschwäche.[13] Über die Hyperaktivität wurde viel geschrieben und spekuliert, angefangen bei neurologischen Problemen oder einer frühkindlichen zerebralen Schädigung, der »minimal brain dysfunction«[14], bis zu Allergien gegen Nahrungsmittelzusätze.[15]

Wie mit jedem Problem nähern wir uns der Wahrheit wahrscheinlich am ehesten, wenn wir alle möglichen Gründe mit einbeziehen, sowohl die Ernährung als auch emotionale und Umweltfaktoren. Man sollte, wenn überhaupt, nur dann zu Medikamenten greifen, wenn bereits alle anderen Lösungsansätze versucht wurden. Der Gebrauch von Drogen, die das Nervensystem angreifen, wird zwar durch neurologische Symptome gerechtfertigt, aber die große Mehrheit der Kinder, denen Medikamente gegen die Hyperaktivität verschrieben werden, unterliegen dieser Kategorie nicht. Nur in fünf Prozent der Fälle konnte eine neurologische Störung diagnostiziert werden.[16] Diese Drogen behandeln nur die oberflächlichen Symptome und verdecken das Problem, und ihr Gebrauch entzieht dem Kind die Macht und Kontrolle über sein eigenes Leben.[17] Zusätzlich kommen sowohl die Eltern als auch das Kind zu der Annahme, daß es sich um eine physische Fehlfunktion handelt. Das kann zwar die Schuldgefühle verringern, läßt manchmal aber auch wenig Hoffnung auf Heilung, was wiederum einen langfristig gegenteiligen Effekt mit sich bringen kann.

Es ist sehr gut möglich, daß die Hyperaktivität ihren Grund in aufgestauten Spannungen hat, die durch Verletzungen entstanden sind. In den ersten Lebensjahren kann das Weinen durch leichtes Schaukeln, Wiegen und andere Bewegungen unterdrückt werden. Das Baby, das diese Behandlung erfährt, wenn es seine Gefühle durch Weinen lösen will, kann, wenn es sich unwohl fühlt, zu einer Bewegungsstimulation Zuflucht nehmen. Ein hoher Aktivitätsgrad kann so zu einem chronischen Kontrollmuster werden, das die Gefühle im Zaum hält, ebenso wie andere Kinder essen oder Daumen lutschen. Kann sich dieses Muster auch durch die Kindergartenzeit hindurch halten, besteht die Möglichkeit, daß das Kind später in der Schule als »hyperaktiv« beschrieben wird.

Die Hyperaktivität tritt bei Jungen zehnmal häufiger auf als bei Mädchen.[18] Ebenso stellte man fest, daß Eltern ihren kleinen Söhnen mit mehr Bewegungsanregungen begegnen als ihren kleinen Töchtern.[19] Auch wenn es für ein Baby schön und wichtig ist, geschaukelt und bewegt zu werden, sollten Sie sehr vorsichtig sein und es hierdurch nicht von seinem Bedürfnis zu weinen ablenken. Die Bewegung muß nicht ausgesprochen intensiv stattgefunden haben, der Zeitpunkt kann

einfach nicht der richtige gewesen sein, weil er zu einer Unterdrückung des Weinens führte.
Wenn Ihr Kind als hyperaktiv gilt, heißt das noch nicht, daß es mehr Probleme hat als ein Kind, das übergewichtig ist oder am Daumen lutscht. Es heißt auch nicht, daß Sie als Eltern versagt haben. Das übermäßige Bewegen kann lediglich dazu dienen, mit Belastungen fertig zu werden und schmerzhafte Gefühle zu vermeiden. Alles, was Sie dazu tun können, den Ausdruck seiner Gefühle zu stärken (besonders durch Weinen und Wutausbrüche), kann die hyperaktiven Symptome verringern (siehe hierzu Kapitel 1). Festes und ruhiges Halten kann notwendig werden, um wilde und aggressive Bewegungen zu unterbrechen und dem Kind zu helfen, seine Energie in Weinen und Wüten zu kanalisieren (siehe hierzu Kapitel 5 und 6).
Viele Kinder werden als hyperaktiv eingestuft, obwohl es sich bei ihnen um ihren normalen und gesunden Aktivitätspegel handelt. Im Kindergarten wird manchmal von vier- und fünfjährigen Kindern erwartet, daß sie eine lange Zeit still sitzen und sich mit einer Aufgabe beschäftigen, die sie nicht selbst ausgewählt haben. Manche Kinder sind jedoch von ihrer Konstitution her aktiver als andere und brauchen mehr Freiheit, als ihnen erlaubt wird. Für sie ist eine solche Situation besonders schwer zu ertragen. (Im Kapitel 3 wurde erwähnt, daß diese Forderung für jedes Kind unter acht Jahren unangemessen ist.) Bevor Sie davon ausgehen, daß Ihr Kind wirklich hyperaktiv ist, sollten Sie versuchen, eine Schule zu finden, die mehr Bewegungsfreiheit toleriert.

Übungen

Entdecken Sie Ihre eigene Kindheit

1. Wie fühlten Sie sich während der Mahlzeiten, als Sie ein Kind waren? Mußten Sie jemals etwas essen, was Sie nicht wollten? Oder wurde Ihnen etwas vorenthalten, was Sie gerne gegessen hätten? Wie ging es Ihnen dabei?
2. Wie fühlten Sie sich, wenn Sie zum Arzt oder Zahnarzt gehen sollten? Welche Erinnerungen verbinden Sie mit Ärzten?
3. Erinnern Sie sich daran, als Kind krank gewesen zu sein? Wie haben Sie sich gefühlt?

Welche Gefühle haben Sie gegenüber Ihrem Kind?

1. Wie geht es Ihnen mit den momentanen Lieblingsspeisen Ihres Kindes? Vertrauen Sie der Lebensmittelauswahl Ihres Kindes? Wie fühlen Sie sich damit?
2. Wie geht es Ihnen, wenn Sie Ihr Kind zum Arzt oder Zahnarzt bringen wollen? Was macht es für Sie schwierig?
3. Hat Ihr Kind Krankheiten, die durch Belastungen verursacht wurden? Ist Ihr Kind hyperaktiv oder Bettnässer? Wenn ja, wie geht es Ihnen damit?

Sorgen Sie für sich selbst

1. Essen Sie etwas, was Ihnen als Kind verboten wurde. Genießen Sie es!
2. Leiden Sie unter Nahrungsmittelabhängigkeiten oder Gewichtsproblemen? Wenn ja, gehen Sie in eine Unterstützungsgruppe, die Eßprobleme anspricht.
3. Kümmern Sie sich um Ihre eigene Gesundheit. Hierzu einige Anregungen: Verändern Sie Ihre Ernährung; machen Sie regelmäßig Körperübungen; lassen Sie sich untersuchen; gehen Sie in eine Therapie.

Zusammenfassung

Vier Hauptaussagen durchzogen dieses Buch:
Kleine Kinder haben starke Bedürfnisse. Die Bedürfnisse von Kindern werden in unserer Gesellschaft nicht immer vollständig wahrgenommen. Kleine Kinder brauchen viel individuelle Aufmerksamkeit, Zeit und Platz zum Spielen, Kontinuität in der Betreuung und eine anregende Umgebung. Sie wollen, daß man ihnen zuhört, vorliest und mit ihnen spielt. An die Erwachsenenwelt sollten sie sich langsam gewöhnen dürfen.
Kleine Kinder haben starke Gefühle. Kinder erleben das gesamte Spektrum menschlicher Gefühle von kleineren Irritationen bis zu intensiver Wut, Angst, Trauer und Verwirrung. Sie sind empfindsam und verletzlich. Frustrationen sind unvermeidbar, wenn Kinder versuchen, etwas Neues zu erlernen und ihre Bedürfnisse durchzusetzen. Ängste sind üblich durch mangelnde Information, wachsende kindliche Vorstellungskraft und ein Bewußtsein über den Tod. Eifersucht unter Geschwistern kann auch in der liebevollsten Familie auftreten.
Kleine Kinder können sich selbst von schmerzhaften Erfahrungen heilen. Wir Menschen werden mit der Fähigkeit geboren, daß wir uns von Verlusten, Ängsten, Verwirrungen und Frustrationen wieder erholen können, indem wir weinen, wütend werden, zittern, sprechen, spielen und lachen. Kindern sollte der vollständige Ausdruck ihrer schmerzhaften Gefühle zugestanden werden. Sie könnten sich nicht entfalten, wenn wir nur ihre positiven Gefühle akzeptieren und den spontanen Ausdruck von Schmerz, Unbequemlichkeit, Enttäuschung, Wut und Angst ignorieren oder bestrafen. Wir sollten ihnen eine Umgebung schaffen, die die ganze Bandbreite der Gefühle akzeptiert, wie intensiv sie auch immer empfunden wird. Haben diese schmerzlichen Gefühle ihren Ausdruck gefunden, können Kinder die angenehmen Gefühle von Liebe, Glück und Selbstvertrauen erleben.
Inakzeptables Verhalten ist kein Zeichen für angeborene Bosheit. Kinder kommen nicht mit dem Wunsch auf die Welt, andere zu verletzen

oder ihren Eltern das Leben schwerzumachen. Trotzdem verhalten sie sich manchmal so, daß sie sich oder andere verletzen, oder auf eine andere Art und Weise nicht akzeptabel. Eine der schwierigsten Aufgaben der Eltern besteht darin, Lösungen für inakzeptables Verhalten zu finden, ohne den Kindern sinnlosen Schmerz und somit der Beziehung zu ihnen Schaden zuzufügen. Dieses Buch beschrieb Wege, wie Kindern geholfen werden kann, ein akzeptables und kooperatives Verhalten zu entwickeln, ohne den Gebrauch von Belohnung und Strafe. Es gibt nur drei Gründe, warum Kinder »ungezogen« sind: Sie verspüren ein Bedürfnis; ihnen fehlen Informationen; sie haben schmerzliche Gefühle wie Angst, Wut oder Trauer, die durch Frustrationen oder vergangene Verletzungen entstanden sind.

Die Erziehungsmethode, die in diesem Buch beschrieben wurde, hört sich für die Praxis vielleicht extrem schwierig oder zeitaufwendig an. Möglicherweise haben Sie auch das Gefühl, daß Sie besseres zu tun haben, als bei Ihrem Kind zu sitzen, bis es eingeschlafen ist, eine halbe Stunde wütendes Weinen zu erdulden oder mit ihm »Onkel Doktor« zu spielen. Mit kleinen Kindern kann man schnell seine Geduld verlieren und sich wünschen, daß das Zusammenleben einfacher wäre. Die Zeit, die wir mit ihnen verbringen, ist niemals vertan, auch wenn man manchmal dieses Gefühl hat. Wenn Sie die Bedürfnisse Ihrer Kinder erfüllen, geben Sie ihnen eine solide Grundlage, die auf Selbstachtung basiert, und statten sie mit wertvollen Fähigkeiten aus, um mit dem Leben fertig zu werden.

Während Sie sich bemühen, für Ihre Kinder dazusein, vergessen Sie nicht Ihre eigenen Bedürfnisse, und teilen Sie auch die elterlichen Verantwortlichkeiten mit anderen Erwachsenen. Bitten Sie um Hilfe, wenn Sie sie brauchen. Man kann sich leicht verausgaben bei dem Versuch, eine gute Mutter oder ein guter Vater zu sein, da unsere Gesellschaft die wichtige Aufgabe der Eltern weder wahrnimmt noch unterstützt.

Wenn Sie das Rauf und Runter der frühen Kindheit mit Ihren Kindern erleben, erinnern Sie sich daran, daß diese Jahre nicht ewig andauern. Und bevor Sie sich versehen, ist Ihr Kind erwachsen. Es kommt die Zeit, wo Sie es nicht mehr daran erinnern müssen, seine Zähne zu putzen, wo es seine Bücher selbst lesen kann und beim Essen nichts mehr verschüttet. Wenn es älter wird, verbringt es mehr Zeit mit seinen

Freunden und weniger mit Ihnen. Ihre Kinder sind jetzt von Ihnen auf eine Art und Weise abhängig, die sich bald verändert. Genießen Sie die Momente des Zusammenseins mit Ihrem Kind – das Spielerische, Spontane, Intensive, seine Neugierde und den Sinn für Wunder.

Wenn Sie Schuldgefühle haben, nachdem Sie dieses Buch gelesen haben, weil Sie sich wünschen, Sie wären mit Ihren Kindern, als sie noch kleiner waren, anders umgegangen, seien Sie versichert, daß es nie zu spät ist, den Schmerz, den Ihre Kinder in der Vergangenheit erlebt haben, zu verarbeiten. Das Elternsein ist ein Prozeß des Wachstums und der Veränderung. Ihr Erziehungsstil ändert sich, nicht nur, weil die Kinder sich weiterentwickeln, sondern auch, weil Sie als Person reifer werden. Sie haben immer Ihr Bestes getan, mit den Informationen und Hilfsmitteln, die Ihnen zur Verfügung standen. Es wird Ihnen sicher helfen, wenn Sie Ihre Schuldgefühle ausdrücken und sich als die umsorgende Person betrachten, die Sie immer schon gewesen sind.

Wenn wir den Kindern dabei behilflich sein können, sich zu entfalten, dann kann sich die ganze Welt entfalten und zu dem Ort werden, den wir uns so sehnlichst wünschen. Die Menschen würden voller Liebe und Respekt miteinander umgehen. Wir würden auf unseren wunderbaren Planeten achten und seine Ressourcen klug benutzen. Niemand würde in Armut leben müssen. Kriege wären ein Relikt der Vergangenheit, da wir Menschen wüßten, wie wir Konflikte auf friedlichem Wege lösen könnten. Wir könnten unseren Geist dazu benutzen, immer mehr über unser Universum zu erfahren.

Wir alle können hierzu beitragen!

Anmerkungen

1 Tränen und Zorn

1 A. Janov: *Imprints: The Lifelong Effects of the Birth Experience*, New York: Coward-McCann Inc. 1983.
2 A.S. Honig: »Stress and Coping in Children«, in: J.B. McCracken (Hrsg.): *Reducing Stress in Young Children's Lives*, Washington, D.C.: National Association for the Education of Young Children 1986.
3 A. Miller: *Du sollst nicht merken. Variationen über das Paradies-Thema*, Frankfurt/M.: Suhrkamp 1981 u. 1983.
4 A. Janov: *Das befreite Kind. Grundsätze einer primärtherapeutischen Erziehung*, Frankfurt/M.: Fischer Taschenbuch, 8. Aufl. 1993.
5 J.W. Mac Farlane u.a.: »A Developmental Study of the Behavior Problems of Normal Children Between 21 Months and 14 Years«, in: *University of California Publications in Child Development* (Vol. 2), Berkeley: University of California Press 1954.
6 V. Oaklander: *Gestalttherapie mit Kindern und Jugendlichen*, Stuttgart: Klett-Cotta, 8. Aufl. 1993.
7 A. Ude-Pestel: *Betty. Protokoll einer Kinderpsychotherapie*, München: dtv 1978.
8 A. Miller: *Du sollst nicht merken*, a.a.O.
9 W. Schofield: *Psychotherapy: The Purchase of Friendship*, New York: Prentice-Hall 1964.
10 V. Oaklander: *Gestalttherapie mit Kindern und Jugendlichen*, a.a.O.

2 Angst und Schrecken

1 Vgl. zum Beispiel A. Janov: *Imprints*, a.a.O.
2 J.B. Watson u. R. Rayner: »Conditioned Emotional Reactions«, in: *Journal of Experimental Psychology*, 1920, 3, S. 1-14.
3 J. Piaget: Gesammelte Werke, Band 5: *Nachahmung, Spiel und Traum. Die Entwicklung der Symbolfunktion beim Kinde*, Stuttgart: Klett-Cotta, 3. Aufl. 1993.
4 B. Bettelheim: *Kinder brauchen Märchen*, Stuttgart: DVA, 5. Aufl. 1990 u. München: dtv, Neuaufl. 1993.
5 J. u. E. Newson: *Four Years Old in an Urban Community*, London: Allen & Unwin 1968.
6 M. Rutter: *Hilfen für milieugeschädigte Kinder*, München: Ernst Reinhardt 1981.

7 D.D. Bushnell: *The Cathartic Effects of Laughter: Mood, Heart Rate, and Peripheral Skin Temperature*, Doktorarbeit an der University of California, Santa Barbara, 1979.

8 N. Cousins: *Anatomy of an Illness as Perceived by the Patient: Reflections on Healing and Regeneration*, New York: Norton 1979.

9 V.E. Frankl (Hrsg.): *Psychotherapy and Existentialism: Selected Papers on Logotherapy*, New York: Washington Square Press 1967.

10 R.L. Kuhlman: *Humor and Psychotherapy*, Dow Jones-Irwin 1984.

11 A.A. Lazarus: »The Use of Systematic Desensitization in Psychotherapy«, in: H.J. Eysenck (Hrsg.): *Behavior Therapy and the Neuroses*, London: Pergamon 1960.

12 R.J. Hodgson u. S. Rachman: »An Experimental Investigation of the Implosion Technique«, in: *Behavioral Research and Therapy*, 1970, 8, S. 21-27.

13 S.M. Joseph: *Children in Fear*, New York: Holt, Rinehart & Winston 1974.

14 J. Piaget: *Psychologie der Intelligenz*, Stuttgart: Klett-Cotta, 3., veränd. Aufl. 1992.

15 H. Jackins: *Elementary Counselors Manual for Beginning Classes in Re-Evaluation Co-Counseling*, Seattle: Rational Island Publishers 1970.

16 T.J. Scheff: *Catharsis in Healing, Ritual and Drama*, University of California Press 1979.

17 ebd.

18 A. Janov: *Imprints*, a.a.O.

3 Leben und Lernen

1 S. Koblinsky u.a.: »Sex Education with Young Children«, in: J.B. McCracken (Hrsg.): *Reducing Stress in Young Children's Lives*, a.a.O.

2 M. Shostak: *Nias erzählt. Das Leben einer Nomadenfrau in Afrika*, Reinbek: Rowohlt Taschenbuch 1982.

3 B.I. Fagot: »Consequences of Moderate Cross-Gender Behavior in Preschool Children«, in: *Child Development*, 1977, 48, S. 902-907.

4 M.A. Straus: »Some Social Antecedents of Physical Punishment: A Linkage Theory Interpretation«, in: *Journal of Marriage and the Family*, 1971, S. 658-663.

5 V. Oaklander: *Gestalttherapie mit Kindern und Jugendlichen*, a.a.O.

6 W.R. Emerson: *Infant and Child Birth Re-Facilitation*, Human Potential Resources, 4940 Bodega Ave., Petaluma, CA 94952, 1984.

7 S.A. Jackson: »Should You Teach Your Child to Read?«, in: *American Education*, Oktober 1977, 13(8), S. 27-29.

8 B. Bettelheim: *Kinder brauchen Märchen*, a.a.O.

9 S.A. Jackson: »Should You Teach Your Child to Read?«, a.a.O.

10 D. Elkind: »The Case for the Academic Preschool: Fact or Fiction?«, in: Smart u. Smart (Hrsg.): *Preschool Children: Development and Relationships*, The Macmillan Company 1973.

11 S. Bredekamp (Hrsg.): *Developmentally Appropriate Practice in Early Childhood Programs Serving Children From Birth Through Age Eight*, Washington, D.C.: National Association for the Education of Young Children 1988.
12 O.I. Lovaas: »Effect of Exposure to Symbolic Aggression on Aggressive Behavior«, in: *Child Development*, 1961, 32, S. 37-44 u. A. Bandura u.a.: »Imitation of Film-Mediated Aggressive Models«, in: *Journal of Abnormal Psychology*, 1963, 66, S. 3-11.
13 R.M. Liebert u.a.: *The Early Window: Effects of Television on Children and Youth*, New York: Pergamon Press 1982.
14 S.M. Joseph: *Children in Fear*, a.a.O.
15 W. Schram u.a.: *Television in the Lives of Our Children*, Stanford University Press 1961.
16 B.H. Ryan: »Would You Free Your Children from the Monster?«, in: *Denver Post*, 9. Juni 1974.
17 M. Winn: *Unplugging the Plug-In Drug:* Penguin Books 1987.

4 Spielen und Nachahmen

1 J. Piaget u. A. Szeminska: *Die Entwicklung des Zahlbegriffs beim Kinde*, Stuttgart: Klett-Cotta, 3. Aufl. 1972.
2 J.S. Bruner: »Play is Serious Business«, in: *Psychology Today*, Januar 1975, S. 81 ff.
3 J. Piaget: Gesammelte Werke, Band 5: *Nachahmung, Spiel und Trance*, a.a.O.
4 C. Garvey: *Spielen*, Stuttgart: Klett-Cotta 1978.
5 N.S. Brown u.a.: »How Groups of Children Deal with Common Stress through Play«, in: *Play: The Child Strives Toward Self-Realization*, Washington, D.C.: National Association for the Education of Young Children 1971.
6 L.C. Terr: »Play Therapy and Psychic Trauma: A Preliminary Report«, in: C.E. Schaefer u. K.J. O'Connor (Hrsg.): *Handbook of Play Therapy*, John Wiley & Sons 1983.
7 L. Yablonsky: *Psychodrama. Die Lösung emotionaler Probleme durch Rollenspiel*, Frankfurt/M.: Fischer Taschenbuch 1992.
8 M. Pines: »Invisible Playmates«, in: *Psychology Today*, September 1978, S. 38.
9 ebd.
10 A.S. Honig: »Humor Development in Children«, in: *Young Children*, 1988, 43 (4), S. 60-73.
11 V. Oaklander: *Gestalttherapie mit Kindern und Jugendlichen*, a.a.O.
12 V.C. McLoyd: »Scaffolds or Shackles? The Role of Toys in Preschool Children's Pretend Play«, in: G. Fein u. M. Rivkin (Hrsg.): *The Young Child at Play* (Reviews of Research, Vol. 4), Washington, D.C.: National Association for the Education of Young Children 1986.

13 S. Seliger: »What is Best for the Children?«, in: *Working Mother*, April 1986, S. 77 f.
14 M.C. Madsen: »Developmental and Cross-Cultural Differences in the Cooperative and Competitive Behavior of Young Children«, in: *Journal of Cross-Cultural Psychology*, 1971, 2, S. 365-371.
15 T. Orlick: *Kooperative Spiele. Herausforderung ohne Konkurrenz*, Weinhem: Beltz, 5. Aufl. 1993 u. *Neue Kooperative Spiele. Mehr als 200 konkurrenzfreie Spiele für Kinder und Erwachsene*, Weinheim: Beltz, 3. Aufl. 1993.

5 Konflikte und Herausforderungen

1 B.G. Gilmartin: »The Case against Spanking«, in: *Human Behavior*, Februar 1979, S. 18-23.
2 R.R. Sears u.a.: *Patterns of Child Rearing*, Row, Peterson 1957.
3 A. Miller: *Am Anfang war Erziehung*, Frankfurt/M.: Suhrkamp 1980 u. 1983.
4 M.L. Hoffman u. D. Saltzstein: »Parent Discipline and the Child's Moral Development«, in: *Journal of Personality and Social Psychology*, 1967, 5, S. 45-57.
5 M.R. Lepper u.a.: »Undermining Children's Intrinsic Interest with Extrinsic Reward: A Test of the Overjustification Hypothesis«, in: *Journal of Personality and Social Psychology*, 1973, 28 (1), S. 129-137.
6 D.W. Baruch: *New Ways to Discipline*, New York: McGraw-Hill 1949.
7 T. Gordon: *Familienkonferenz*, München: Heyne 1989.

6 Freunde und Feinde

1 M.H. Klaus u. J.H. Kennell: *Mutter-Kind-Bindung. Über die Folgen einer frühen Trennung*, München: Kösel 1983.
2 J. Piaget: *Psychologie der Intelligenz*, a.a.O.
3 A. Faber u. E. Mazlish: *Hilfe, meine Kinder streiten. Ratschläge für erschöpfte Eltern*, München: Droemer Knaur 1988 u. Neuaufl. 1992.
4 D. Elkind: *Das gehetzte Kind. Werden unsere Kleinen zu schnell groß?* Hamburg: Kabel 1991.
5 D. Finkelhor: *Sexually Victimized Children*, New York: The Free Press 1979.
6 F. Rush: *Das bestgehütete Geheimnis: Sexueller Kindesmißbrauch. Alice Miller im Gespräch mit der Autorin*, Berlin: Orlanda Frauenverlag, 6. Aufl. 1991.
7 L. Armstrong: *Kiss Daddy Goodnight. Aussprache über Inzest*, Frankfurt/M.: Suhrkamp 1985.
8 J.M. Masson: *The Assault on Truth: Freud's Suppression of the Seduction Theory*, New York: Farrar, Straus & Giroux 1984.
9 A. Miller: *Du sollst nicht merken*, a.a.O.

1 J.R. Hirschmann u. L. Zaphiropoulos: *Are You Hungry? A Completely New Approach to Raising Children Free of Food and Weight Problems*, New American Library: A Signet Book 1985.
2 American Institute for Cancer Research Newsletter, Winter 1988.
3 J.R. Hirschmann u. L. Zaphiropoulos: *Are You Hungry?* A.a.O.
4 D. Elkind: *Das gehetzte Kind*, a.a.O.
5 A.S. Honig: »Stress and Coping in Children«, a.a.O.
6 H. Selye: *Streß. Bewältigung und Lebensgewinn*, München: Piper 1988.
7 D. Elkind: *Das gehetzte Kind*, a.a.O.
8 American Psychiatric Association: *Diagnostic and Statistical Manual of Mental Disorders*, Washington, D.C., 3. Aufl. 1980.
9 V. Oaklander: *Gestalttherapie mit Kindern und Jugendlichen*, a.a.O.
10 American Psychiatric Association: *Diagnostic and Statistical Manual of Mental Disorders*, a.a.O.
11 L.C. Pogrebin: *Growing Up Free: Raising Your Child in the Eighties*, New York: McGraw Hill 1980.
12 V. Oaklander: *Gestalttherapie mit Kindern und Jugendlichen*, a.a.O.
13 *Pschyrembel Klinisches Wörterbuch. Mit klinischen Syndromen und Nomina Anatomica*, Berlin: de Gruyter, 255., völlig überarb. u. stark erw. Aufl. 1986.
14 J.G. Millichap: *The Hyperactive Child with Minimal Brain Dysfunction*, Chicago: Year Book Medical Publishers Inc. 1975.
15 B.F. Feingold: *Why Your Child is Hyperactive*, New York: Random House 1975.
16 American Psychiatric Association: *Diagnostic and Statistical Manual of Mental Disorders*, a.a.O.
17 V. Oaklander: *Gestalttherapie mit Kindern und Jugendlichen*, a.a.O.
18 American Psychiatric Association: *Diagnostic and Statistical Manual of Mental Disorders*, a.a.O.
19 B.I. Fagot u. S.J. Kronsberg: »Sex Differences: Biological and Social Factors Influencing the Behavior of Young Boys and Girls«, in: S.G. Moore u. C.R. Cooper (Hrsg.): *The Young Child: Reviews of Research* (Vol. 3), Washington, D.C.: National Association for the Education of Young Children 1982.

Literatur

Allan, J.: »Use of Holding with Autistic Children«, in: *Special Education in Canada*, 1977, 51, S. 11-15

American Psychiatric Association: *Diagnostic and Statistical Manual of Mental Disorders*, Washington, D.C., 3. Aufl. 1980

Armstrong, L.: *Kiss Daddy Goodnight. Aussprache über Inzest*, Frankfurt/M.: Suhrkamp 1985

Armstrong, T.: *In Their Own Way*, Los Angeles: Jeremy Tarcher Inc. 1978

Axline, V.M.: *Play Therapy*, Ballantine Books 1969

Azrin, N.H. u. Besalel, V.A.: *A Parent's Guide to Bedwetting Control*, Pocket Books 1979

Bandura, A. u.a.: »Imitation of Film-Mediated Aggressive Models«, in: *Journal of Abnormal Psychology*, 1963, 66, S. 3-11

Baruch, D.W.: *New Ways to Discipline*, New York: McGraw-Hill 1949

Baumrind, D.: »Current Patterns of Parental Authority«, in: *Developmental Psychology Monographs*, 1971, 4, S. 1-103

Bayley, N. u. Schaefer, E.S.: »Correlations of Maternal and Child Behaviors with the Development of Mental Abilities: Data from the Berkeley Growth Study«, in: *Monographs of the Society for Research in Child Development*, 1964, 29 (Serial No. 97)

Bergmann, T.: *Children in the Hospital*, New York: International University Press 1965

Bettelheim; B.: *Kinder brauchen Märchen*, Stuttgart: DVA, 5. Aufl. 1990 u. München: dtv, Neuaufl. 1993

Bowlby, J.: *Separation: Anxiety and Anger*, New York: Basic Books 1973

Bradley, R.H. u. Caldwell, B.M.: »The Relation of Infants' Home Environment to Mental Test Performance of Fifty-four Months: A Follow-Up Study«, in: *Child Development*, 1976, 47, S. 1172 ff.

Bredekamp, S. (Hrsg.): *Developmentally Appropriate Practice in Early Childhood Programs Serving Children From Birth Through Age Eight*, Washington, D.C.: National Association for the Education of Young Children 1988

Bronson, G.W.: »Fear of Visual Novelty: Developmental Patterns in Males and Females«, in: *Developmental Psychology*, 1970, 2, S. 33-40

Brown, N.S. u.a.: »How Groups of Children Deal with Common Stress through Play«, in: *Play: The Child Strives Toward Self-Realization*, Washington, D.C.: National Association for the Education of Young Children 1971

Bruner, J.S.: »Play is Serious Business«, in: *Psychologie Today*, Januar 1975, S. 81 ff.

Burton, S.G. u.a.: »Effects of Preschool Watching on First-Grade Children«, in: *Journal of Communication*, 1979, 29, S. 3

Bushnell, D.D.: *The Cathartic Effects of Laughter: Mood, Heart Rate, and Peripheral Skin Temperature*, Doktorarbeit an der University of California, Santa Barbara, 1979

Caplan, F. u. T.: *The Power of Play*, New York: Anchor Press/Doubleday 1973

Chesler, P.: »Women as Psychiatric and Psychotherapeutic Patients«, in: *Journal of Marriage and Family*, November 1971, S. 750

Cline, F.: *Understanding and Treating the Severely Disturbed Child*, Evergreen, Colorado: Evergreen Consultants in Human Behavior 1979

Cline, V.B. u.a.: »Desensitization of Children to Television Violence«, in: *Journal of Personality and Social Psychology*, 1973, 27, S. 360-365

Cousins, N.: *Anatomy of an Illness as Perceived by the Patient: Reflections on Healing and Regeneration*, New York: Norton 1979

Crepeau, M.T.: »A Comparison of the Behavior Patterns and Meanings of Weeping amony Adult Men and Women across Three Health Conditions« (Doktorarbeit an der University of Pittsburgh, 1980), in: *Dissertation Abstracts International*, 1981, 42, S. 137

Davis, C.: »Self-Selection of Diet by Newly Weaned Infants«, in: *American Journal of Diseases of Children*, 1928, 36, S. 651-679

Doust, J.W.L. u. Leigh, D.: »Studies on the Physiology of Awareness: The Interrelations of Emotions, Life Situations, and Anoxemia in Patients with Bronchial Asthma«, in: *Psychosomatic Medicine*, 1953, 15, S. 292-311

Elkind, D.: »The Case for the Academic Preschool: Fact or Fiction?«, in: Smart u. Smart (Hrsg.): *Preschool Children: Development and Relationship*, The MacMillan Company 1973

Elkind, D.: *Das gehetzte Kind. Werden unsere Kleinen zu schnell groß?* Hamburg: Kabel 1991

Emerson, W.R.: *Infant and Child Birth Re-Facilitation*, Human Potential Resources, 4940 Bodega Ave., Petaluma, CA 94952, 1984

Emerson, W.R.: »Psychotherapy with Infants and Children«, in: *Pre and Perinatal Psychology Journal*, 1989, Vol. 3 (3)

Eron, L.D.: »Relationship of TV Viewing Habits and Aggressive Behavior in Children«, in: *Journal of Abnormal and Social Psychology*, 1963, 67 (2), S. 193-196

Faber, A. u. Mazlish, E.: *Hilfe, meine Kinder streiten. Ratschläge für erschöpfte Eltern*, München: Droemer Knaur 1988 u. Neuaufl. 1992

Fagot, B.I.: »Consequences of Moderate Cross-Gender Behavior in Preschool Children«, in: *Child Development*, 1977, 48, S. 902-907

Fagot, B.I. u. Kronsberg, S.J.: »Sex Differences: Biological and Social Factors Influencing the Behavior of Young Boys and Girls«, in: Moore, S.G. u. Cooper, C.R. (Hrsg.): *The Young Child: Reviews of Research* (Vol. 3), Washington, D.C.: National Association for the Education of Young Children 1982

Fassler, D.: »The Young Child in the Hospital«, in: McCracken, J.B. (Hrsg.): *Reducing Stress in Young Children's Lives*, Washington, D.C.: National Association for the Education of Young Children 1986

Feingold, B.F.: *Why Your Child is Hyperactive*, New York: Random House 1975

Finkelhor, D.: *Sexually Victimized Children*, New York: The Free Press 1979
Frankl, V.E. (Hrsg.): *Psychotherapy and Existentialism: Selected Papers on Logotherapy*, New York: Washington Square Press 1967
Frey II, W.H. u. Langseth, M.: *Crying: The Mystery of Tears*, Winston Press 1985
Furman, E.: »Helping Children Cope with Death«, in: McCracken, J.B. (Hrsg.): *Reducing Stress in Young Children's Lives*, Washington, D.C.: National Association for the Education of Young Children 1986
Garvey, C.: *Spielen*, Stuttgart: Klett-Cotta 1978
Gelfand, D.M.: »Social Withdrawal and Negative Emotional States: Behavior Therapy«, in: Wolman, B.B. u.a. (Hrsg.): *Handbook of Treatment of Mental Disorders in Childhood and Adolescence*, Englewood Cliffs, NJ: Prentice-Hall 1978
Gilmartin, B.G.: »The Case against Spanking«, in: *Human Behavior*, Februar 1979, S. 18-23
Ginott, H.G.: *Between Parent and Child: New Solutions to Old Problems*, New York: The MacMillan Co. 1965
Ginott, H.G.: *Group Psychotherapy with Children: The Theory and Practice of Play Therapy*, New York: McGraw-Hill 1961
Goranson, R.E.: »Media Violence and Aggressive Behavior: A Review of Experimental Research«, in: Berkowitz, L. (Hrsg.): *Advances in Experimental Social Psychology* (Vol. 5), New York: Academic Press 1970
Gordon, T.: *Familienkonferenz*, München: Heyne 1989
Graham, O.T. u. Wolf, S.: »Pathogenesis of Urticaria«, in: *Psychosomatic Medicine*, 1950, 13, S. 122
Green, R.: »One Hundred Ten Feminine and Masculine Boys: Behavioral Contrasts and Demographic Similarities«, in: *Archives of Sexual Behavior*, 1976, 5, S. 425-446
Growing Without Schooling, Bi-Monthly Journal Published by Holt Associates, 2269 Massachusetts Avenue, Cambridge, MA 02140
Guerney, B.G. u.a.: »Filial Therapy«, in: Shaefer, C. (Hrsg.): *The Therapeutic Use of Child's Play*, New York: Aronson 1976
Heron, J.: *Catharsis in Human Development*, Human Potential Research Project, Department of Adult Education, University of Surrey, Guildford, Surrey GU2 5XH, United Kingdom, 1977
Hirschmann, J.R. u. Zaphiropoulos, L.: *Are You Hungry? A Completely New Approach to Raising Children Free of Food and Weight Problems*, New American Library: A Signet Book 1985
Hitz, R. u. Driscoll, A.: »Praise or Encouragement? New Insights into Praise: Implications for Early Childhood Teachers«, in: *Young Children*, 1988, 43 (5), S. 6-13
Hodgson, R.J. u. Rachman, S.: »An Experimental Investigation of the Implosion Technique«, in: *Behavioral Research and Therapy*, 1970, 8, S. 21-27
Hoffman, M.L. u. Saltzstein, D.: »Parent Discipline and the Child's Moral Development«, in: *Journal of Personality and Social Psycholoy*, 1967, 5, S. 45-57
Holt, J.: *Freedom and Beyond*, Pinchpenny Press 1984
Holt, J.: *How Children Learn*, Dell Publishing Co. Inc. 1983

Holt, J.: *Teach Your Own*, Dell Publishing Co. Inc. 1981
Honig, A.S.: »Humor Development in Children«, in: *Young Children*, 1988, 43 (4), S. 60-73
Honig, A.S.: »Stress and Coping in Children«, in: McCracken, J.B. (Hrsg.): *Reducing Stress in Young Children's Lives*, Washington, D.C.: National Association for the Education of Young Children 1986
Hyson, M.C.: »Lobster on the Sidewalk: Understanding and Helping Children with Fears«, in: McCracken, J.B. (Hrsg.): *Reducing Stress in Young Children's Lives*, Washington, D.C.: National Association for the Education of Young Children 1986
Jackins, H.: *Elementary Counselors Manual for Beginning Classes in Re-Evaluation Co-Conseling*, Seattle: Rational Island Publishers 1970
Jackson, S.A.: »Should You Teach Your Child to Read?«, in: *American Education*, Oktober 1977, 13 (8), S. 27 ff.
Janov, A.: *Das befreite Kind. Grundsätze einer primärtherapeutischen Erziehung*, Frankfurt/M.: Fischer Taschenbuch, 8. Aufl. 1993
Janov, A.: *Imprints. The Lifelong Effects of the Birth Experience*, New York: Coward-McCann Inc. 1983
Joseph, S.M.: *Children in Fear*, New York: Holt, Rinehart & Winston 1974
Karle, W. u.a.: »Psychophysiological Changes in Abreaction Therapy. Study I: Primal Therapy«, in: *Psychotherapy: Theory, Research and Practice*, 1973, 10, S. 117-122
Klaus, M.H. u. Kennell, J.H.: *Mutter-Kind-Bindung. Über die Folgen einer frühen Trennung*, München: Kösel 1983
Koblinsky, S. u.a.: »Sex Education with Young Children«, in: McCracken, J.B. (Hrsg.): *Reducing Stress in Young Children's Lives*, Washington, D.C.: National Association for the Education of Young Children 1986
Kohn, A.: No Contest: *The Case against Competition*, Boston: Houghton Mifflin 1986
Kostelnik, M.J. u.a.: »Living with the He-Man: Managing Superhero Fantasy Play«, in: McCracken, J.B. (Hrsg.): *Reducing Stress in Young Children's Lives*, Washington, D.C.: National Association for the Education of Young Children 1986
Kreitler, H. u. S.: »Children's Concepts of Sexuality and Birth«, in: *Child Development*, 1965, 37, S. 363-378
Kuhlman, R.L.: *Humor and Psychotherapy*, Dow Jones- Irwin 1984
Lazarus, A.A.: »The Use of Systematic Desensitization in Psychotherapy«, in: Eysenck, H.J. (Hrsg.): *Behavior Therapy and the Neuroses*, London: Pergamon 1960
Lefkowitz, M.M. u.a.: *Growing Up to be Violent: A Longitudinal Study of the Development of Aggression*, New York: Pergamon Press Inc. 1977
Lepper, M.R. u.a.: »Undermining Children's Intrinsic Interest with Extrinsic Reward: A Test of the Overjustification Hypothesis«, in: *Journal of Personality and Social Psychology*, 1973, 28 (1), S. 129-137
Levitin, T.: »An Overview of the Effects of Divorce on Children: Problems, Questions, and Perspectives, in: *The Psychiatric Hospital*, 1983, 14, S. 149

Liebert, R.M. u.a.: *The Early Window: Effects of Television on Children and Youth*, New York: Pergamon Press 1982

Loewald, E.: »The Development and Uses of Humour in a Four-Year-Old's Treatment«, in: *International Review of Psychoanalysis*, 1976, 3, S. 209-221

Lovaas, O.I.: »Effect of Exposure to Symbolic Aggression on Aggressive Behavior«, in: *Child Development*, 1961, 32, S. 37-44

MacFarlane, J.W. u.a.: »A Developmental Study of the Behavior Problems of Normal Children between 21 Months and 14 Years«, in: *University of California Publications in Child Development* (Vol. 2), Berkeley: University of California Press 1954

Madsen, M.C.: »Developmental and Cross-Cultural Differences in the Cooperative and Competitive Behavior of Young Children«, in: *Journal of Cross-Cultural Psychology*, 1971, 2, S. 365-371

Magid, K. u. McKelvey, C.A.: *High Risk: Children Without a Conscience*, New York: Bantam Books 1987

Masson, J.M. *The Assault on Truth: Freud's Suppression of the Seduction Theory*, New York: Farrar, Straus & Giroux 1984

Maurer, A.: »What Children Fear«, in: *Journal of Genetic Psychology*, 1965, 106, S. 265-277

McLoyd, V.C.: »Scaffolds or Shackles? The Role of Toys in Preschool Children's Pretend Play«, in: Fein, G. u. Rivkin, M. (Hrsg.): *The Young Child at Play* (Reviews of Research, Vol. 4), Washington, D.C.: National Association for the Education of Young Children 1986

Miller, A.: *Am Anfang war Erziehung*, Frankfurt/M.: Suhrkamp 1980 u. 1983

Miller, A.: *Du sollst nicht merken. Variationen über das Paradies-Thema*, Frankfurt/M.: Suhrkamp 1981 u. 1983

Miller, L.C. u.a.: »Comparison of Reciprocal Inhibition, Psychotherapy, and Waiting List Control for Phobic Children«, in: *Journal of Abnormal Psychology*, 1972, 79, S. 269-279

Miller, L.C. u.a.: »Factor Structure of Children's Fears«, in: *Journal of Consulting and Clinical Psychology*, 1972, 39, S. 264-268

Millichap, J.G.: *The Hyperactive Child with Minimal Brain Dysfunction*, Chicago: Year Book Medical Publishers Inc. 1975

Moffat, M.J. u. Painter, C.: *Revelations: Diaries of Women*, New York: Random House 1974

Moody, R.A.: *Laugh after Laugh: The Healing Power of Humor*, Headwaters Press 1978

Newson, J. u. E.: *Four Years Old in an Urban Community*, London: Allen & Unwin 1968

Oaklander, V.: *Gestalttherapie mit Kindern und Jugendlichen*, Stuttgart: Klett-Cotta, 8. Aufl. 1993

Orlick, T.: *Kooperative Spiele. Herausforderung ohne Konkurrenz*, Weinheim: Beltz, 5. Aufl. 1993

Orlick, T.: *Neue Kooperative Spiele. Mehr als 200 konkurrenzfreie Spiele für Kinder und Erwachsene*, Weinheim: Beltz, 3. Aufl. 1993

Osborn, D.K. u. Endsley, R.C.: »Emotional Reactions of Young Children to TV Violence«, in: *Child Development*, 1971, 42, S. 321-331
Pearce, J.C.: *Magical Child*, New York: E.P. Dutton 1977
Pellegrini, A.D.: »Communicating in and about Play: The Effect of Play Centers on Preschoolers' Explicit Language«, in: Fein, G. u. Rivkin, M. (Hrsg.): *The Young Child at Play* (Reviews of Research, Vol 4), Washington, D.C.: National Association for the Education of Young Children 1986
Pepler, D.: »Play and Creativity«, in: Fein, G. u. Rivkin, M. (Hrsg.): *The Young Child at Play* (Reviews of Research, Vol 4), Washington, D.C.: National Association for the Education of Young Children 1986
Piaget, J.: Gesammelte Werke, Band 5: *Nachahmung, Spiel und Traum. Die Entwicklung der Symbolfunktion beim Kinde*, Stuttgart: Klett-Cotta, 3. Aufl. 1993
Piaget, J.: *Psychologie der Intelligenz*, Stuttgart: Klett- Cotta, 3., veränd. Aufl. 1992
Piaget, J. u. Szeminska, A.: *Die Entwicklung des Zahlbegriffs beim Kinde*, Stuttgart: Klett-Cotta, 3. Aufl. 1972
Pierce, R.A. u.a.: *Emotional Expression in Psychotherapy*, New York: Gardner Press 1983
Pines, M.: »Invisible Playmates«, in: *Psychology Today*, September 1978, S. 38
Pogrebin, L.C.: *Growing Up Free: Raising Your Child in the Eighties*, New York: McGraw Hill 1980
Pschyrembel Klinisches Wörterbuch. Mit klinischen Syndromen und Nomina Anatomica, Berlin: de Gruyter, 255., völlig überarb. u. stark erw. Aufl. 1986
Radin, N.: »Childrearing Antecedents of Cognitive Development in Lower-Class Preschool Children«, in: *Dissertation Abstracts International*, 1970, 30, S. 4364B
Rahe, R.H. u.a.: »Social Stress and Illness«, in: *Journal of Psychosomatic Research*, 1964, 8, S. 35-44
Riley, C.M. u.a.: »Central Autonomic Dysfunction with Defective Lacrimation. I. Report of Five Cases«, in: *Pediatrics*, 1949, 3, S. 468-478
Rothbart, M.K.: »Laughter in young children«, in: *Psychological Bulletin*, 1973, 80, S. 247-256
Rowan, R.L.: *Bed-Wetting: A Guide for Parents*, New York: St. Martin's Press 1974
Rubin, K.H. u. Everett, B.: »Social Perspective-Taking in Young Children«, in: Moore, S.G. u. Cooper, C.R. (Hrsg.): *The Young Child* (Reviews of Research, Vol. 3), Washington, D.C.: National Association for the Education of Young Children 1982
Rubin, K.H. u. Howe, N.: »Social Play and Perspective-Taking«, in: Fein, G. u. Rivkin, M. (Hrsg.): *The Young Child at Play* (Reviews of Research, Vol. 4), Washington, D.C.: National Association for the Education of Young Children 1986
Rush, F.: *Das bestgehütete Geheimnis: Sexueller Kindesmißbrauch. Alice Miller im Gespräch mit der Autorin*, Berlin: Orlanda Frauenverlag, 6. Aufl. 1991
Rutter, M.: *Hilfen für milieugeschädigte Kinder*, München: Ernst Reinhardt 1981

Ryan, B.H.: »Would You Free Your Children from the Monster?«, in: *Denver Post*, 9. Juni 1974

Salt, R. u. E.: »Pretend Play Training and its Outcome«, in: Fein, G. u. Rivkin, M. (Hrsg.): *The Young Child at Play* (Reviews of Research, Vol. 4), Washington, D.C.: National Association for the Education of Young Children 1986

Schaefer, C.E.: »Play Therapy«, in: *Early Childhood Development and Care*, 1985, 19, S. 95-108

Schaefer, C.E. u. O'Connor, K.J. (Hrsg.): *Handbook of Play Therapy*, New York: John Wiley & Sons 1983

Scheff, T.J.: *Catharsis in Healing, Ritual and Drama*, University of California Press 1979

Schofield, W.: *Psychotherapy: The Purchase of Friendship*, New York: Prentice-Hall 1964

Schram, W. u.a.: *Television in the Lives of Our Children*, Stanford University Press 1961

Sears, R.R. u.a.: *Patterns of Child Rearing*, Row, Peterson 1957

Seliger, S.: »What is Best for the Children?«, in: *Working Mother*, April 1986, S. 77 f.

Selnow, G.W. u. Bettinghaus, E.P.: »Television Exposure and Language Development«, in: *Journal of Broadcasting*, Winter 1982, 26 (1), S. 469

Selye, H.: *Streß. Bewältigung und Lebensgewinn*, München: Piper 1988

Selzer, J.G.: *When Children Ask about Sex*, Boston: Beacon 1974

Shostak, M.: *Nias erzählt. Das Leben einer Nomadenfrau in Afrika*, Reinbek: Rowohlt Taschenbuch 1982

Simkin, P.: »Siblings at Birth«, in: *Mothering*, Herbst 1987, 45, S. 61-67

Simon, W. u. Gagnon, J.H.: »Psychosexual Development«, in: Heiss, J. (Hrsg.): *Family Roles and Interaction*, Chicago: Rand McNally 1976

Smith, R.E.: »The Use of Humor in the Counterconditioning of Anger Responses: A Case Study«, in: *Behavior Therapy*, 1973, 4, S. 576-580

Solter, A.J.: *Warum Babys weinen. Die Gefühle von Kleinkindern*, München: Kösel, 5. Aufl. 1993

Sroufe, L.A. u. Steward, M.A.: »Treating Problem Children with Stimulant Drugs«, in: *The New England Journal of Medicine*, 23. August 1973, 289 (8), S. 407-413

Stewart, M.A. u.a.: »The Hyperactive Child Syndrome«, in: *American Journal of Orthopsychiatry*, 1966, 36 (5), S. 861- 867

Straus, M.A.: »Some Social Antecedents of Physical Punishment: A Linkage Theory Interpretation«, in: *Journal of Marriage and the Family*, 1971, S. 658-663

Terr, L.C.: »Play Therapy and Psychic Trauma: A Preliminary Report«, in: Schaefer, C.E. u. O'Connor, K.J. (Hrsg.): *Handbook of Play Therapy*, John Wiley & Sons 1983

Thompson, R.H. u. Stanford, G.: *Child Life in Hospitals: Theory and Practice*, Springfield, Illinois: Charles C. Thomas 1981

Trawick-Smith, J. u. Thompson, R.H.: »Preparing Young Children for Hospitalization«, in: McCracken, J.B. (Hrsg.): *Reducing Stress in Young Children's*

Lives, Washington, D.C.: National Association for the Education of Young Children 1986

Ude-Pestel, A.: *Betty. Protokoll einer Kinderpsychotherapie*, München: dtv 1978

Vener, A.M. u. Snyder, C.A.: »The Preschool Child's Awareness and Anticipation of Adult Sex-Roles«, in: *Sociometry*, 1966, 29 (2), S. 159-168

Ventis, W.L.: »Case History: The Use of Laughter as an Alternative Response in Systematic Desensitization«, in: *Behavior Therapy*, 1973, 4, S. 120 ff.

Vygotsky, L.S.: »Play and its Role in the Mental Development of the Child«, in: *Soviet Psychology*, 1967, 5, S. 6-18

Waal, N.: »A Special Technique of Psychotherapy with an Autistic Child«, in: Caplan, F. (Hrsg.): *Emotional Problems of Early Childhood*, New York: Basic Books 1955

Watson, J.B. u. Rayner, R.: »Conditioned Emotional Reactions«, in: *Journal of Experimental Psychology*, 1920, 3, S. 1-14

Weissglass, J. u. T.L.: *Learning, Feelings and Educational Change, Part I: Overcoming Learning Distress*, Santa Barbara, California: Kimberly Press 1987

Whalen, C.K. u. Henker, B.: »Psychostimulants and Children: A Review and Analysis«, in: *Psychological Bulletin*, 1976, 83, S. 1113-1130

Winn, M.: *The Plug-In Drug*, New York: Viking Press 1985

Winn, M.: *Unplugging the Plug-In Drug*, Penguin Books 1987

Woldenberg, L. u.a.: »Psychophysiological Changes in Feeling Therapy«, in: *Psychological Reports*, 1976, 39, S. 1059-1062

Wolfer, J.E. u. Visintainer, M.: »Pediatric Surgical Patients' and Parents' Stress Responses and Adjustments as a Function of a Psychological Preparation and Stress Point Nursing Scale«, in: *Nursing Research*, 1975, 24, S. 244-255

Yablonsky, L.: *Psychodrama. Die Lösung emotionaler Probleme durch Rollenspiel*, Frankfurt/M.: Fischer Taschenbuch 1992

Yachnes, E.: »The Myth of Masculinity«, in: *American Journal of Psychoanalysis*, 1973, 33 (1), S. 58

Zaslow, R.W. u. Breger, L.: »A Theory and Treatment of Autism«, in: Breger, L. (Hrsg.): *Clinical-Cognitive Psychology: Models and Integrations*, New Jersey: Prentice-Hall 1969